Ewald Standop

CREDO QUIA ABSURDUM?

DER GLAUBE AN DAS ABSURDE

D1732029

Dem Andenken an meine Frau
(31.3.1920 – 19.3.1999)

Ewald Standop

CREDO QUIA ABSURDUM?

DER GLAUBE AN DAS ABSURDE

Reflexionen über den christlichen Glauben und
die Argumentationen des Papstes und anderer Autoren mit
einem Essay über die Theodizee von Shadia B. Drury

Prof. Dr. Ewald Standop
o. em. Professor für Englische Philologie an der Universität Würzburg

© 2013 Ewald Standop

KSP-Verlag, Wuppertal
Internet: www.ksp-verlag.de
E-Mail: info@ksp-verlag.de

Umschlagestaltung: Sebastian Lüdecke
Satz und Druck: druckbar Lüdecke e.K., Schwalmtal

1. Auflage 2013

ISBN: 978-3-00-042790-9

Printed in Germany

Inhalt

Vorwort ix

Teil 1: Die Grundlagen **1**

1. **Glaube und Unglaube: ein kurzer Überblick** **2**
1.1. Der Atheismus 2
1.2. Der Deismus 2
1.3. Der Pantheismus 3
1.4. Der Theismus 3
1.4.1. Der christliche Theismus 3
1.4.2. Christliche Mythologie im Neuen Testament 4
1.5. Der Integrationalismus 8
1.7. Was heißt Religion? 9
1.7.1. Udo di Fabio 9
1.7.2. Religion in fremder Umgebung 10
1.7.2E. Exkurs: Beschneidung – ja oder nein? 10

2. **Die Glaubensskala: der *homo credulus* und der *homo scepticus*** **13**

3. **'Glaube an den Glauben'?** **16**

4. **Grenzen des menschlichen Verstehens: der Mensch im Universum** **17**

5. **Gibt es ein Gottesgen?** **21**

6. **Berühmte Naturwissenschaftler und ihr Verhältnis zum Glauben** **23**
6.1. Max Planck 23
6.2. Albert Einstein 24
6.3. Die drei Entdecker des Modells der Doppelhelix
(Nobel-Preis für 'Physiologie oder Medizin' 1962) 25
6.4. Andere Naturwissenschaftler 25

7. **Spiritualismus und west-östliche Weisheitsphilosophie** **27**
7.1. Willigis Jäger 27
7.2. West-östliche Weisheit heute 30
7.3. Philosophie als Poesie: Eugen Herrigel über das Bogenschießen 31

8. **Moderne Sekten** **34**
8.1. L. Ron Hubbard und die Kirche der Szientologen 34
8.2. Mormonen und 'Bibelforscher' 34

vi

Teil 2: NOMA – die letzte Rettung?   36

9.   **Sind Glaube und Vernunft zwei getrennte Welten?**   37

10.   **NOMA auf Schritt und Tritt**   40

10.1.   Joachim Gauck   40

10.2.   Martin Gardner   40

10.3.   Pfarrer Richard Coles   41

10.4.   C.S. Lewis (siehe auch Anhang 5)   42

10.5.   Frank Hofmann   44

10.6.   Norbert Bolz   47

11.   **Auf Gegenkurs zu Richard Dawkins (Dawkins 2006): Petra Bahr**   52

11.1.   Beispiel 1: NOMA bei Petra Bahr   52

11.2.   Beispiel 2: Petra Bahr und Russells Teekanne   53

11.3.   Beispiel 3: das 'Innere der Vernunft'   54

11.4.   Petra Bahrs Gesamturteil über Dawkins   54

12.   **Einige Stimmen aus dem *Spectator* zu Dawkins 2006**   56

12.1.   Roger Scruton   56

12.2.   Charles Moore   57

12.3.   Martin Rowson   58

12.4.   Bruce Anderson   60

13.   **Kann ein Christ Dawkins rezensieren?**   61

Teil 3: Zur Entmythologisierung des Neuen Testaments   64

14.   **Michael Dohrs (1999) über die Theologie Rudolf Bultmanns**   65

15.   **Intermezzo: eine Verständnishilfe**   70

16.   **Warum sind Gläubige wie Bultmann auf einem Auge blind?**   72

17.   **Exkurs**   73

Teil 4: Die Argumentationen Papst Benedikts XVI.   74

18.   **Die Enzyklika *Deus Caritas est* (25.12.2005)**   75

18.0.   Einleitung   75

18.1.   Gott als Liebe   76

18.2.   Liebe als soziale Tugend und der Kreuzestod Christi: Theologie als Argument   76

18.3.	Der unsichtbare Gott	78
18.3.E.	Exkurs: Das durchbohrte Herz Jesu	79
18.4.	Das Theodizee-Problem (siehe auch Anhang 5)	80
18.5.	Die reinigende Kraft des Glaubens	81
18.6.	Der Schluss der Enzyklika: das Magnifikat	82
18.7.	Fazit	83
19.	**Die Enzyklika *Spe salvi* (30.11.2007)**	**85**
19.1.	Zur Einleitung (§1)	85
19.2.	Abschnitte 2 und 3: "Glaube ist Hoffnung"	85
19.3.	Abschnitte 4–9: "Das Verständnis der Hoffnung des Glaubens im Neuen Testament und in der frühen Kirche"	86
19.4.	Abschnitte 10–12: "Ewiges Leben – was ist das?"	89
19.5.	Abschnitte 13–15: Ist die christliche Hoffnung individualistisch?	91
19.6.	Abschnitte 16–23: Die Umwandlung des christlichen Hoffnungsglaubens in der Neuzeit	91
19.7.	Abschnitte 24–31: Die wahre Gestalt der christlichen Hoffnung	92
19.8.	Abschnitte 32–48: Lern- und Übungsorte der Hoffnung	95
19.8.1.	Abschnitte 32–34: Das Gebet als Schule der Hoffnung	95
19.8.2.	Die Abschnitte 35–40: Tun und Leiden als Lernorte der Hoffnung	96
19.8.3.	Die Abschnitte 41–48: Das Gericht als Lern- und Übungsort der Hoffnung	99
19.8.4.E.	Exkurs: Shakespeare	101
19.9.	Abschnitte 49–50: Maria, Stern der Hoffnung	101
19.10.	Schluss	103
20.	**Philologische Anmerkungen zur Papst-Rede in Regensburg 2006**	**104**
20.1.	Anmerkungen zum Manuel-Zitat	104
20.2.	Anmerkungen zur Verlautbarung des Kardinal-Staatssekretärs vom 16. September 2006	105
20.3.	Anmerkungen zu den nachträglichen Anmerkungen des Papstes zum Manuel-Zitat	106
20.4.	Anmerkungen zum Inhalt der Papst-Rede	107
21.	**Reden des Papstes beim Deutschlandbesuch im September 2011**	**116**
21.1.	Die Rede vor dem deutschen Bundestagam 22. September 2011	116
21.2.	Die Rede im Augustinerkloster in Erfurt am 23.9.2011	117

21.3.	Die Predigt beim ökumenischen Gottesdienst in der Augustinerkirche in Erfurt am 23.9.1011	118
21.4.	Die Predigt bei der Messe auf dem Domplatz in Erfurt am 24.9. 2011	119
21.5.	Die Rede des Papstes im Freiburger Konzerthaus am 24.9.2011	119
22.	**Ratzingers *Jesus*-Werk**	**121**
22.1	Einleitung	121
22.2.	Band I: Das Vorwort (S. 10–23)	123
22.2.E.	Exkurs: Gerd Lüdemanns Kritik	124
22.3.	Die Einführung: "Ein erster Blick auf das Geheimnis Jesu" (S. 26–33)	125
22.4.	Kap. 1 über die Taufe Jesu	126
22.5.	Zu *Jesus* II, Kap. 4: *Joh* 17 (S. 93–119)	127
22.6.	Zu *Jesus* II, Kap. 20 (S. 265–302): Über die Auferstehung	128
22.6.E.	Exkurs: Eine Auferstehungsumfrage	130
22.7.	Die zwei Überlieferungsstränge	131
22.8.	Paulus als Erzähler	134
23.	**Küngs *Jesus*-Buch**	**135**
24.	**Die Enzyklika *Lumen fidei* (29.6.2013)**	**139**
Teil 5: Was bleibt?		**142**
Ein Gesamt-Fazit		**143**
ANHANG 1: Nick Page: *"Tricky Nick"*		147
ANHANG 2: A.N. Wilson über Jesus		151
ANHANG 3: Der Papst und John Donne		156
Anhang 4: Der Brief eines Theologen		159
ANHANG 5: Das Problem der Theodizee		163
Die englischen Zitate		**170**
Bibliografie		**180**
Index		**184**

> Die Welt zerdacht. Und Raum und Zeiten
> und was die Menschheit wob und wog,
> Funktion nur von Unendlichkeiten –
> die Mythe log.
>
> Gottfried Benn, aus "Verlorenes Ich"

Vorwort

Stellen wir uns vor, da gebe es einen fernen Planeten, der etwa – in einer anderen Galaxie – um eine dortige Sonne kreise, auf dem es menschenähnliche Wesen gebe, die aber noch weit intelligenter seien als wir (unserer Fantasie seien keine Grenzen gesetzt). Nehmen wir an, sie hätten uns entdeckt und könnten uns beobachten. Wie würden sie unser Verhalten beschreiben? Etwa so:

Das Gehirn der Gattung Mensch ist noch so sehr unterentwickelt, dass diese Wesen sich nicht mit dem Tod abfinden können und merkwürdige Mythen entwickelt haben, nach denen sie irgendwie weiterleben, nachdem sie gestorben sind. Sie glauben oft an ein höheres Wesen, das sie 'Gott' nennen und das allmächtig sein soll und sie irgendwann vom Tode wieder auferweckt. Während wir auf unserem Planeten, wie jeder weiß, alle zehn Jahre den späteren Abschied von unserem Planeten durch den Tod feiern und zwischendurch Dankbarkeitsfeste, die unseren Erzeugern gewidmet sind, haben die Erdbewohner in großen Teilen ihres Planeten riesige Denkmäler für ihre Götter gebaut, die sie Kirchen nennen. Die Erbauer nennen sich Christen nach einem gewissen Christus oder Jesus, der irgendwann gelebt haben soll. In diesen Kirchen 'beten' sie dann zu ihrem Gott (andere Religionen haben mehrere oder gar viele Götter), dh bitten ihn um Hilfe. Natürlich passiert darauf nichts, aber sie lassen es sich nicht verdrießen. Einige dieser Feiern und Feste, die sie auch in ihren Behausungen feiern, sind besonders schön, zB die, die sie als Weihnachten und Ostern bezeichnen. Weihnachten soll an die Geburt des genannten 'Erlösers' erinnern, der irgendwann einmal gelebt haben soll und jetzt im 'Himmel' (einem märchenhaften Paradies) ist. Zwar wissen sie inzwischen, dass es keinen 'Himmel' im Weltraum gibt, doch das stört sie nicht, weiterhin an ihren unsinnigen Vorstellungen festzuhalten. Dies alles ist so merkwürdig und primitiv, das wir dankbar sein können, dass es die Evolution mit uns besser gemeint und uns mit einem größeren Gehirn ausgestattet hat. Das Gehirn dieser Lebewesen ist so primitiv, dass sie sich schwer bewaffnen und dann gegenseitig umbringen; auch plündern sie rücksichtslos den Planeten, auf dem sie sich entwickelt haben.

Begeben wir uns zurück auf eben diese Welt, auf der wir uns entwickelt haben. Gottfried Benns Gedicht, aus dem das oben zitierte Motto stammt (Gottfried Benn 1886–1956), beklagt den Niedergang eines einheitlich christlichen Denkens angesichts der modernen Wissenschaft, die eine bessere Erklärung für die Welt liefert als 'die Mythe', die aber auch die Welt (die alte Welt) 'zerdenkt'. Da spricht mit Sicherheit der Pfarrerssohn. Denn kurz nach den zitierten Versen folgt dies:

Ach, als sich alle einer Mitte neigten
und auch die Denker nur den Gott gedacht,
sie sich den Hirten und dem Lamm verzweigten,
wenn aus dem Kelch das Blut sie rein gemacht.

Und alle rannen [= tranken?] aus der einen Wunde,
brachen das Brot, das jeglicher genoß –
o ferne zwingende erfüllte Stunde,
die einst auch das verlorne Ich umschloß.

Das ist das Ich, das sich geborgen fühlte im religiösen Glauben, aber verloren ist in der modernen Welt der Wissenschaft, die der normal Sterbliche kaum begreift. Wir werden darauf zurückkommen.

Der Apostel Paulus sah das umgekehrt. "Als ich ein Kind war (ὅτε ἤμιν νήπιος), redete ich wie ein Kind, dachte ich wie ein Kind, argumentierte ich wie ein Kind, doch später legte ich das Kindliche ab und sah klarer" (1*Kor* 13:12). Paulus denkt natürlich an seinen Glauben und hält *den* für fortschrittlich. Dass dieser selbst eines Tages zum 'Kindlichen' zu zählen sein würde, kommt ihm nicht in den Sinn. Ich erinnere mich gut, wie ich als Kind und wohl auch noch als junger Mann die Religion einfach hinnahm (das religiöse Mem sich selbst überließ?) und gut hätte Pfarrer werden können. Ich kam erst spät darauf, dass man das, was die Kirchen verkündeten, anzweifeln musste. Doch zunächst interessierte es einfach nicht! So war eben das Leben, in das man hineingeboren wurde. Als Kind nahm man die Glaubensgeschichten zur Kenntnis, wie man auch ein Märchen zur Kenntnis nahm, später war man gleichgültig. Erst auf einer dritten Stufe pflegen die Zweifel zu kommen. Bei einer großen Zahl von Erwachsenen setzt sich die Gleichgültigkeit bis ans Lebensende fort. Wo ist da ein Problem? Das Problem liegt in der offenkundigen Unsinnigkeit der religiösen Inhalte.

Irgendwann begannen mich die religiösen Inhalte zu faszinieren. Ich stieß auf Personen von hoher Intelligenz, die dennoch tief gläubig waren. *Ratio* und Glaube waren für sie ein Paar unterschiedliche Stiefel, die man eben getrennt hielt, was ich als äußerst merkwürdig empfand. Um 2000 herum – nach dem Tode meiner Frau – begann ich, Notizen zum Thema zu machen, deren Inhalt, durch weitere Lektüreresultate angereichert, ich hiermit der Öffentlichkeit zur Kenntnis bringe. Keine Aussage empörte mich so sehr wie das *Credo quia absurdum,* das – mit Fragezeichen – den Titel dieses Buches abgibt. Der Satz soll aus dem 17. Jh. stammen, aber gedanklich weit älter sein und sich schon bei Tertullian (?160–?220) finden. Wahrscheinlich hielt sich der Erfinder für besonders klug. In abgewandelter Form kommt die Grundidee dieses Ausdrucks selbst bei den klügsten Philosophen vor. Das *sola fide* gemäß *Römer* 3:28 ist genauso widersinnig wie das *credo quia absurdum* und die *docta ignorantia.* Das Ganze mündet dann in einer Flut weiterer Paradoxien, bei deren Gebrauch man sich erneut sehr klug vorkommt, ohne die groteske Torheit und Hilflosigkeit zu bemerken, die darin zum Ausdruck kommt! So schreibt etwa der kluge Frank Hofmann:

"Vernunft und Glaube sind keine Gegensätze. Im Gegenteil, wir müssen mit der Vernunft einsehen, welche Chancen uns der Glaube bietet. 'Credo ut intelligam' formulierte der Scholastiker Anselm von Canterbury programmatisch: 'Ich glaube, um zu erkennen' " (2011:37).

Während Anselm, rational betrachtet, schlicht Unsinniges aussagt (wieder soll die Umkehrung des *Credo quia absurdum* besonders intelligent wirken), merkt Hofmann gar nicht, dass seine eigene Argumentation doch wohl in umgekehrter Richtung lief: *Intelligo, cur credo!* ('Ich erkenne, warum ich glaube').

An dieser Stelle zeigt sich, warum ich gerade als Philologe meine, der Sache des Glaubens oder Unglaubens einige neue Aspekte abgewinnen zu können. Wer merkt schon bei flüchtigem Lesen Hofmanns Inkonsequenz? Ich gebe ein weiteres Beispiel, das von ganz anderer Art ist: Da las ich vor nicht zu langer Zeit in der neu gegründeten Zeitschrift der Anhänger des ehemaligen Paters Willigis Jäger (*West-Östliche Weisheit Heute* 1 (2.5.2011)) aus der Feder einer gewissen Doris Zölls eine kleine Tee-Allegorie. Wenn sie den Historiker nach dem Sinn des Tees frage, schreibt Doris, so antworte er historisch, der Philosoph philosophisch, der Zen-Anhänger aber würde einen Tee aufbrühen und einen Schluck nehmen (vielleicht doch auch wohl auch dem Fragenden einen Schluck anbieten?). - In der Tat eine auf den ersten Blick einleuchtende und überzeugende Darstellung. Aber eben nur auf den ersten Blick! Nach dem Probieren weiß der kluge Zen-Anhänger vielleicht, wie der Tee schmeckt, aber die Frage nach dem Sinn des Tees ist gar nicht beantwortet worden. Die Frage ist ohnehin wenig sinnvoll, weil die Antwort offenkundig ist! Zu einer Antwort hätte es auf jeden Fall der Sprache bedurft und nicht einfach des Probierens – etwa so: Tee ist geschmackvoll und stillt den Durst, ohne eine Droge zu sein! Aber mit solchen Geschichten mogelt man sich interessant.

Der Papst ist da offenbar anderer Meinung. J.P. Reemtsma lässt uns Folgendes wissen: "Papst Benedikt XVI. argumentiert, die Offenbarung liege der Schrift voraus, schlage sich in ihr nieder, sei aber nicht einfach mit ihr identisch. Zur Schrift gehöre das verstehende Subjekt der Kirche, die festlege, was der Inhalt der Offenbarung sei. Denn sonst, so Benedikt, könne ja die Philologie über die Wahrheit des Glaubens entscheiden" (S. 58; keine Quellenangabe).

Ich bin natürlich der Auffassung, dass die Philologie, selbst wenn sie vielleicht nicht endgültig über die Wahrheit entscheiden kann, doch ein gewichtiges Wort mitzureden habe. Sie kann auf jeden Fall die stilistischen Tricks aufdecken, die uns von den gläubigen Theologen und NOMA-Anhängern aufgetischt werden, um die Richtigkeit ihres Glaubens zu beweisen.

Abgesehen von drei päpstlichen Enzykliken, so wird der Leser[1] feststellen, ist die Auswahl der Texte, die ich diskutiere, recht willkürlich. Es sind vornehmlich englische Texte, weil mir solche von dem Fach aus, das ich an der Universität vertreten habe (englische Philologie, speziell englische Sprachwissenschaft), natürlich besonders nahe

---

[1] Ich verschmähe die modischen, aber albernen Binome vom Typ *Leserinnen und Leser,* weil natürlich *der Leser,* von den Linguisten als die nicht markierte Form bezeichnet, die Leserinnen einschließt.

lagen. Es gibt Dutzende anderer Texte, die ebenso oder gar noch eher eine Rezension verdient gehabt hätten als die, die ich aufgrund meiner zufälligen Kenntnis behandelt habe. Die Diskussion kann aber, so meine ich, als beispielhaft auch für anderes dienen. Man höre nur genau hin, und man wird immer wieder auf ähnliche Methoden des Argumentierens stoßen.

Um Missverständnissen gleich hier vorzubeugen: Es geht in meinen Überlegungen nicht darum, Gläubigen ihren Glauben abzusprechen, sondern nur um die Logik der Argumentation. Die Gläubigen sollen nur – bitte sehr – ohne Ausreden auskommen, von denen sie meinen, sie seien durch die Vernunft begründbar. Glaube ist Glaube – irrational und inhaltlich eben nicht durch Vernunft begründbar. Über die Nützlichkeit des Glaubens – eine psychologische Frage – kann natürlich vernunftgemäß entschieden werden – eventuell positiv. Was ich in diesem Buch vorführe, ist der Nachweis, dass Autor auf Autor, wenn er denn gläubig ist (oder, wie oft, Reste von Gläubigkeit behalten hat) durch kluges Gerede den christlichen Glaubensinhalt zu verteidigen sucht, statt zu schweigen und einzugestehen, dass er glaubt – *trotz* allem. Da lob ich mir den ehemaligen Pfarrer Joachim Gauck, der schlicht bekennt: "Ich hatte mich über den Zweifel hinweg geglaubt, war vom idealistisch überhöhten Glauben zu einem Glauben trotz alledem [!] gelangt" (2010:119). Das aber heißt nichts anderes als 'Nur nicht drüber nachdenken; das muss für den Glauben schiefgehen!'[2]

Um dies alles noch deutlicher zu machen: Dem Leser soll keineswegs eine wohl tief verwurzelte und psychologisch begründete Empfänglichkeit für Religiöses madig gemacht werden. Kritik hört man in diesem Zusammenhang eher ungern – und blendet sie meist kurzerhand aus. Dennoch können ein Gottesdienst mit Weihrauch und Farbenpracht, das Verweilen in alten Klostermauern, das Hören von Bibeltexten, das Teilnehmen an Riten und Gebräuchen, das Singen alter Weihnachtslieder – durchaus der persönlichen Erbauung dienen[3].

Da gerade Papst Benedikt XVI. immer wieder die Vernunft ins Feld führte und versuchte, mit ihr den (seinen) Glauben zu begründen, schien es an der Zeit, einmal die Begriffe zu klären und einigen Texten auf den Grund zu gehen. So darf der Leser dieses Buches zum Beispiel über Sinn und Unsinn einer 'Transsubstantiationslehre' (allein das Wort schon scheint den Schwierigkeitsgrad dieses Begriffs zu signalisieren) oder die Ungereimtheit einer gerade vorgetragenen Stelle aus den Evangelien nachdenken oder das abenteuerliche Exegese manches Pfarrers, der sich gerade wieder um Kopf und Kragen redet, mit einem gewissen Schmunzeln entlarven.

Im Ergebnis ist festzuhalten, dass es eben keinerlei Übereinstimmung von Glaube und Vernunft geben kann. Dort, wo man sie doch zu sehen glaubt, wird mit allerlei sprachlichen Tricks, logischen Ungereimtheiten und stilistischer Blendung so lange gearbeitet, bis das Gesagte oder Geglaubte am Ende als 'richtig' und eben als 'vernünftig' empfunden wird. Notfalls sagt man kurzerhand, dass die Vernunft 'nicht zuständig' sei. Dieses Buch möge dem Leser einige Anstöße geben, die Diskussion um Glaube und Vernunft 'aufgeklärt' zu verfolgen. Vielleicht gesellt sich auch der eine oder andere persönliche Aha-Effekt hinzu.

---

[2] Gauck ist tatsächlich NOMA-Christ, wie in Abschnitt 10.1 dargestellt.

[3] Es sei an dieser Stelle auf den *Spiegel*-Artikel von Manfred Dworschak hingewiesen: "Die Erfinder Gottes" oder "Warum glaubt der Mensch?" *Der Spiegel* 52 (22.12.2012), 112–123, der manche aufschlussreiche Beobachtung über die als positiv empfundene Rolle der Religion in der modernen Gesellschaft enthält.

Zu danken habe ich vielen, auch denen, die mir auf Grund ihrer Reaktionen die Augen öffneten. So etwa dem Katholiken, der sich beleidigt gab, als ich ihm entgegenhielt, dass ich beide Seiten zur Kenntnis nähme: die Bibel und die Atheisten (implizierend, dass er Atheistisches erst gar nicht lese). Seine Antwort (man staune): Der Grund sei, dass er sehr früh mit atheistischer Literatur überfüttert worden sei, was schlicht aus der Luft gegriffen war. – Ich danke vor allem meinem Sohn Gerhard, der mich immer wieder anspornte, endlich meine Gedanken zu Papier zu bringen und zu publizieren. Dem *Council for Secular Humanism* danke ich für die Erlaubnis zum Abdruck einer Übersetzung des Beitrags von Shadia B. Drury mit dem Titel "The Problem of Evil" in der Zeitschrift *Free Inquiry* 31/5 (2011), 13; 50–51 und 32/1 (2011–12), 14; 54–55.

Würzburg, 1.9.2013 *ESt*

ANMERKUNG 1: Nach langer Überlegung habe ich mich entschlossen, englische Zitate, die mir als anglistischem Philologen natürlich naheliegen, in einen Anhang zu verweisen und im Tex nur deren Übersetzung zu belassen. Diese sind optisch durch die Zeichen ▸ bzw. ◂ hervorgehoben, die auf das jeweilige Original im Anhang hinweisen sollen. Nicht nachgedruckt wird das Original des Drury-Beitrags.

ANMERKUNG 2: Man wird in meinem Text so gut wie keine Hinweise aufs Internet finden, weil mir die Suche zu zeitaufwendig war. Die Leser bleiben aufgefordert, dort selber zu fahnden, nachdem ich im Folgenden (wie ich meine) die methodischen Grundprinzipien und die sachlichen Probleme der Glaubensforschung dargelegt habe.

ANMERKUNG 3: Einige Gedanken und auch manche Zitate wird man wiederholt finden, was darauf zurückzuführen ist, dass ich zu ganz verschiedenen Zeiten über Jahre hin an den hiermit vorgelegten Texten gearbeitet habe. Ich bitte die Leser um Nachsicht.

ANMERKUNG 4: Nach dem überraschenden Rücktritt Papst Benediks zum 28. Februar 2013 und der Wahl seines Nachfolgers Papst Franziskus mögen es mir die Leser nachsehen, dass ich die meisten Stellen, in denen von 'dem Papst' die Rede ist, nicht mehr geändert habe, sodass sie als 'Papst Benedikt XVI.' zu verstehen sind.

Teil 1:

Die Grundlagen

Kapitel 1–8

1.   Glaube und Unglaube: ein kurzer Überblick

Sicher ist das Verhältnis jedes Einzelnen zum Glauben sehr unterschiedlich, aber im Großen und Ganzen wird man eine Glaubenshaltung einer der Möglichkeiten zuordnen können, die im Folgenden aufgeführt werden und auf die ich mich später beziehen möchte.

1.1.   Der Atheismus

Für den Atheisten ist die Vernunft die höchste Instanz, die entscheidende Gottesgabe (wenn diese Metapher erlaubt ist), die der *homo sapiens* zur Verfügung hat. Sie beurteilt den Glauben kritisch und führt schließlich zum totalen Unglauben. Der Mensch nimmt keine Sonderstellung im Universum ein, wie es der Glaube suggeriert, seine Existenz ist zufällig und ohne tieferen Sinn – wie die einer Pflanze oder eines Tieres, etwa einer Mücke, die sich am Fliegenfänger verfangen hat. Traurig, aber wahr!

Atheisten gibt es mehr als man ahnt, aber eher im Verborgenen, weil der Atheismus nach wie vor in unserer Gesellschaft nicht als akzeptabel gilt, und eben das ist das eigentlich Erstaunliche. Da gibt es mit Sicherheit eine nicht unerhebliche Anzahl von Zweiflern, die aber auf keinen Fall auffallen möchten und lieber brav ihre Kirchensteuer zahlen als nach außen – durch Kirchenaustritt – ihre Meinung kundzutun.

1.2.   Der Deismus

Nicht selten nennen sich Angehörige der Intelligenz 'ehrfürchtig-gläubig' in einem vagen Sinne. Der Gott der Deisten ist der Erstbeweger oder Schöpfer, der etwas anstößt und sich dann zurückzieht; er ist entweder vage personenähnlich oder eine Art Instanz, über die sich nichts Näheres sagen lässt. Typisch etwa sind Max Planck und Albert Einstein, aber auch Voltaire, Rousseau, Jefferson, Gibbon und andere; sie alle waren nicht eigentlich Agnostiker, sondern devote Deisten. Hier drückt sich der *sensus numinis* des Menschen aus, sein Bedürfnis nach dem Numen, nach dem *numinosum fascinans,* das man auch das *mysterium tremendum* (das schauervolle Geheimnis) genannt hat.[4] Es ist relativ häufig und verwandt mit dem, wofür Phil Zuckerman (2009) sehr treffend die Bezeichnungen *awe-ism* und *awe-ists*[5] kreiert hat, das Staunen über uns und das Universum – über das Sein an sich. Es entspreche, wie Zuckerman sagt, am ehesten seinem eigenen 'Glauben', obwohl er Atheist sei. Der Ausdruck vermeidet den Gottesbegriff, der immerhin noch in

---

[4] Termini dieser Art findet man in den Werken des evangelischen Theologen Rudolf Otto (1869–1957). Lat. *numen,* gr. νεῦμα, bedeutet eigentlich 'der Wink,' 'das Zunicken'; also ist das Numinose eigentlich das nur indirekt Erfahrbare. *Duden*-Definition: 'das Göttlich als unbegreifliche, zugleich Vertrauen und Schauer erweckende Macht.'

[5] Der Ausdruck ist schlecht übersetzbar; *awe* = 'Ehrfurcht,' also *awe-ism* etwa = 'Ehrfürchtig-keitsreligion'?

Deismus steckt. Typisch *awe-istisch* ist zB Einsteins Ausspruch: ▸ Wenn etwas in mir ist, das man als religiös bezeichnen kann, dann ist es die grenzenlose Bewunderung für die Struktur der Welt, soweit sie unsere Wissenschaft entschlüsseln kann ◂ (zitiert nach Dawkins 2006:15) (2).

Die Übergänge von einer Ehrfurchtshaltung zum reinen Deismus sind fließend. Wer etwa als Kreationist an einen Schöpfergott glaubt, der nach der Schöpfung die Hände in den Schoß legt, also an einen *deus otiosus*, einen müßigen Gott, gehört ebenso hierher wie der Nur-*awe-ist*.

1.3.   Der Pantheismus

Die Gleichsetzung von Gott und Welt oder Gott und Natur, kombiniert mit monotheistischen Zügen, wird in ihrem Ursprung auf Baruch Spinoza (1632–1677) zurückgeführt ('Deus sive Natura'). Die einmalig geniale Darstellung findet sich in Goethes *Faust*. Gretchen fragt den Geliebten, wie er es mit der Religion halte. Darauf antwortet Faust:

Wer darf ihn nennen?	Faßt und erhält er nicht
Und wer bekennen:	Dich, mich, sich selbst?
Ich glaub ihn?	Nenn es dann, wie du willst
Wer empfinden	Nenn's Glück! Herz! Liebe! Gott!
Und sich unterwinden	Ich habe keinen Namen
Zu sagen: ich glaub ihn nicht?	Dafür! Gefühl ist alles;
Der Allumfasser,	Name ist Schall und Rauch,
Der Allerhalter, […]	Umnebelnd Himmelsglut.

Dawkins sagt treffend: ▸ Pantheismus ist hochgesexter Atheismus, Deismus verwässerter Theismus ◂ (2006:18) (3), und er spricht von dem "metaphysical or pantheistic God [*read* god] of the physicists" (*ib.*). Es zeigt sich somit, dass das Deistische nur schwer vom Pantheistischen zu trennen ist. Goethes Verse klingen stark pantheistisch, sind aber streng genommen deistisch, weil auch von einem persönlichen Gott, einem, der sich selbst erhält, die Rede ist.

1.4.   Der Theismus

1.4.1.   Der christliche Theismus

Der christliche Theismus ist der bekannte Glaube an einen persönlichen Gott wie auch in anderen Religionen. Seine ursprüngliche Form ist der Polytheismus; man hat je einen bestimmten Gott mit ganz eigenen Attributen für bestimmte Lebensbereiche, wie aus der griechischen und römischen Mythologie bekannt. Die Christen betonen natürlich, streng monotheistisch zu sein, sind es aber *de facto* nicht, insofern erstens ein Vatergott und ein Sohngott existieren und die Mutter des Sohnes, Maria, bei den Katholiken deutliche Züge einer Göttin angenommen hat, ohne natürlich so genannt zu werden. Ein weiterer Gott ist der Heilige Geist, von dem niemand so recht weiß, was man mit ihm anfangen soll.

Also haben wir *de facto* vier Götter, von denen drei nur ein einziger sein sollen und Maria auf keinen Fall so genannt werden darf. Die Zuständigkeiten der früheren Götter sind im Christentum auf die Heiligen übergegangen, deren Zahl letztlich unbegrenzt ist und die somit für alles Mögliche zuständig sein können, zB Petrus für das Wetter.

Man sollte nicht erwarten, dass unter modernen Bedingungen die christlichen Religionen noch so viele Anhänger haben. Eine Aufstellung der Ungläubigen des Leipnitz-Instituts für Sozialwissenschaften entnehme ich dem *Spiegel* 28/2012: 127. Danach sind – um die Extreme der Skala zu nennen – in Ostdeutschland 65,3% nicht gottgläubig, in Polen nur 2% (verständlich); dazwischen – guter Durchschnitt – Großbritannien 23,9%, Frankreich 36,3%; am erstaunlichsten: USA 4,2% (rätselhaft). Doch wird man bedenken müssen, dass Atheismus kaum gerne offen bekannt wird. Die Atmosphäre bleibt in der westlichen Welt geprägt von 2000 Jahren Christentum.

1.4.2.   Christliche Mythologie im Neuen Testament

Man beachte, dass auch die Religionen der Griechen und Römer letztlich theistisch waren, insofern man an irgendwie persönliche Götter glaubte, die sich wie Menschen zu benehmen pflegten ('Polytheismus'). Was die Christen nicht wahrhaben wollen: auch ihre Religion neigt zum Polytheistischen. Selbst das Element des Mythologischen, das wir mit den antiken Religionen zu verbinden pflegen, ist natürlich auch im Christlichen deutlich zu beobachten. Was uns etwa das Neue Testament an Mythologischem zu glauben zumutet, streift das Groteske. Da dies offenkundig ist und auch immer wieder von Religionskritikern dargestellt worden ist, begnüge ich mich mit wenigen Anmerkungen.

Der christliche Gott ist ursprünglich der israelitische – ein wenig sympathischer Alleinherrscher. Dessen rechte Hand und Mittler ist Moses, und man erwartet später – irgendwie – einen zweiten Moses, genannt Messias, der das Volk erlösen soll, worunter sich alles mögliche verstehen lässt. Da wird dann eines Tages ein israelitischer Wanderprediger – zögerlich, aber immerhin – mit dem erwarteten Messias identifiziert, der in Bethlehem geboren werden muss, weil sich die Juden stets auf Prophezeiungen des AT berufen, und schon muss dafür eine Volkszählung herhalten, von der niemand weiß, ob sie je stattgefunden hat (der tatsächliche Prediger Jesus stammte dummerweise wohl aus Nazareth, sollte aber aus Bethlehem kommen). Da wird der Stammbaum Josephs auf David zurückgeführt (der Messias kommt aus dem 'Hause Davids') und in gleichem Atemzug von der jungfräulichen Geburt berichtet (zB von Matthäus), wonach Joseph gar nicht der Vater Jesu sein soll. Dies zeigt, dass die Jungfrauengeburt wahrscheinlich eine spätere Zutat war; sie ist natürlich reines Märchen und kommt nicht nur im christlichen Bereich vor (schon Zeus hat einen Sohn Apollo und eine Tochter: Pallas Athene). Da werden dann im NT Tote auferweckt, die dann aber doch wieder gestorben sind, sonst müssten sie ja noch leben. So geschehen zB auch im Augenblick des Todes Jesu am Kreuz: gemäß *Matth* 27:52–53 öffneten sich im Augenblick seines Todes viele Gräber, und viele 'Heilige' standen auf und begaben sich nach Jerusalem. Da ist dem Evangelisten wohl etwas durcheinandergeraten: eigentlich standen sie wohl mit Jesu Auferstehung auf, und wenn sie nicht mehr leben, müssen die Auferstandenen wohl schon im Himmel sein, nur dass das nach katholischer Lehre nicht möglich ist. Maria ist die einzige Ausnahme, musste aber dafür 'unbefleckt' empfangen worden und von der sogenannten Erbsünde befreit sein (Dogma seit 1854, verkündet von Papst Pius IX). So kompliziert ist das! Man sieht, es geht schließlich nicht nur um die Absurditäten des NT, sondern auch um die, die von den Kirchen hinzugefügt wurden. Nach Jesu Auferstehung muss er – zum Beweis – natürlich gesehen werden. Da steht er dann grundlos am Grabe herum, nur um von Maria aus Magdala ('Maria Magdalena') gesehen zu werden, wandert auf der Straße nach Emmaus einher und taucht im Kreise der Jünger auf, um selbst den ungläubigen Thomas zu überzeugen. Da man keine rechte Beschäftigung oder Funktion für den auferstandenen Jesus gefunden hat, lässt man ihn eiligst in den Himmel aufsteigen (eine relativ blasse Begebenheit), weil er ja inzwischen nicht mehr da ist.

Sehr hübsch ist auch die Geschichte vom Verrat des Judas, der in allen vier Evangelien erwähnt wird (*Matth* 26, *Mark* 13, *Luk* 22, *Joh* 18). Ein Verräter ist immer interessant. Wie der Verrat Jesu vor sich geht, ist natürlich völlig unrealistisch. Da stehen die Jünger mit Jesus herum, und die Häscher wissen nicht, wen sie festnehmen sollen (warum nicht einfach alle zusammen?). Wären sie etwa unverrichteter Dinge abgezogen, wenn Judas seinen Meister nicht verraten hätte? Die Geschichte ist genauso erfunden wie später die Auferstehungsszenerien erfunden wurden. Überall spürt man das Bestreben des *homo sapiens,* mit Hilfe irgendwelcher Geschichten die Einsicht in den eigenen Tod zu kompensieren, den er partout nicht wahrhaben will.

Die absolute Spitze des Absurden betrifft das letzte Abendmahl. Im NT bleibt es noch beim Gleichnishaften: 'Das tuet zu meinem Gedächtnis'. Gemäß der katholischen Transsubstantiationslehre wird jedoch durch die Handlung des Priesters Brot und Wein tatsächlich – substantiell – in den Körper ('Leib') bzw. in das Blut Jesu Christi verwandelt, was aber weder durch den Geschmack noch durch eine chemische Untersuchung wahrgenommen werden kann. Doch gerade das geheimnisvolle Ereignis als Höhepunkt der Messe – die Wandlung – fasziniert natürlich die Teilnehmer und zwingt sie zu Ehrfurchtsgebärden.

In einem ausführlichen Schreiben vom 14.4.2012 wandte sich der Papst an die deutschen Bischöfe und ließ sie wissen, dass er die Wiedereinführung der folgenden Wandlungsworte für zwingend halte: "mein Blut, das für euch und für *viele* vergossen wird zur Vergebung der Sünden" (Matth 26:28), während es seit einigen Jahren "für euch und für alle" geheißen hatte, was zwar in einem ähnlichen Sinne gedeutet werden konnte, aber eben keine wörtliche Übersetzung war. Man könnte dieses Genauigkeitsbestreben belächeln, wären wir nicht inzwischen im 21.Jh. angekommen. Dies ist letztlich eine Bagatelle gegenüber dem geradezu perversen Gedanken, dass da einer für andere auf grausame Weise sterben muss (die Kreuzigung ist insgesamt eine perverse Idee), um dessen 'Sünden' auf sich zu nehmen. Man beachte auch, dass da nicht die menschlichen Bosheiten und Perversionen vergeben werden, sondern 'Sünden', also Einzeltaten, die offenbar aufzählbar sind!

Viel wichtiger (vielleicht aber sehr bezeichnend) ist das Element des Schauderns, das die Jesus-Geschichte auszeichnet. Da ist zunächst das schlechte Gewissen der Menschen, das immer wieder aufleuchtet in Gestalt der 'Sünden', die man loswerden will und mit denen man am besten einen rituellen Schafbock belädt, den man dann in die Wüste schickt

(*Leviticus* 16:10). Stattdessen muss im NT der Prophet Jesus selbst auf grausame Weise gequält (zB mit einer 'Dornenkrone') und noch grausamer zu Tode gebracht werden. Die Logik, wonach das alles von einem liebenden und allmächtigen Gott zugelassen oder gar initiiert wird, verstehe, wer da kann. Das Blutvergießen selbst – ob nun für alle oder nur für viele – ist pervers und sadistisch! Doch solche Gedanken bleiben ausgeklammert im Zeremoniell einer als heilig geltenden katholischen Messe und in den Argumentationen des Papstes.

Schließlich ist da auch noch das Pfingstwunder erwähnenswert, das geradezu märchenhafte Züge aufweist. Da kommen zunächst kleine Flammen auf die Häupter der Apostel herab (der 'Heiligenschein' hat eine ähnliche Funktion), und danach hört man sie 'mit Zungen' reden – offenbar in einer Art von Ekstase: sie predigen in ihrer eigenen Sprache, aber die Zuhörer, die im Interesse der Geschichte über ein Dutzend unterschiedlicher Sprachen sprechen (die Sprachen bzw. Herkunftsländer werden aufgeführt) hören sie jeweils in ihrer eigenen Sprache (*Apg* 2:4–11), was die Gelehrten dann als 'Glossolalie' bezeichnen. Das alles wird dann auch noch dem Heiligen Geist, der dritten göttlichen Person, zugeschrieben, die ihre Existenz wesentlich dem Bedürfnis nach einer Dreiheit verdankt, mit der man aber praktisch wenig anzufangen weiß.

Wie mag die wirkungsvolle *story* des NT entstanden sein? Sicher wird da zunächst ein Stück Wirklichkeit geschildert: in der Tat wird es einen Prediger wie Jesus gegeben haben, der innerhalb des Judentums operierte. Typisch für die Evangelien sind die immer wieder eingestreuten Zitate aus dem AT, die als Prophezeiungen verstanden werden, die sich mit Jesus erfüllt haben sollen. Da soll ein neuer Messias (wie Moses) erscheinen, von dem natürlich keiner weiß, was er eigentlich bewirken soll, und der der Fantasie viel Raum lässt. Die Idee von einem Messias-Erlöser, der so etwas wie ein goldenes Zeitalter und ein Leben im Schlaraffenland einleiten soll, ist allgegenwärtig. Die Juden leben offenbar – unter der Herrschaft der Römer – in einer Art Endzeitstimmung. Das aber hat sich offenbar mit außerjüdischen (außerisraelitischen) Vorstellungen und Hoffnungen verbunden, unter denen am Ende die Juden die Bösen sind, die den Messias nicht wahrhaben wollten und ihn daher von den Römern kreuzigen ließen. Während die vier Evangelisten nur innerisraelitischen Vorstellungen folgen, schlägt Paulus die Brücke zum zeitgenössischen Griechentum und wird zum eigentlichen Begründer der christlichen Religion. Da sorgen dann wiederum ein paar israelitische Eiferer dafür, dass nicht *alle* Israeliten zu Bösen werden, sondern nur ein paar, die die Jesus-Geschichte in Gang halten und einem grandiosen Ende mit Kreuzigung und Auferstehung zuführen. Typisch ist dann wieder die 'Naherwartung': die Hoffnung auf eine baldige Wiederkunft des in den Himmel aufgefahrenen Christus, die natürlich enttäuscht wurde, aber niemanden hinderte, weiterhin an so etwas wie einen 'jüngsten Tag' mit Wiederkunft Christi und großem Brimborium zu glauben. Man sieht, wie immer wieder, psychologisch betrachtet, die menschliche Einsicht in den Tod zu religiösen Fantasien führt, die letztlich auf eine Überwindung des Todes hinauslaufen. Eine literarisch großartige Fantasy-Darstellung ist die sog 'Offenbarung des Johannes', die Apokalypse, der Traum von einem Weltenende im christlichen Sinne – vielleicht das interessanteste Buch der Bibel, weil fantasievolle

Poesie. Auch der christliche Dichter John Donne (1572–1631) ist davon beeindruckt, glaubt wohl auch ernstlich daran und dichtet zum Beispiel folgendermaßen (*Holy Sonnets* 7; meine Übersetzung):

An den imaginären Ecken unsrer runden Welt	At the round earth's imagined corners blow
Blast die Trompeten, Engel, und steht auf,	Your trumpets, angels, and arise, arise
Ihr toten Seelen – namenlos und ohne Zahl –	From death, you numberless infinities
und geht zu euren toten Körpern überall!	Of souls, and to your scattered bodies go.

Aus alledem möge der Leser[6] seine Folgerungen ziehen. Man braucht nicht in der Ferne zu schweifen, um polytheistische Schattierungen und mythologische Nuancen im Christlichen zu beobachten. Das Ganze mündet dann am Ende in merkwürdigen, aber letztlich auch wieder schönen Gebräuchen wie denen zum Weihnachts- und Osterfest, die insbesondere auf Kinder zugeschnitten sind. Soll man uns und ihnen das nun nehmen? – werden manche Leser entrüstet fragen. Meine Antwort: Natürlich nicht! Man sollte nur darauf verzichten, die Weihnachtsgeschichte für bare Münze zu nehmen und für wahr zu halten. Weihnachten (wie Ostern und alles übrige) ist ein Stück unserer historisch gewordenen Kultur, die man hochhalten sollte, deren theologische Inhalte aber keinerlei Glauben verdienen (mit Pfingsten weiß man ohnehin wenig anzufangen). Ich gehe sogar so weit, die Augen vor dem zu verschließen, was schlicht als Kitsch bezeichnet werden muss wie etwa viele Weihnachtslieder (Weihnachten ist wahrscheinlich die augenfälligste aller Mythen), zB Strophe 5 aus Luthers "Vom Himmel hoch, da komm ich her," die an naiver Plattheit und mangelndem poetischem Geschick nicht zu überbieten ist (Text in einem beliebigen evangelischen Gesangbuch; siehe auch Abschnitt 9):

Merk auf, mein Herz, und sieh dorthin.
Was liegt doch in dem Krippelein?
[*Besser:* 'Was liegt dort in der Krippe drin'?]
Wes ist das schöne Kindelein?
[*Besser:* 'Wer ist das schöne Kindelein?'?]
Es ist das liebe Jesulein.

Der Titel eines Essays von Joachim Frank beispielsweise, erschienen im *Kölner Stadtanzeiger* vom 5./6. April 2012, lautet "Die Mythen der Ostergeschichte". Zu den Mythen zählt der Verfasser die folgenden: die Schüssel zur Handwaschung, die Dornenkrone, den Hahn (der durch sein Krähen noch nicht den Morgen verkündet hat, bevor Petrus seinen 'Meister' verleugnet hat), Kreuz und Nagel, die Lanze, das Grab, den Auferstandenen.

Ausdrücklich hervorzuheben ist, dass letztlich nicht die Berichte der Evangelisten den eigentlichen christlichen Mythos enthalten, sondern die Briefe des Paulus, der insbesondere den Kreuzestod als Sühne für die menschlichen Sünden immer wieder in neuen Formulierungen zu mythisieren weiß. "Ich lebe, doch nicht ich, sondern Christus lebt in mir. Ich bin mit Christus gekreuzigt worden" (*Gal* 2:20). So ähnlich heißt es auch im Römer-Brief: "Wisset Ihr nicht, dass alle, die wir in Jesum Christum getauft sind, die

---

6 Wie bereits erwähnt, belasse ich es bewusst bei dem formalen Maskulinum, das natürlich die Leserinnen nicht ausschließt.

sind in seinen Tod getauft (*Röm* 6:3). Und *Phil* 4:7 ist von dem Frieden Gottes die Rede, den der Verfasser auf alle herabwünscht und der "höher ist als alle Vernunft." Mit Vernunft hat die Paulinische Theologie wenig zu tun – wie auch den bis in die Gegenwart hinein gepflegten Bräuchen der katholischen Kirche mit Vernunft nicht beizukommen ist.

Am Fronleichnamsfest 2012 war am Fernsehen zu beobachten, wie auf einem offenen Lastwagen gleich hinter dem Führerhaus ein Altar mit einer riesigen Monstranz montiert war; dahinter knieend der Papst, eingehüllt in einen glockenartigen Mantel, die Hände auf einem Pult gefaltet und mit ernster Miene unverwandt in Fahrtrichtung auf die Monstranz blickend, das Fahrzeug langsam durch die Straßen rollend, von Zuschauern begleitet und beklatscht. Niemand schien sich der ans Lächerliche grenzenden Absurdität der Situation bewusst zu sein. So etwas muss einen nachdenklich stimmen bezüglich der *sapientia* des *homo sapiens*.

1.5.   Der Integrationalismus

Der Integrationalismus (meine Bezeichnung) ist die gedanklich anspruchsvollste Koppelung von Vernunft und Glauben. Er ist in Wirklichkeit vor der Vernunft nur schwer zu verteidigen; denn er muss Zuflucht zu einer metaphorischen Sprache nehmen und an Gefühle appellieren. Der Integrationalismus ist mir allein beim Papst begegnet, der somit eine Ausnahmestellung einnimmt. In der Enzyklika *Spe Salvi* spricht der Papst von der "Öffnung der Vernunft für die rettenden Kräfte des Glaubens," und man spürt, wie in den "rettenden Kräften" bereits ein Vorurteil zugunsten des Glaubens mitschwingt; auch lässt sich weder sagen, was unter 'Öffnung der Vernunft' zu verstehen ist, noch was diese "rettenden Kräfte des Glaubens" für die Vernunft bedeuten. Gemäß Papst ist der Glaube eine reinigende Kraft für die Vernunft selbst (ich komme darauf später zurück). Eine merkwürdige Idee, mit der mehr gemeint sein muss als 'Glaube an den Glauben' ('belief in belief'; siehe Kap. 3). Plausibel wäre eher die Reinigung des Glaubens durch die Vernunft – aber das Umgekehrte? Der sich wissenschaftlich gebende Integrationalismus ist dezidiert irrational und in Wirklichkeit vorwissenschaftlich. Ein schönes Beispiel für die Richtigkeit dieser Behauptung bietet ein geistiger Vorgänger des Papstes: der Apostel Paulus hält natürlich an der bereits im Vorwort zitierten Stelle (1*Kor* 13:11) seinen Christusglauben für rational begründbar, wenn er sagt: Als ich ein Kind war, dachte ich wie ein Kind, doch später legte ich das Kindliche ab (und wurde Christ). Für uns ist es natürlich umgekehrt: Wir werden (meist) in die Religion hineingeboren und stellen keine rationalen Fragen. Charakteristischerweise ist die Skepsis ein Phänomen der Reife.

1.6.   Der Agnostizismus

Die Agnostiker sind eine relativ uninteressante Gruppe, die sich hinter der Ausrede versteckt, dass man als Mensch über das Göttliche nichts wissen könne. Der Sinn einer solchen Haltung besteht darin, dass man den Glauben keineswegs leugnen muss, ohne ihn dennoch regelrecht zu vertreten – Feigheit vor einer Entscheidung? Phil Zuckerman (2009) findet den Ausdruck *Agnostiker* schlecht, weil zu negativ, und möchte sich selbst als *aweist* bezeichnen; noch besser sei gr. ἀδόξαστος = 'gewiss,' 'nicht auf Glauben beruhend' (ἡ δόξα 'die Meinung, der Glaube'). Es gibt ein Heer von Gelehrten wie Einstein und

Planck, die man zu dieser Gruppe von 'Ehrfürchtigen' zählen muss. Wahrscheinlich würden die meisten sich unter den Pantheisten am wohlsten fühlen. Sie alle beweisen die Richtigkeit des Prinzips 'Man is a credulous animal' (der Mensch ist ein gläubiges Tier). ANMERKUNG: In *Free Inquiry* 31/3 (2011), S. 7, werden die folgenden Termini aufgeführt: the antireligious, the irreligious, the religiously indifferent, deists, agnostics, atheists (die beiden letzteren 'less than 2%'), anticlericalists, skeptics, secularists, humanists, *et cetera, et cetera*. Einige sind '*believers*, but not belongers' (= 'belonging to a church,' also 'Gläubige, aber nicht [einer Kirche] Zugehörige).

1.7.   Was heißt Religion?

Es hat wenig Sinn, nach einer Definition der Religion oder des Religiösen Ausschau zu halten. Wegen der Vielfalt von Religionen und Sekten muss eine Definition notgedrungen so vage werden, dass sie wenig besagt. Im Brockhaus heißt es: "Allen Definitionen gemeinsam ist, dass Religion als ein existenz- und situationsbezogenes (und entsprechend uneinheitliches und uneindeutiges) Phänomen erscheint, als eine spezifische Funktion des Menschseins, die es außerhalb der Welt des Menschen nicht gibt." Das ist sicher richtig, aber so vage, dass es für unsere Erkenntnis wenig bringt. Für praktische Zwecke kann man etwa so sagen: Religion ist der Glaube an die Existenz einer übernatürlichen Welt und übernatürlicher Wesen, zu denen man – gemäß einigen Religionen – nach dem Tode ebenfalls gehören möchte und die man inzwischen gemeinsam verehrt. Nach meiner schlichten Definition ist Religion die Dreiheit von Mythos, Ritus und Exegese. Das Glaubensbedürfnis ist psychologischer Natur: bei manchen ist es übermächtig, bei nur wenigen schwach entwickelt, bei vielen ist es unter einem 'Vielleicht' verborgen, wie es etwa in den Versen eines Hermann Hesse zum Ausdruck kommt (das Ende des Gedichts 'Stufen'):

> Es wird vielleicht auch noch die Todesstunde
> Uns neuen Räumen jung entgegen senden:
> Des Lebens Ruf an uns wird niemals enden.
> Wohlan denn, Herz, nimm Abschied und gesunde!

1.7.1.   Udo di Fabio

Hier folgt wegen des Autors und wegen der Aktualität seiner Äußerungen – als negatives Beispiel – der Definitionsversuch von Udo di Fabio:

"Religionen sind gemeinschaftsfundierte Ordnungssysteme mit einem über die empirisch erfahrbare Welt hinausweisenden existentiellen Deutungssinn." [Di Fabios Anmerkung: "Religion beobachtet die Unbeobachtbarkeit der Welt und des Beobachters" – mit ähnlich klingendem Zitat von Niklas Luhmann.] "Eine Religion geht von einer äußeren oder den Dingen innewohnenden [man beachte das *Außen* und *Innen*!] Wirkkraft [?] aus, die sie jedenfalls der bloßen Faktizität und Physis des individuellen Bewusstseins entgegensetzt [usw.]" (2009:131).

Wieder einmal muss ich zunächst als Philologe Bedenken anmelden. Die Unbeobachtbarkeit ist die Tatsache, dass etwas nicht beobachtet werden kann, und diese *Tatsache* kann ja wohl nicht selbst beobachtet werden. Die Absurdität, wonach die Religion das Unbeobachtbare beobachtet, mag bei Luhmann vorkommen; man sollte sie aber nicht wiederholen. Die Rede von der 'Unbeobachtbarkeit der Welt und des Beobachters' ist natürlich ebenfalls unsinnig, weil wir die Welt sehr wohl beobachten können und natürlich auch den die Welt beobachtenden Nachbarn oder Forscher. Die Religion als Abstraktum beobachtet ohnehin gar nichts; das tun allenfalls die religiösen Menschen.

Dass die Religionen 'Ordnungssysteme' seien, mag hingehen, aber dass sie von einer den Dingen innewohnenden Wirkkraft ausgingen, ist wieder einmal klug klingendes Gerede. Mit einem Wort: Di Fabio wäre gut beraten gewesen, wenn er Wikipedia oder Brockhaus oder ähnliche Quellen zitiert hätte, anstatt uns mit seiner eigenen Stilistik zu traktieren.

1.7.2. Religion in fremder Umgebung

Es seien hier einige Bemerkungen zur Religionsausübung unter modernen Bedingungen angeschlossen. Erst im Zeitalter des Flugzeugs mischen sich die Kulturen mit ihren Religionen. Ursprünglich sind sie streng voneinander getrennt – mit gewissen Ausnahmen wie zB den Juden in Europa und anderswo, denen der Staat abhanden gekommen war. Sie lebten in der fremden Kultur jedoch unauffällig. Aber mit dem 20.Jh.. hat sich dies geändert, und plötzlich ist davon die Rede, dass etwa in Deutschland Moscheen gebaut werden sollen. Hier sollte die Regel gelten: Nichts gegen Zuwanderungen unter den modernen Bedingungen, aber die rechtlich garantierte Religionsfreiheit sollte ihre Grenzen haben in allem, was die fremde Kultur zur Schau stellt. In christlicher Umgebung sind fremde Trachten unangebracht. Man muss zwar auch in eigentlich christlicher Umgebung die eigenen, für die Christen fremden Gottesdienste feiern dürfen, aber bitte kein Zur-schaustellen des Fremden und auch umgekehrt keine christlichen Kirchen oder auch Prozessionen in der Türkei und anderen islamischen Ländern!

1.7.2E. Exkurs: Beschneidung – ja oder nein?

Der Zufall will es, dass es soeben (2012) zu einem deutschen Gerichtsurteil gekommen ist, das sich gegen den jüdischen Ritus der Beschneidung wendet, indem es eine solche als Körperverletzung ansieht. Das hat natürlich bei Juden und anderen – auch bei Christen – helle Empörung ausgelöst. Aber das Urteil ist richtig; denn eine Körperverletzung ist zwar nicht sichtbar, steht aber sozusagen auf der gleichen Stufe wie die sichtbare Demonstration des Glaubens in fremder Umgebung, von der ich oben sprach.

Über die Ursprünge der Beschneidung kann man nur rätseln. Möglicherweise sollte sie die Fruchtbarkeit fördern und jegliche Phimose ausschließen. Für die Juden ist sie als Gottesgebot in Genesis 17:10–14 verankert und dort ein Zeichen des Bundes, den Gott mit seinem auserwählten Volk schließt. Die Idee ist natürlich genauso absurd wie die von der Verwandlung des Weins in das Blut Christ, nur das Letzteres niemandem wehtut. Und genau das ist der Punkt. Die Beeinträchtigung eines anderen, die zwar vielleicht unauffällig erfolgt, aber eben wegen der Beeinträchtigung eines Wehrlosen nicht gestattet sein kann.

Ein Verbot der Beschneidung beschneidet nicht die freie Religionsausübung. Ein passabler Mittelweg bestünde vielleicht darin, sie als Körperverletzung zu verbieten, sie aber straffrei zu belassen und nicht zu verfolgen. Die jüdische Seite sollte bedenken, ob man sich nicht mit einer symbolischen Beschneidung zufriedengeben könnte; schließlich werden dem Herrn auch keine Brandopfer in Gestalt von Tieren mehr erbracht, wie sie dereinst in einer nomadischen Gesellschaft üblich waren. Der gesamte Ritus könnte bleiben einschließlich Messer; nur das Schneiden selbst wäre verboten – eben nur eine symbolische Geste. Würde Christus heute geboren, würden die Engel seine Geburt kaum den Hirten auf dem Felde ankündigen können; es gibt keine Hirten mehr (von Ausnahmen abgesehen), wie es auch keine Hotels mit Pferdeställen und Krippen mehr gibt! Man bedenke, wie sehr die Schilderungen der Bibel zeitgebunden sind! Symbolische Handlungen können im religiösen Bereich sehr ernst genommen werden – ein fast idealer Ausweg unter modernen Bedingungen.

Der Jurist Stefan Muckel hat unter http://aktuell.evangelisch.de/themen-des-monats/ 4771/die-schwierige-beschneidung-ein-ideologisches-urteil (2012) einen kurzen Essay veröffentlicht, der sich gegen das Kölner Urteil wendet. (Muckel ist Inhaber des Lehrstuhls für Öffentliches Recht und Kirchenrecht am Institut für Kirchenrecht an der Rechtswissenschaftlichen Fakultät der Universität zu Köln.) Wieder reizt den Philologen die Stilistik der Argumentation. Wenn das Urteil tatsächlich ideologisch ist, wie Muckel meint, so ist es immerhin weniger ideologisch als Muckels Essay. Der Essay beginnt – stilistisch unverständlich – folgendermaßen: "Die Entscheidung des Kölner Landgerichts (Urteil vom 7.5.2012, Az: 151 Ns 169/11) erregt die Gemüter. Wer das Urteil mit juristischem Sachverstand liest, ist auf den ersten Blick ratlos. Denn es ist fachlich – methodisch wie inhaltlich – in seinen Ansätzen gut vertretbar."– Das Urteil lässt einen ratlos, weil es fachlich gut vertretbar ist? Eine merkwürdige Logik! Es stellt sich aber dann heraus, dass Muckel das Urteil keineswegs für fachlich gut vertretbar hält. Wir lesen kurz darauf:

"Das Landgericht setzt sich leichthin darüber hinweg, dass die Beschneidung von Knaben in mehr als einer Weltreligion seit vielen Jahrhunderten zum festen Ritualbestand gehört. Es bezieht sogar Stellung gegen Religion. Das zeigen der Hinweis auf §1631 Abs. 2 Satz 1 BGB ('Kinder haben ein Recht auf gewaltfreie Erziehung' – als ginge es darum!) und der Satz, die Beschneidung laufe dem Interesse des Kindes zuwider, später selbst über seine Religionszugehörigkeit entscheiden zu können. Das gehört zum Credo der Agnostiker und Konfessionslosen [*na, und?*]. Die Entscheidung des LG Köln ist nicht nur gesellschaftspolitisch taktlos, sie ist juristisch anmaßend."

Die Kölner Juristen haben nach Muckel sogar schlecht gearbeitet, denn wir hören weiter:

"Das Landgericht nimmt keine Abwägung der gegenläufigen (Grund-)Rechte vor. Dazu hätte es sich mit den auf beiden Seiten zu berücksichtigenden Interessen näher auseinandersetzen und sie wertend gegenüberstellen müssen. Sodann hätte es mit ausführlicher Begründung entscheiden müssen, welches Recht vorgeht. So etwas ist aufwendig. Jurastudenten lernen das im Grundstudium [aber den Richtern ist es entgangen?]. Das Landgericht aber schlägt den juristischen Knoten einfach durch: Die körperliche Unversehrtheit geht vor, basta!"

Aber das Urteil ist dennoch laut Muckels Einleitung in seinen Ansätzen methodisch wie inhaltlich gut vertretbar! (Der Text enthält weitere, wenn auch weniger auffällige stilistische Mängel.)

Wer in irgendeiner Weise gläubig ist oder den Kirchen nahesteht oder gar jüdischen Glaubens ist, wird natürlich gegen das Urteil eingenommen sein und demgemäß Gründe finden, die gegen die Kölner Richter sprechen. Die Gründe selbst werden dann praktisch bedeutungslos; es hat wenig Sinn, gegen sie zu argumentieren. So würde Muckel sicher nicht akzeptieren können, dass *de facto* weder Alter noch Verbreitung eines Ritus für oder gegen ihn sprechen, sondern nur sein Inhalt. Wer der Ratio den absoluten Vorrang einräumt und damit die religöse Relevanz nicht anerkennt oder sie als sekundär betrachtet, wird die Beschneidung als einen ausgesprochen unglücklichen und peinlichen Ritus und als unnötige Körperverletzung von Schutzbefohlenen mit religiöser Begründung ansehen, die er *als solche* (als Körperverletzung) verboten sehen möchte – in einem Lande, das von Hause aus einer anderen Religion als Norm huldigt. Die Freiheit der Religionsausübung hat ihre Grenzen in der unnötigen Zurschaustellung von Riten; das 'Zurschaustellen' besteht hier in der Beeinträchtigung anderer, die an seinem Körper wahrgenommen werden könnte. Zu diskutieren sind dann allenfalls die Auswege und die Arten von Notbehelf, die aus dieser Situation hinausführen können.

Es sei hier daran erinnert, dass zB auch Shakespeare nichts von der Beschneidung hielt. In der fremdenfeindlichen Schluss-Szene von *Othello* sagt Othello zu einem seiner Freunde, er solle, wenn er von ihm, Othello, berichte, auch sagen, dass er dereinst in Aleppo einen turbantragenden Türken, der einen Venezianer geschlagen und den Staat beleidigt habe, an der Kehle gepackt und den 'beschnittenen Hund' *so* getötet habe (er führt dies vor, indem er sich selbst erdolcht). Dies zeigt, wie fremde Kulturen sich von Hause aus – in Zeiten, in denen keine modernen und damit grenzüberschreitenden Verkehrsmittel gibt – feindlich und ohne Verständnis füreinander gegenüberstehen. Schon Geoffrey Chaucer (?1340–1400) brachte in seinen *Canterbury-Erzählungen* eine anti-jüdische Geschichte, ohne sich wahrscheinlich viel dabei zu denken: die *Erzählung der Priorin* von einem Kind, das auf dem Schulweg einen frommen Choral singt und dafür von den Juden getötet wird, aber – o Wunder – nach seinem Tode weitersingt. Verständnislosigkeit gegenüber den Juden und ihre Verleumdung aus christlicher Sicht!

2. Die Glaubensskala: der *homo credulus* und der *homo scepticus*

Richard Dawkins sucht die Möglichkeiten zwischen Glauben und Unglauben auf eine Skala von sieben Haltungen zur Religion zu reduzieren:

(1) Stark theistisch

(2) Zum Theismus neigend, aber nicht 100% theistisch

(3) Technisch agnostisch, aber zum Theismus neigend ("technically agnostic, but leaning towards theism"). Zwar ist man unsicher, aber "geneigt, an Gott zu glauben"

(4) 50:50%

(5) Technisch agnostisch, aber zum Atheismus neigend ("technically agnostic, but leaning towards atheism.")

(6) Annähernd null, *de facto* atheistisch ("short of zero, *de facto* atheist").

(7) Stark atheistisch (100%)

Eine solche Skala kann natürlich, wie auch Dawkins' Prozentzahlen andeutet, beliebig erweitert und verfeinert werden.

Hier der Versuch einer anderen Lösung des Problems:

Man muss sich die Möglichkeiten menschlichen Denkens und Fühlens als eine Mischung aus *ratio* und *emotio religiosa* (= Glaubensbedürfnis) vorstellen, deren Anteile auf einer Skala verteilt sind – etwa so:

Emotio religiosa (+)		*Emotio religiosa* (–)
Ratio (–)		Ratio (+)
Theist		Atheist
0% bzw. 100%		0% bzw.100%

Die Ausweich-Möglichkeiten zwischen 0% und 100% sind vielfaltig. Man hat sie sich vielleicht sogar zweidimensional vorzustellen (nach oben eher realistisch, nach unten eher vergeistigt). So wären NOMA und Integrationalismus unterscheidbare theistische Haltungen, und auch Deismus und Pantheismus könnte man sich als in einer senkrecht-waagerecht gelegenen Dimension vorstellen. Alles dies sind jedoch nur kümmerliche Versuche, Ordnung in eine natürliche Vielfalt zu bringen.

Zu der natürlichen Vielfalt gehört auch die Ersatzreligion, die gegeben ist, wenn etwa in der christlichen Welt Anhänger des Zen-Buddhismus auftreten, die sich jedoch selbst eher für atheistisch oder vage-pantheistisch halten. Nach Becker 2009 gilt für die Europäische Union:

52% Theisten
30% Deisten oder Pantheisten
18% Atheisten

▸ Der Mensch ist ein gläubiges Tier und muss irgendetwas glauben; hat er keine guten Gründe dafür, nimmt er mit schlechten vorlieb, ◂ (4), sagte Bertrand Russell (1872–1970) (Hitchens, S. 199). ▸ Jede starke Emotion hat ihre eigene mythenschaffende Tendenz ◂ (5) (*ib.*, S.191). Russel nennt als Beispiel mit Recht auch den Rassismus der Nazis. Damit hätten wir also den *homo credulus*, aber wie kommt es dann, dass Leute wie Bertrand Russell oder in der Gegenwart Richard Dawkins davon unberührt bleiben und eine solche Aussage wie oben zitiert treffen? Oder ist auch die Behauptung des absoluten Primats der Wissenschaft nur ein *Glaube* an die Wissenschaft? Doch werden wir nicht tiefsinnig! Wir müssen den *homo credulus* mit dem *homo sapiens* irgendwie in Einklang bringen! Was Russell nicht bedacht hat: Es gibt nicht nur den *homo credulus*, sondern auch den *homo scepticus!* Er selber war einer in höchstem Maße! Auch gilt es zu bedenken, dass Berühmtheiten wie Voltaire, Rousseau, Jefferson, Gibbon und andere nicht eigentlich Agnostiker oder gar Atheisten waren, sondern eher devote Deisten (ähnlich auch *Spectator*, 14.2. 2009 unter *Letters*).

Eine theologisch angehauchte Terminolgie für das Geschilderte liefert uns Rudolf Otto (1869–1937). Die menschliche Reaktion auf das ganz Andere, auf das Irrationale, das *numen oder* das Numinosum, wie Otto es nennt, ruft das Gefühl des 'Mysterium tremendum' (des schauervoll Geheimnisvollen) hervor, auch das Augustum, das Erhabene, das Heilige. Nach Otto ist der *sensu numinis* des Menschen eine apriorische Kategorie (das heißt wohl einfach 'angeboren'), die Erlebnisform des Heiligen. (Siehe auch Anmerkung 4.)

Glaube, das ist die Quintessenz dieses Abschnitts und dieses Buches, beruht auf der menschlichen Psyche. Da gibt es die relativ einsamen Rationalisten (der Verfasser zählt sich dazu), die nicht umhin können, alles ohne Ausnahme (!) in Frage zu stellen. Es sind die, die sogar, wenn als Katholiken geboren, nicht umhin können, von ihrem Glauben abzufallen. Es ist der Typ des *homo scepticus*. Aber der größere Teil der Menschen – mit ethnischen Unterschieden – neigt eher zum *homo credulus*. Müssen sie berufswegen Rationalisten sein, werden sie, was die Religion angeht, zu Deisten. Folglich werden die Bezeichnungen *homo credulus* und *homo scepticus* insofern zweifelhaft, als der Mensch nicht nur dies *oder* jenes sein kann, sondern wahrscheinlich auch beides zugleich.

Die Intellektuellen unter den gläubigen Christen erfinden alle möglichen Tricks und Gedankensprünge, um den Glauben zu rechtfertigen. Macht man sie auf NOMA aufmerksam, so möchten sie auch das neutrale Nebeneinander von Intellekt und Glauben nicht wahrhaben und reden sich zu ihrer Verteidigung um Kopf und Kragen. In einer Unterhaltung mit einem besonders intelligenten Gläubigen, der natürlich die Vernunft irgendwie in den Glauben einbringen wollte, stellte sich plötzlich heraus, dass er auch die Jungfrauengeburt (eine Nebensächlichkeit) keineswegs als ausgeschlossen ansehen mochte, und ich erkannte, dass mein eigener Standpunkt demgegenüber sehr einfach war. Unter dem Primat der Vernunft gibt es keine die Naturgesetze aufhebenden Wunder, also auch keine Jungfrauengeburt, keine 'Auferstehung', keinen 'Himmel,' in dem sich in schönster Glückseligkeit Gott, Heilige und Engel tummeln und in die hineinzugelangen auch gläubige Menschen hoffen, keinen Gott, der sich um jeden und um alles kümmert und, obwohl allmächtig, Unglücke und Bosheit zulässt. Diskussionen hierüber, die auf alle möglichen Hintertüren hinauslaufen, sind herzlich überflüssig. Punkt. Ende der Diskussion.

Instruktiv in diesem Zusammenhang war der Papstbesuch im September 2011, der zu verschiedenen Protesten Anlass gab. Protestiert wurde aber allenfalls gegen spezielle Einstellungen der Kirche, von denen es in erster Linie die folgenden waren: die Haltung der Kirche gegenüber den Frauen, das Priester-Zölibat, die Empfängnisverhütung, gleichgeschlechtliche Verbindungen, ferner das fehlende gemeinsame katholisch-protestantische Abendmahl. Die Lehren der Kirchen bezüglich Gott und Christus (usw.) wurden als gegeben vorausgesetzt und interessierten kaum. Niemand wäre auf den Gedanken gekommen zu demonstrieren mit der Begründung, die Kirche verbreite Lügen wie die Jungfrauengeburt, die Gottessohnschaft eines Menschen, die Auferstehung Christi, die Himmelfahrt (vom Heiligen Geist gar nicht zu sprechen). Die Protestanten waren natürlich als brave Christen mit dabei und kämpften – vergeblich – für das gemeinsame Abendmahl. Da bleiben für die Atheisten wohl in der Tat höchstens 18% Anteil, von denen wahrscheinlich wiederum 90% dem Papstbesuch einschließlich der Messen und Begegnungen gleichgültig gegenüberstanden. – *Nobody cares!* Das alles aber hängt mit der psychischen Konstitution des Menschen zusammen. Mit fortschreitender Zivilisation wird die Gesellschaft nicht atheistisch, sondern allenfalls gleichgültig. Doch Vorsicht: die Gläubigen und Diskussionsbereiten sterben nicht aus!

3.   'Glaube an den Glauben'?[7]

Die Bezeichnung 'belief in belief' (auch 'faith in faith'). stammt von Daniel Dennett,[8] dessen langatmige Ausführungen jedoch auf weite Strecken hin irgendwie undeutlich sind. Zunächst ist zu sagen, dass 'Glaube an den Glauben' zwei sehr unterschiedliche Haltungen beschreiben kann. Erstens kann damit die Haltung des Skeptikers gemeint sein, der den Glauben gewähren lässt, weil er vielleicht eine evolutionäre Bedeutung habe oder sonstwie nützlich sein möge. Die Skala der Haltungen gegenüber dem Glauben reicht vom Gewährenlassen (obwohl für abwegig und nutzlos gehalten) über ein Gewährenlassen (weil vielleicht nützlich oder, wie Karl Marx sagte, 'Opium fürs Volk') über den Agnostizismus ('weiß nicht') bis hin zu einer eigenen vagen Religiosität à la Albert Einstein oder Max Planck, die man als Deismus oder Pantheismus bezeichnen kann.

Was Dennett wahrscheinlich im Auge hat (wenn ich ihn richtig verstanden habe), ist etwas ganz anderes, nämlich der hohe Wert, den man dem blinden religiösen Glauben innerhalb des Religiösen zumisst, insbesondere die christliche Idee (vor Allem die lutherische), dass der Mensch selig werde (was immer das ist) nicht durch sein moralisches Verhalten (insbesondere durch gute Werke), sondern allein durch den Glauben – soll heißen, ich muss zB glauben, dass Christus auferstanden sei, wenn ich selber in den Himmel kommen will. Das ist Glaube um jeden Preis.

Der Glaube an den Glauben in diesem Sinne findet in dem *Credo quia absurdum* (Ich glaube, weil es [das zu Glaubende] absurd ist) seinen ultimativen Ausdruck, in der pseudotiefsinnigen Paradoxie, mit dem sich jeder Zweifel und jedes Bedenken im Keim ersticken oder von vornherein zerschlagen lässt. Dass daran kluge Köpfe bis heute geglaubt haben, beweist, dass das menschliche Gehirn noch des Wachsens bedarf. Wenn die religiösen Inhalte vor dem Forum der Vernunft nicht bestehen können, ist der Glaube dann auf diese Weise zu retten? Die Antwort ist ein klares 'Nein'. Es hat für einen Christen wenig Sinn, Richard Dawkins auf gleicher Augenhöhe (durch Einsatz der Vernunft) widerlegen zu wollen. Der gläubige Christ kann ihn nur ignorieren und zu NOMA flüchten! (Bedenkt man dies, so wird einem plötzlich der tiefere Sinn des *Index librorum prohibitorum* klar: man kann nichts widerlegen, sondern nur verbieten.) Natürlich kann er auch vorübergehend – auf gleicher Augenhöhe – mitspielen, doch das schiebt das Problem nur für eine gewisse Zeit beiseite.

---

[7]   Siehe zu diesem Thema auch §4.2.

[8]   Belief in belief' ist der Titel des Kapitels 8 in Dennett 2006.

4. Grenzen des menschlichen Verstehens: der Mensch im Universum

Wir sagten, dass sich der Mensch im Universum ganz falsch sieht und dass wir zB nie wissen werden, was eigentlich der *big bang* ist, den die Wissenschaft postuliert. Wir wissen zwar, dass sich unsere Welt irgendwann in Wohlgefallen auflösen wird, wenn nämlich die Sonne ihr Brennmaterial verbraucht hat, aber wir können es nicht eigentlich verstehen und müssen es im Alltag ignorieren. Von einem menschähnlichen Lebewesen auf einem Planeten, der in einer anderen Galaxie um eine Sonne kreist, wird davon unter Umständen gar nichts bemerkt. Vieles, was wir einerseits berechnen und damit verstehen können, ist uns in einem normalen Sinne unverständlich. Damit benutze ich *unverständlich* etwa im Sinne von 'nicht *ohne Weiteres* verständlich', 'im Grunde unbegreiflich', obwohl der Mensch ja auf der anderen Seite sehr wohl diese Dinge berechnen und somit verständlich machen kann. Es folgen einige Beispiele.

Hawking/Mlodinow sprechen von einer M-Theorie, die das Weltall erklären könne, wobei M für *master, mystery, miracle*, stehen könne (2010:114) (Hawking *1942). "It allows for 10^{500} universes." Was aber heißt "it allows for," die Theorie könne 10^{500} Universen akkommodieren? Wieviele Universen gibt es tatsächlich? Und wie kann es überhaupt mehr als ein Universum geben? Doch das sind offenbar verbotene Fragen. Ich zitiere diese Stelle auch nur wegen der folgenden Schlussfolgerung der Autoren, die zeigt, dass wohl auch Hawking das alles nicht ernst nimmt: Hätte jemand diese Universen untersucht (so die Autoren) und hätte er damit beim Urknall begonnen und dann für jedes Universum nur eine Millisekunde gebraucht, so wäre er jetzt bei Universum Nr. 10^{20} angelangt – und das ohne Kaffeepause!

Unsere Sonne ist auf dem Höhepunkt ihrer Entwicklung. Sie entstand vor knapp 5×10^9 Jahren (= 5 Milliarden, das ist eine fünf mit neun Nullen) und wird in weiteren ca. 5×10^9 Jahren zu einem roten Riesenstern angewachsen sein, der die nächstgelegenen Planeten Merkur, Venus und Erde verschlänge, wenn sie nicht möglicherweise nach außen auswichen. Alles irdische Leben wird dann längst erloschen sein. "Für das teilnahmslose Universum wäre ein Verschwinden der Menschen vom Planeten Erde ein völlig belangloses Ereignis" (*Himmelsjahr* 2009, S. 152). T.S. Eliot hat dies in einem lapidaren poetischen Satz ausgedrückt: ▶ So wird die Welt enden, nicht mit einem *bang*, sondern mit einem Wimperzucken ◀ (6) (Ende des Gedichts *The Hollow Men*, 1925).

Neuerlich glaubt man auch zu wissen, was mit unserer Milchstraße passiert. Sie wird in etwa 4 Milliarden Jahren mit der Andromeda-Galaxie verschmelzen, was wahrscheinlich unser Sonnensystem nicht beeinträchtigte und die Erde unbehelligt ließe, wäre unsere Sonne dann nicht schon auf dem Wege zu einem roten Riesen, der Merkur, Venus und Erde bereits verbrannt hätte. Die Andromeda-Galaxie (genannt 'M31') umfasst etwa 1 Billion Sterne (10^9), unsere eigene Milchstraße nur gut 100 Milliarden (100×10^9). M31 ist 2,5 Millionen Lichtjahre von uns entfernt, aber im Vergleich zu anderen Galaxien relativ nahe. Alles nennbare, aber unvorstellbare Größen! Ein Astrophysiker wird möglicherweise meine Ausführungen belächeln. Er weiß noch mehr an Unvorstellbarem: zB dass die Galaxien wahrscheinlich untereinander vernetzt sind zu einem Universum von unvorstellbaren Ausmaßen, in dem der Mensch dann auf einem winzigen Planeten haust wie ein Bakterium irgendwo in seinem Körper.

Verstehbar ist weder die Dimension des Raumes noch die der Zeit. Nehmen wir die Zeit, die seit dem *Big Bang* vergangen sein soll:

Reduzierte man die Zeit vom 'Big Bang' bis zur Gegenwart auf ein Jahr, so gälte etwa der folgende Ablauf (nach Rifkin 2010):

Big Bang	1. Januar
Beginn des Lebens auf der Erde	2. Oktober
Erste Säugetiere	26. Dezember
Homo sapiens	31. Dezember
Festgehaltene Geschichte	31. Dezember, 23.59.50 Uhr
	(also 10^{sec} vor 24.00 Uhr [= ca. 1000 *ante?*])
[Darwin 1859	31. Dezember, 24.00 Uhr minus 0,05 Sekunden?]

Der *Big Bang* war vor ca. $15 \times 10^9 = 15$ Mrd. Jahren. Das erklärt, nebenbei bemerkt, Dawkins' "Silence and Slow Time" als Titel von Kapitel 4 in *The Greatest Show on Earth*.[9] Er meint damit, dass in der Tat etwa ein menschliches Lebewesen von solcher Komplexität ist – man denke allein an Augen und Ohren – , dass man leicht auf *intelligent design* (intelligente Planung) eines Schöpfergottes verfallen könnte, wenn man nicht an die Länge der Zeit denke, in der sich dies alles entwickelt habe.

Ähnlich unverständlich sind für uns die astronomischen Größen und Entfernungen, auch wenn wir in der Lage sind, die Fakten zu benennen und zu beschreiben.

Rifkin 2010 macht zu den astronomische Größenverhältnissen die folgende Überlegung: Läge die Sonne von der Größe eines Basketballs irgendwo in New York City, so läge die benachbarte Sonne in Honolulu (ein Stern – ebenfalls von der Größe eines Basketballs, vielleicht aber auch so groß wie ein Fußball oder so klein wie eine Murmel oder Erbse und mit Planeten wie Staubkörnern [meine Überlegung]). Es gibt nach Rifkin "more than 200 billion galaxies" (mehr als 200 Milliarden = $200 \times 10^9 = 200\ 000\ 000\ 000$ Galaxien) mit wiederum jeweils Milliarden von Sonnen mit ihren Planeten. Allein unsere Galaxie soll an die 50 Milliarden Planeten aufweisen – da kommt es auf ein paar Millionen mehr oder weniger schon gar nicht mehr an, und ein paar Dutzend werden sicher auch Leben aufweisen (oder sagen wir – willkürlich – ein paar Tausend, davon ein paar Dutzend auch menschenähnliches – oder vielleicht auch doch nicht?) Erst recht ist weder das Ausmaß des Universums noch die von Edwin Hubble (1889–1953) entdeckte stetige Rezession der Galaxien und damit die stetige Erweiterung des Universums von jedem Beobachtungsort aus für den Menschen begreiflich. Der Hubble-Effekt besagt ferner, dass die Geschwindigkeit, mit der das All auseinanderdriftet, mit der Entfernung von uns zunimmt. Das lässt sich beweisen und ausdrücken, aber nicht eigentlich verstehen, weil auf der Erde natürlich jeder Steinwurf oder jede Explosion zeigt, dass alles, was zum Fliegen gebracht wird, sehr bald auf die Erde zurückfällt. Nochmals: Wir verstehen einerseits

---

[9] 'Stille und langsame Zeit' – eine Anspielung auf John Keats' "Ode on a Grecian Urn". Deren Anfang, die Apostrophe einer griechischen Vase, lautet: "Thou still unravished bride of quietness, thou fosterchild of silence and slow time."

den Hubble-Effekt (sonst könnten wir ihn nicht entdecken), aber im Grunde dann doch auch wieder nicht. Wir verstehen zwar, wie weit es ist und wie lange es dauert, wenn wir von Paris nach Moskau reisen, vielleicht auch noch von der Erde zum Mond, aber nicht mehr von der Erde – sagen wir zu Pluto, von einer Reise zur nächstgelegenen Galaxie gar nicht zu sprechen. Selbst die Raumsonden, die sich im Sonnensystem bewegen, brauchen lange Reisezeiten: *Galileo* braucht 6 Jahre bis zum Jupiter, *Cassini* 7 Jahre bis zum Saturn und würde immerhin noch ein halbes Jahr bis zum Mars brauchen (wie 2012 von der Marssonde *Curiosity* de facto vorgeführt).

Erwähnt seien schließlich noch Lichtgeschwindigkeit und Lichtjahr. Die Lichtgeschwindigkeit ist zwar einfach zu beschreiben und damit zu 'verstehen'; wir arbeiten damit wie mit einem Metermaß, aber verständlich in einem normalen Sinne ist sie für den Menschen nicht. Sie beträgt 299 792 458 m/sec, also etwas weniger als 300 000 km *in der Sekunde,* Aber die Entfernung von Sternen und Galaxien von der Erde beträgt Licht*jahre!* Hier einige irdische Maße:

Erde ↔ Sonne (mittlere Entfernung):	149 597 870
	(= ca 149,6 Mill. km = ca. 150×10^6)
Erde ↔ Mond:	384 403 km
Erdumfang (Äquator):	40 075,017 km

Dass das Licht überhaupt eine Zeitspanne braucht, um von A nach B zu gelangen, ist uns schwer verständlich, weil in der Praxis nicht erfahrbar. Dass es in der Sekunde siebenmal um die Erde sausen könnte, können wir nur zur Kenntnis nehmen, bringt uns vielleicht zum Staunen, sagt uns aber im Grunde nichts. Das Licht der Sonne braucht bis zur Erde 8,326 868 2 Minuten oder ca. 8 Minuten, 19 Sekunden, das des Mondes immerhin noch 1,2822 Sekunden.

Erst recht wissen wir mit Entfernungen von Lichtjahren nichts anzufangen, weil sie menschliche Vorstellungen überschreiten: 1 Lj = $9,460528 \times 10^{12}$ km = 0,30659 ps (1 *parsec* = 63240 AE = Astronomische Einheiten; *parsec* < *parallax* + *second*). Dass es nicht nur unsere Milchstraße geben soll, sondern Milliarden (!) von Galaxien mit entsprechenden Entfernungen von Tausenden von Lichtjahren, ist für den Menschen zwar erschließbar, übersteigt aber sein Verstehvermögen (in meinem Sinne).

Auch die Gedanken Albert Einsteins von einer gekrümmten nicht-euklidischen Raum-Zeit und von einer 'Dehnung' der Zeit überschreiten die Grenzen unseres normalen Vorstellungsvermögens. Die griffige Formel $E = mc^2$, die besagt, dass die Energie E gleich der Masse *m* mal Quadrat (!) der Lichtgeschwindigkeit *c* sei (*c* steht für *constant*) sei, bleibt für unsere Vorstellung nebulös.

Seit 2012, als die Entdeckung des Higgs-Teilchens durch die Presse ging, wurde einem auch plötzlich klar, dass nicht nur die Astronomie unverstehbar ist, sondern auch das Atom – eigentlich dem Namen nach 'unteilbar', und doch inzwischen angefüllt mit zahlreichen Partikeln. Atome bestehen zunächst aus Protonen + Neutronen, die je drei Quarks enthalten. Damit gibt es 6 Quarks und 6 Leptonen, dann – spiegelbildlich – das Ganze noch einmal, getrennt durch die Higgs-Partikel, in Gestalt gleich vieler Anti-Partikel. (Peter Higgs, britischer Physiker; *1929, sagte 1964 die Existenz der Higgs-Partikel voraus. Über Quarks und Higgs-Partikel siehe zB sehr anschaulich Johann Grolle in *Der Spiegel* vom 9.7.2012, S 116f.)

Auch die großen Wissenschaftler selbst, die das alles entdeckt haben, so müssen wir am Ende sagen, haben diese Entdeckungen zwar irgendwie 'verstanden', aber andererseits auch wieder nicht. Wie wir sehen werden, drückt sich dann die Unbegreiflichkeit ihrer eigenen Entdeckungen in ihrem Deismus aus – oder in ihrem *awe-ism*, ohne dass sie darin einen Widerspruch gesehen hätten.

Was sagt uns das alles? Wie wir all diese Entdeckungen unseres Gehirns nicht eigentlich verstehen können, so auch nicht unsere eigene Existenz und unser Sein zum Tode. Die Folge sind religiöse Hirngespinste aller Art – je märchenhafter, desto besser!

5. Gibt es ein Gottesgen?

Die Gen-Frage – Gibt es ein spirituelles Gen? – wurde explizit in der *Time*-Ausgabe vom 29. November 2004 gestellt (Kluger 2004). Es ist letztlich die Frage, die auch in diesem Buch unausgesprochen über allem schwebt. Kluger: ▸ Warum hören einige Menschen Gottes Wort leicht, während andere spirituell taub bleiben? ◂ (S. 52b) (7). Der Autor meint, dass trotz aller Religionskriege die Vorteile des Menschen, eine spirituelle Spezies zu sein, alles Blutvergießen überwögen (S. 53a). Auch meine Glaubensskala findet sich in diesem Essay angedeutet (S. 54a).

Natürlich wissen die Genetiker, dass es eine Kombination von Genen zu sein hätte, aber eine genetische Wurzel des Spirituellen können sie sich gut vorstellen. Meine Vorstellungen gehen dahin, die Gen-Frage beiseitezulassen und sich klarzumachen, dass die Einsicht in den Tod, die der Mensch über sein Gehirn erlangt hat, und die Möglichkeit, nach dem Sinn des Lebens zu fragen, genügen, um Religion und Hoffnung auf eine Wiedergeburt (oder was auch immer) lebendig werden zu lassen. Man füge dem die mehr oder weniger große Neigung des Einzelnen zum Spirituellen bzw. – im Gegensatz dazu – zum Nicht-Spirituellen oder Rationalen hinzu, und man hat damit wahrscheinlich sogar die Erklärung für den erstaunlichen Irrationalismus, der bei einigen Intellektuellen dazu führt, auf Biegen und Brechen irgendwie spirituell zu sein – soll heißen, einem religiösen Glauben zu huldigen, obwohl dies, rational gesehen, absurd ist. Der Intellektuelle ist dann so superklug, dass er sich die kuriosesten Begründungen für sein natürliches Glaubenmüssen ausdenkt – bis hin zum *Credo quia absurdum*. Wie es in dem *Time*-Artikel heißt, aus dem oben zitiert wurde: ▸ *Ein* Grund [für den Glauben] mag darin liegen, dass wir als die einzige Spezies, die ihren eigenen Tod bedenken kann, etwas Größeres als uns selbst benötigen, um diese Kenntnis erträglich zu machen. ◂ (S. 56c) (9).

Ein Gott ist natürlich eher die Antwort auf Fragen wie 'Woher das alles?' und 'Wozu das alles?'', während Auferstehung, Himmel und Hölle irgendwie dazu dienen, den Tod hinwegzudiskutieren – sich über den Tod hinwegzuglauben. Damit dient die Religion dem menschlichen Wohlbefinden und hat – evolutionsmäßig gesehen – eine *survival role*. Auch dass man sich zum Gottesdienst zusammenfindet – das gemeinsame Feiern und Bekennen des gemeinsamen Glaubens – erleichtert das menschliche Schicksal. Und schließlich, so die Quintessenz des *Time*-Artikels, komme zu dieser Anlage des Menschen *per evolutionem* noch die tatsächliche Erfahrung, die der Einzelne in seinem Leben mache und ihn dem Religiösen nahebrächten. Das alles klingt einleuchtend, aber es erklärt nicht den rationalistischen Atheismus weniger einzelner, der doch wohl etwas mehr und etwas anderes ist als die emotionsbegründete Religiosität der Vielen. Wahrscheinlich gibt es von den ersteren noch einige mehr als man meint, weil sich kaum alle trauen, in einer nach wie vor eher religionsfreundlichen Umgebung ihren Atheismus einzugestehen oder gar kämpferisch zu vertreten; sie sehen sich nicht einmal als eine einheitliche Gruppe.

Gibt es ein Gottesgen? Sicher nicht! Es kann nur Gene geben, die unsere Gehirntätigkeit regeln – und unsere Emotionen. Es gibt offensichtlich eine gewisse Balance zwischen Glaubenssehnsucht und rationaler Einsicht, die uns fesselt und zwingt, so oder so zu denken und zu fühlen. Das Bemerkenswerte – die Vermittlung dieser Erkenntnis ist das Anliegen dieses Buches – ist, dass die Neigung zum Religiös-Emotionalen so stark sein kann, dass alle möglichen Ausreden, Umwege, Paradoxien usw. erfunden werden, um dieser angeborenen Neigung Geltung zu verschaffen. Diese Neigung kann verstärkt oder geschwächt werden durch persönliche Erfahrungen, etwa durch eine religiöse Erziehung. Da gibt es die seltsamsten Mischungen, zB atheistische Eltern, die mit ihren Kindern zur Kirche gehen oder sich aus anderen Gründen über ihren Rationalismus hinwegglauben wie Joachim Gauck oder Martin Gardner.

6. Berühmte Naturwissenschaftler und ihr Verhältnis zum Glauben

Die entscheidende Frage ist: Warum glauben auch Wissenschaftler (*glauben* im Sinne eines religiösen Glaubens) an Übersinnliches? Ich stelle einige Fälle vor.

6.1. Max Planck

Es gibt ein häufig wiedergegebenes Zitat von Max Planck, das uns als Muster für eine deistische Haltung dienen kann, die besonders von vielen Gelehrten geteilt wird. Da ich mir des oft zitierten Texts nicht sicher war, wandte sich auf meine Anregung Frau Dr. Margret Popp im September 2009 an die Max-Planck-Gesellschaft. Dirk Ullmann, Dipl.-Archivar beim Max-Planck-Archiv, antwortete im September 2009 folgendermaßen:

> Sehr geehrte Frau Dr. Popp,
>
> ich beziehe mich auf die E-Mail vom 22. September 2009 und lasse Ihnen hiermit den Text des publizierten "Vortrages" von Max Planck in Florenz [veröffentlicht in: *Die schönsten Gebete der Welt. Der Glaube großer Persönlichkeiten.* Zusammengestellt von Christoph Einiger. Südwest Verlag München, 12. Aufl. 1990, S. 255] zukommen:
>
> "Meine Herren, als Physiker, der sein ganzes Leben der nüchternen Wissenschaft, der Erforschung der Materie widmete, bin ich sicher von dem Verdacht frei, für einen Schwarmgeist gehalten zu werden. Und so sage ich nach meinen Erforschungen des Atoms dieses: Es gibt keine Materie an sich. Alle Materie entsteht und besteht nur durch eine Kraft, welche die Atomteilchen in Schwingung bringt und sie zum winzigsten Sonnensystem des Alls zusammenhält. Da es im ganzen Weltall aber weder eine intelligente Kraft noch eine ewige Kraft gibt – es ist der Menschheit nicht gelungen, das heißersehnte Perpetuum mobile zu erfinden – so müssen wir hinter dieser Kraft einen bewußten intelligenten Geist annehmen. Dieser Geist ist der Urgrund aller Materie. Nicht die sichtbare, aber vergängliche Materie ist das Reale, Wahre, Wirkliche - denn die Materie bestünde ohne den Geist überhaupt nicht –, sondern der unsichtbare, unsterbliche Geist ist das Wahre! Da es aber Geist an sich ebenfalls nicht geben kann, sondern jeder Geist einem Wesen zugehört, müssen wir zwingend Geistwesen annehmen. Da aber auch Geistwesen nicht aus sich selber sein können, sondern geschaffen werden müssen, so scheue ich mich nicht, diesen geheimnisvollen Schöpfer ebenso zu benennen, wie ihn alle Kulturvölker der Erde früherer Jahrtausende genannt haben: Gott! Damit kommt der Physiker, der sich mit der Materie zu befassen hat, vom Reiche des Stoffes in das Reich des Geistes. Und damit ist unsere Aufgabe zu Ende, und wir müssen unser Forschen weitergeben in die Hände der Philosophie."
>
> "Je mehr Gesetze sich uns enthüllen, je mehr Kräfte sich uns offenbaren, desto größer wird die Ehrfurcht vor der einen Kraft, die hinter allem steht."

"Ich bin zutiefst religiös, aber ich glaube weder an einen persönlichen noch an einen christlichen Gott."

In unserer Planck-Sammlung existiert die "Rede" als undatierte maschinenschriftliche Abschrift (aus dem Nachlaß von Katharina Horsch, die als Telefonistin in der Fa. Otto Wolff arbeitete und dort den Planck-Sohn Erwin kennenlernte). Wenn Sie diese Quelle verwenden wollen, sollte folgende Signatur vermerkt werden: Archiv der Max-Planck-Gesellschaft, Abt. Va, Rep. 11 Planck, Nr. 1797.

Ob er tatsächlich in Florenz einen diesbezüglichen "Vortrag" gehalten hat, ist meines Erachtens nicht durch archivalische Quellen nachgewiesen, sondern in (mitunter fragwürdiger) Sekundärliteratur "belegt" worden. [Man ignoriere die Anführungszeichen. – ESt]

Die erbetene Veröffentlichung *Max Planck und die Max-Planck-Gesellschaft* (2008) wird Ihnen das Sekretariat mit separater Post übersenden. Sie finden die Zitate unseres Namenspatrons auf den Seiten 291 bis 310.

Mit verbindlicher Empfehlung

Dirk Ullmann

Dipl.-Archivar (FH)

Archiv der Max-Planck-Gesellschaft

Plancks Ausführungen sind pantheistisch mit einem guten Schuss Deismus. Gott ist sozusagen die ultimative Abstraktion. Dies ist identisch mit der Lehre Baruch Spinozas (1632–1677): "Deus sive Natura." Es geht deutlich über Zuckermans *awe-ism* (s. oben) hinaus. Dennoch sind Plancks Ausführungen letztlich törichtes Gerede, auch wenn sie von einem großen Physiker kommen. Die Frage, warum es etwas gibt und es nicht stattdessen etwa einfach nichts gibt (absolut nichts, nicht einmal einen leeren Raum), ist mit Hilfe des menschlichen Gehirns nicht zu beantworten. Einen Schöpfergott zu postulieren, ist, wie es scheint, ebenso willkürlich wie zu behaupten, es gebe *keinen* Gott, nur dass die zweite Behauptung sehr viel mehr Wahrscheinlichkeit für sich hat.

6.2. Albert Einstein

Einstein: ▶ Wissenschaft ohne Religion ist lahm, Religion ohne Wissenschaft ist blind ◀ (10) (zitiert in *Time* 2004, Nov. 29, S. 52). Der Satz klingt wieder einmal gut und sehr klug, ist aber inhaltlich sicher falsch. Man vergleiche damit Dawkins 2006, der von *Einsteinian pantheism* und von Religion als pantheistischer Ehrerbietung ("Einsteinian religion" *vs* "supernatural religion", S. 19) spricht: ▶ Der metaphysische oder pantheistische Gott der Physiker ist Lichtjahre entfernt von dem intervenierenden, wunderwirkenden, gedankenlesenden, sündenbestrafenden, gebetebeantwortenden Gott der Bibel ◀ (*ib.*) (13). – Hier einige Einstein-Zitate nach Dawkins 2006:

▶ Ich versuche nicht, mir einen persönlichen Gott vorzustellen. Es genügt, in Ehrfurcht vor der Weltstruktur zu stehen, soweit sie es unseren inadäquaten Sinnen erlaubt, sie zu würdigen. – Ich glaube nicht an einen persönlichen Gott und habe dies nie bestritten, sondern stets deutlich gesagt.

Wenn in mir etwas ist, was man als religiös bezeichnen kann, dann ist es die uneingeschränkte Bewunderung für die Struktur der Welt, insoweit unsere Sinne wahrnehmen können. Ich bin ein tief religiöser Nichtgläubiger. Dies ist eine Art neuer Religion. – Ich habe der Natur nie einen Sinn oder ein Ziel zugeschrieben oder irgendetwas, was man als anthropomorph verstehen könnte. Was ich in der Natur sehe, ist die wunderbare Struktur, die wir nur unvollkommen verstehen können und die einen denkenden Menschen mit Ehrfurcht erfüllen müssen. Dies ist ein echt religiöses Gefühl und hat nichts mit Mystizismus zu tun. – [Dawkins:] 'God doesn't play dice' sollte übersetzt werden durch 'Zufälligkeit ist nicht das Herz der Dinge,' Einstein benutzte das Wort *Gott* in rein metaphysischem Sinne. ◀ (14)

6.3. Die drei Entdecker des Modells der Doppelhelix (Nobel-Preis für 'Physiologie oder Medizin' 1962)

Francis Crick (1916–2004) ist deutlich religionsfeindlich. Er verzichtete auf seine *fellowship* im *Churchill College*, Cambrige, wegen des beabsichtigten Bauens einer Kapelle (so berichtet von Dawkins 2006). Über Jim (James Dewey) Watson (*1928 in Chicago) berichtet Dawkins (99f), er habe auf seine Frage bezüglich des Sinnes des Lebens geantwortet: ▶ Ich glaube nicht, dass wir *für* etwas da sind, wir sind nur Produkte der Evolution. ◀ (15) Er, Dawkins, habe geantwortet: ▶ O je, dann muss ihr Leben aber ziemlich trostlos sein. ◀ (15) Darauf Watson: er freue sich auf ein gutes Mittagessen. – Über den dritten, Maurice Wilkins (1916–2004) [*sic,* wie Crick], ist nichts Näheres bekannt.

6.4. Andere Naturwissenschaftler

Harald Lesch (Astrophysiker) äußerte im Fernsehen immer wieder (um 2009–2010 als Werbung für seine Sendung) die Meinung, es gebe Fragen, die von der Wissenschaft nicht gelöst werden könnten und somit nur die Philosophie angingen und die auch nur die Philosophie lösen könne (eventuell auch die Theologie?). 'Die Wissenschaft kann zwar sagen, *wie* etwas geschieht' (so oder so ähnlich Lesch), aber sie kann nicht sagen, *warum*'. Das erscheint auf den ersten Blick – beim ersten Hinhören – plausibel, ist aber gänzlich naiv und natürlich nichts anderes als NOMA. Auch hier wird ein philosophischer Freiraum geschaffen, der nicht dem Absolutheitsanspruch der Vernunft unterworfen sein soll. Fragen wie die, warum etwas in der Welt so und nicht anders sei oder warum es nicht einfach nichts gebe, sind sozusagen verbotene Fragen (nicht etwa philosophische oder gar theologische), weil sie für alle Zeiten vom Menschen unbeantwortbar bleiben müssen. – Es gibt weitere NOMA-Varianten, manche unauffällig hinter dunklen Verklausulierungen versteckt, die hier nicht ausgebreitet werden sollen.

In einem *Spiegel*-Interview (13.2.2012, S. 110–114) wird der Neurowissenschaftler David Eagleman nach dem Sinn von Religionen gefragt. Seine Antwort kann für viele ähnliche Auffassungen stehen:

"Religionen sind optimale Erzählungen, um die emotionalen Hirnteile anzusprechen. Die Einwände der Vernunft haben dieser Anziehungskraft wenig entgegenzusetzen. Sehen Sie sich an, was der religiöse Glaube im Widerstand gegen den Kommunismus bewirkt hat." – *SPIEGEL:* Als Neurowissenschaftler sind Sie natürlich Atheist? – Eagleman: "Nein, als Atheisten würde ich mich nicht bezeichnen." – *SPIEGEL:* "Ach? Aber als Agnostiker?" – "Auch nicht. Die Neoatheisten, die Fundamentalisten unter den Ungläubigen, werden sehr wütend, wenn ich das sage. Die Frage, ob Gott existiert oder nicht, scheint mir sehr beschränkt neben der *Sache*. Ich nenne mich lieber einen Possibilisten. [...] Ich schaue voller Staunen und Ehrfurcht auf die Welt. Und unser Gehirn, dieses rätselhafte Meisterwerk, ist vielleicht das Erstaunlichste, was das Universum hervorgebracht hat. [...]"

"Dieser Kosmos ist so überwältigend, dass man voller Demut davorsteht. Der Blick hinein ist eine magische Erfahrung, ein Numinosum. In diesem Sinne bin ich ein religiöser Mensch" (S. 114)

So ähnlich hat man das doch schon mal gehört? Wir brauchen keinen neuen Namen für diese Haltung. David Eagleman ist ganz einfach naturwissenschaftlicher Deist à la Einstein und Max Planck. Auf das bisschen mehr oder weniger – ein bisschen so oder so – kommt es nicht an. Der Grund für eine solche Haltung liegt ganz einfach in der geistigen Erbanlage eines Menschen: manche brauchen die Ehrfurchtshaltung und das Ehrfurchtsbekenntnis. Es sind, wie man gesagt hat, *emotional needs* (emotionale Bedürfnisse), die zur Religion führen.

ANMERKUNG: Beispiele für weitere Wissenschaftler als Deisten liefert Giere 2010. Seine Begründung: ▸ Andere Lebensumstände, in diesem Falle entweder das Aufwachsen in einer sehr religiösen Familie oder eine spätere religiöse Erfahrung ◂ (S. 31) (12). Was Giere nicht sieht: die menschliche Neigung, sein *Bedürfnis* – je nach persönlicher Konstitution –, irgendetwas zu glauben oder sich wenigstens im Geiste vor etwas zu verneigen!

7. Spiritualismus und west-östliche Weisheitsphilosophie

Die Hinwendung zu einem fern-östlichen ZEN-Buddhismus schlägt sich in einer typischen Ausweichphilosophie nieder: zwar sagt man sich vom Christlichen los – dieser Mythos ist zu unwahrscheinlich – , ersetzt ihn aber durch eine nicht weniger fragwürdige neue pseudo-religiöse Haltung, die eine Art Ersatzreligion darstellt, ohne dass naturgemäß die Anhänger solcher Ideen dies eingestehen würden. Im Folgenden werden einige Beispiele diskutiert.

7.1. Willigis Jäger

Willigis Jäger ist Oberhaupt der Vereinigung 'Spirituelle Wege e.V.' Im Februar 2002 erhielt er von kirchlicher Seite ein Redeverbot. Auf einen Beitrag Jägers in der *Mainpost* (Würzburg) zum Weihnachtsfest 2001 schrieb ich ihm folgendermaßen:

Sehr geehrter Pater Willigis,

Mit großem Interesse habe ich Ihren Beitrag in der MAINPOST vom 24.12.2001 gelesen – eine lehrreiche Weihnachtspredigt, die allerdings auch die Kritik des Skeptikers herausfordert.

In der Father-Brown-Geschichte "The Blue Cross" von G.K. Chesterton[10] erkennt Father Brown den als Priester verkleideten Verbrecher Flambeau daran, dass dieser im Gespräch mit ihm gegen die Raison argumentiert; das aber sei schlechte Theologie: ▸ Sie attackierten die Vernunft; das ist schlechte Theologie ◂ (16). Schon etwas früher in der Geschichte hören wir Chestertons Meinung: ▸ Einzig auf der Welt macht die Kirche die Vernunft wirklich zum Höchsten. Einzig auf der Welt behauptet die Kirche, dass Gott selbst durch Vernunft gebunden sei. ◂ (16) Das klingt zunächst ganz überzeugend, führt jedoch zu einem Dilemma, insofern damit auch die Lunte an die Fundamente des Glaubens gelegt wird, was Chesterton nicht bedachte und, falls er es doch bedacht hätte, von ihm wahrscheinlich bestritten worden wäre.

Die entscheidende Stelle Ihres Essays hält es eher mit Flambeau: "Es geht an Weihnachten nicht darum, die Geschichtlichkeit der Geburt Jesu zu beweisen oder zu feiern. Wer in der Historie stecken bleibt, tötet das Lebendige der Heilsbotschaft." Wir wissen alle, was die Heilsbotschaft ist: "Euch ist heute der Heiland geboren"[11] – und noch wichtiger: Ἠγέρθη [Χριστός] ἀπὸ τῶν νεκρῶν, "Christus ist von den Toten auferstanden" (*Matth* 28:7). Sie sagen auch sehr deutlich, worin 'das Lebendige' der Heilsbotschaft bestehe: im Geborenwerden Christi in uns. Doch das ist eine Metapher, dazu noch eine dunkle Metapher, die nicht in Klartext übertragbar ist. Sie sagen nicht,

---

[10] Es ist die erste Geschichte in der ersten Sammlung, *The Innocence of Father Brown* (1911). Erst 1922 trat Chesterton auch förmlich in die katholische Kirche ein.

[11] *Lukas* 2:11 (Luther-Text).

was sie bedeutet. Auch das Feiern des eigenen Geburtsfests, von dem kurz darauf die Rede ist, kann nur metaphorisch gemeint sein. In der Tat tragen dunkle Metaphern ihren Sinn in sich selbst, und wir treten, was die Ratio angeht, auf der Stelle. Wir sind bei Rudolf Bultmann und der Entmythisierung der Überlieferung angelangt.[12]

Die Historiker, die nach Fakten suchen und der Vernunft folgen, werden diffamiert: Sie sagen, sie *beschränkten* sich nicht auf das Historische und Beweisbare (wie man in neutraler Ausdrucksweise sagen würde), sondern blieben 'in der Historie stecken' (diese Toren)! Was aber den 'Metaphorikern' (wie ich sie nenne [Jäger ist einer von ihnen]) besonders unangenehm sein muss und was sie folglich nicht zur Sprache bringen, ist der Umstand, dass ausgerechnet jener Theologe, dem wir alle unser Christsein verdanken, nämlich der Apostel Paulus, sich keineswegs in dunkle Metaphern flüchtete, sondern die Fakten beschwor, indem er (1 *Kor* 15) die Beweise für die Auferstehung Christi aufzählte (oder was er dafür hielt) und die zT noch lebenden Zeugen benannte, die hätten befragt werden können und zu denen er sich absurderweise auch selbst zählte. Das hätte er sich im Hinblick auf die späteren Bultmänner und -frauen ersparen können. Er blieb in der Historie stecken (der Tor) und brachte dann auch noch den für die Heilsbotschaft tödlichen Satz zu Papier, der mit den Worten beginnt Ἐι δὲ οὐκ ἐγήγερται Χριστός, κενὸν ἄρα τὸ κήρυγμα ἡμῶν 'Ist aber Christus nicht auferstanden, so ist unsere Verkündigung leer' (1*Kor*15:14; meine Übersetzung)[13]. Liegt aber die Auferstehung mythologisch auf der gleichen Ebene wie die von Ihnen in Ihrer Einleitung als historischer Mythos dargestellte Jungfrauengeburt – und daran besteht nicht der geringste Zweifel –, so bleibt nur die Folgerung, dass in der Tat die christliche Botschaft 'leer' ist (und unser Glaube vergeblich, wie Paulus fortfährt und Luther übersetzt) – es sei denn, Pater Willigis – im Gefolge Bultmanns – rettet die Situation, indem er den Mythos für irrelevant erklärt und sich in wohlklingende und sicher auch ernst gemeinte Metaphern ergeht. Ein Nachfragen (oder 'Hinterfragen', wie man heute sagt), bleibt den Toren überlassen, die in der Historie stecken bleiben. (Hier begehe ich eingestandenermaßen die Sünde, nunmehr den Spieß umzudrehen und die Metaphoriker zu diffamieren.)

Das ist es, was ich sagen wollte. (Wahrscheinlich wurde es in der Literatur irgendwo längst gesagt; dann sei es hiermit wiederholt.) Zum Schluss nur noch eine Nebensächlichkeit. Wie kommen Sie auf den 25. Dezember als Tag, an dem, wie Sie sagen, die Sonne ihren Tiefpunkt erreicht habe? Die Wintersonnenwende fand 2001 am 21. Dezember um 20.21 Uhr statt. Der früheste Sonnenuntergang liegt stets um den 12.12. gegen 16.18 Uhr, der späteste Sonnenaufgang um den 31.12. gegen 8.19 Uhr.

---

[12]   Rudolf Bultmann geriet – unglücklicherweise, wie ich meine – in Marburg unter den Einfluss Heideggers. Ist der Mythos als das einzig faktisch Gegebne nicht mehr relevant, sondern nur seine existenzielle Wirkung im Ritus, so wird die Glaubensbasis beliebig.

[13]   Paulus verleiht seinem Gedanken dadurch besonderen Nachdruck, dass er ihn stilistisch abwandelt und Wesentliches wiederholt (1*Kor* 15:13–20). Moderne Theologen sollten das nicht ignorieren. Die Wahrheit wird sie frei machen!

Es würde mich freuen, wenn Sie meine Polemik in keiner Weise persönlich nähmen. Es geht mir nur um die Argumentation. In dieser Gesinnung danke ich Ihnen durchaus für die Anregung und darf Ihnen von Herzen alles Gute für das vor uns liegende Jahr wünschen.

Mit verbindlichem Gruß

E. Standop

Willigis Jäger antwortete unverbindlich in wenigen Zeilen: es freue ihn jegliche Diskussion.

In seiner aufschlussreichen, wenn auch streckenweise abstrusen Schrift *Die Welle ist das Meer* (man beachte die Metapher) sagt Willigis Jäger Folgendes: "Der einzige Ausweg der sich bietet [um sich als christlicher Mystiker irgendwie verständlich zu machen] sind […] Metaphern, Gleichnisse und Bilder, bei denen klar ist, dass sie nicht mehr als eine Annäherung bieten" (2000:42).

Der Exeget Willigis Jäger liefert uns auch das bekannteste und einprägsamste Beispiel einer klaren Entmythisierung. In seinem Zeitungskommentar zum Weihnachtsfest 2001 erinnerte er daran, dass schon ein Mystiker wie Angelus Silesius ähnlich dachte wie er: "Wär' Christus tausendmal in Bethlehem gebor'n und nicht in dir, du wärst doch ewiglich verlor'n." Man sieht, die Idee der Entmythisierung ist alt. Jägers Erläuterung ist schnörkellos und entwaffnend:

"Diese Erzählungen beziehen sich nicht auf geschichtliche Tatsachen [*man höre und staune!*]. Sie wollen uns vielmehr eine tiefere Wahrheit über uns selbst verkünden. Es geht an Weihnachten nicht darum, die Geschichtlichkeit der Geburt Jesu zu beweisen oder zu feiern. Wer in der Historie stecken bleibt [!], tötet das Lebendige der Heilsbotschaft." Und weiter: "Es geht um *uns* an Weihnachten. Wir feiern unser eigenes Geburtsfest [*man höre!*]. […] Der Mythos verkündet allen diese Wahrheit. […] Das Kind symbolisiert unser wahres Selbst. Christus ist ein Repräsentant für die Göttlichkeit in uns und in der Schöpfung. Weihnachten […] ist die Feier unserer Geburt aus Gott und die Feier der Geburt des Kosmos aus Gott."

Hier wird die Historie radikal eliminiert; übrig bleibt ein abstrakter Gott. Jägers Deutung des Weihnachtsgeschehens ist Existenzialismus pur. Christus muss gar nicht nachweisbar geboren sein! Man erkennt, dass in den Augen dieses Autors wohl selbst Rudolf Bultmann am Ende in der Historie steckengeblieben ist (siehe nächstes Kapitel). Pater Willigis wird zum Häretiker. Wer aber nicht eliminiert, wird inkonsequent und hat dann, wie angedeutet, insbesondere mit dem Auferstehungsmythos zu kämpfen, der gravierender ist als der der Geburt.

Schließlich noch ein Wort zu meiner Bemerkung, wonach sich Autoren wie Willigis Jäger gern in wohlklingende und tiefsinnige Metaphern ergehen. Dies ist natürlich schon früher beobachtet worden, zB von Philipp Reemtsma in seinem kurzen Essay von 2011. Er spricht dort von der Metaphorisierung des Bibeltextes – folgendermaßen: "Religionen, die sich modernen Zeiten anpassen – und das heißt politische Macht verlieren – sind einem Prozess der Metaphorisierung unterworfen, das heißt, man nimmt sie nicht mehr so wörtlich" (2011:58A). Als Beispiel nennt er den Durchzug der Israeliten durchs Rote

Meer, der nicht in ein paar Stunden stattfinden konnte. Bedeutsam an der Geschichte sei eben nur, dass sie Gottes Allmacht und Hilfe zum Ausdruck bringe. Natürlich, so füge ich hinzu, viel wichtiger als dies ist etwa die Jungfrauengeburt im NT und wichtiger sind auch alle möglichen Wundertaten Christi, was dann jedoch zu Schwierigkeiten im Falle der Kreuzigung und, wie geschildert, der Auferstehung führt: im Falle der Kreuzigung, weil diese wohl tatsächlich stattgefunden hat, sodass hier wahrscheinlich nur Jesu Worte am Kreuz als metaphorisch in Betracht kommen, während Auferstehung und Himmelfahrt sicher als metaphorisch zu deuten sind, vom Heiligen Geist gar nicht zu sprechen.

Neben der Metaphorisierung gibt es eine weitere Verschleierungsmöglichkeit schlichter Wahrheiten: die generellen komplexen und schwer verständlichen Verklausulierungen der 'Stilkünstler' (wie ich sie nenne; siehe dazu §12.3 über Rowson).

7.2.   West-östliche Weisheit heute

West-Östliche Weisheit Heute ist der Titel einer Zeitschrift der Anhänger von Willigis Jäger, dem ehemaligen katholischen Benediktiner-Pater, der mit seiner Kirche gebrochen hat. Die erste Nummer erschien im Mai 2001. Redaktion: Susanne Schwinn:

Mit der Logik stehen alle Autoren der neuen Zeitschrift auf Kriegsfuß - nicht nur die schon im Vorwort erwähnte Doris Zölls, sondern, allen voran, auch Willigis Jäger, der zB dieses von sich gibt: "Die kontemplative Übung [...] besitzt [*lies* hat] zwei Schwerpunkte: [1] Die Bewusstseinsvereinheitlichung mittels eines Fokus (Atem, Laut, Herzensgebet) [man beachte das modische *Fokus*], [2] die Bewusstseinsentleerung, die nichts festhält, was im Bewusstsein auftaucht, sondern in der Leere verharrt, die in ein neues Sebstverständnis führt." Solche Ausführungen mit zahlreichen abstrakten Begriffen klingen tiefsinnig, sind aber nahezu unverständlich. Ich zitiere in diesem Zusammenhang aus einer Schrift des Verlags Herder:

Jede Religion hat heilige Schriften, Rituale und Gebote. Sie sollen dem Menschen helfen, das zu finden, was mit Gott, Gottheit, Wesensnatur, Sunyata usw. bezeichnet wird. Schriften und Rituale können immer nur auf Gott deuten. [...] Wer Gott erfahren will, muss Bücher, Rituale und alles mentale Begreifen übersteigen. Darum suchten alle Religionen Wege, die in die Erfahrung der letzten Wirklichkeit führen. Im Buddhismus entwickeln sich Zen, Vipassana und die tibetischen Wege. Bei den Hindus entstanden die verschiedenen Formen des Yoga. Im Islam entfaltete sich der Sufismus, im Judentum die Kabbala und im Christentum die Kontemplation. Es sind das spirituelle Wege, die in die Erfahrung dessen führen sollen, was die Heiligen Schriften und Gebote der verschiedenen Religionen lehren. (...) Eine gewissen Grundstruktur ist allen esoterischen Wegen gemeinsam: langes Sitzen, gesammeltes Gehen, ein Laut, ein Wort oder Mantra als Sammlungshilfe. Auch die christlichen Mönche der Tebais und Skytis saßen oft bis zu zehn Stunden am Tag auf einem Schemel und verrichteten einfache Körperarbeiten, in denen sie die Übung der Sammlung praktizierten. Man soll sich für einen Weg entscheiden und möglichst dabei bleiben. Auch das Ziel ist allen esoterischen Wegen gemeinsam: Sie wollen in die Erfahrung der Urwirklichkeit führen, die je nach Religion Gottheit, das Numinose, das Absolute, die Wesensnatur genannt wird. Die transzendentalen Erfahrungsräume zählen zur Grundbegabung unserer menschlichen Existenz, wenn auch viele Menschen davon nichts wissen" (*Aufbruch*, S.24-26). [*Aufbruch in ein neues Land. Erfahrungen eines spirituellen Lebens*. (Herder spectrum, Bd 5381) Freiburg: Herder 2003. ISBN 3-451-05381-0 (mit Biographie, Lehrbriefen und Dokumentation des Konflikts mit Rom). Aus dem Internet 2011-08-01.]

7.3.   Philosophie als Poesie:
Eugen Herrigel über das Bogenschießen[14]

Das Herrigel-Buch über das Bogenschießen (zuerst 1951), das zahlreiche Auflagen
erreichte, ist deswegen von Interesse, weil es eine bestimmte Methode offenbart, über
Mystisches zu schreiben: es geschieht durchweg in Paradoxien. Das Buch verkündet
Unsinniges von A–Z, aber mit großem Ernst, ja mit Inbrunst, obwohl kaum jemand den
Verfasser verstehen kann und im Grunde wohl auch wohl gar nicht verstehen soll, zB so:

> "Es kommt darauf an, dass der Schütze trotz all seinem Tun unbewegte Mitte [??] wird. Dann
> stellt das Größte und Letzte sich ein: die Kunst wird kunstlos [!] , das Schießen wird zu einem
> Nichtschießen [!!], zu einem Schießen ohne Bogen und Pfeil, der Lehrer wird wieder zum Schüler,
> der Meister zum Anfänger, das Ende zum Beginn, und der Beginn zur Vollendung" (14). Oder: :
> "[Der Zenist] lebt, indem nicht mehr er es ist, der lebt" (29). [Man ist versucht zu fragen: Noch ein
> paar paradoxe Absurditäten gefällig?]

Der Text ist, will man ihn einmal gelten lassen, gerade in Anbetracht der Paradoxien
weitgehend poetisch. Auf Seite 20 scheint der Verfasser selber zu einer gewissen Einsicht
zu kommen. "Angesichts dieser Sachlage [die Sachlage selbst ist irrelevant] wäre es
nicht zu verantworten, wollte ich dabei stehen bleiben, mit paradoxen Formeln weiterhin
aufzuwarten und mich mit Worten, die den Mund recht voll nehmen, zu entlasten."
Obwohl stilistisch schief, ist das Gemeinte klar. Wir hören, der Autor will stattdessen
berichten, wie es ihm bei seinem Zen-Lehrmeister ergangen sei. Tatsächlich ist jedoch
auch dieser 'Bericht' nichts anderes als eine Anhäufung von Paradoxien, deren sich – wer
wäre überrascht? – natürlich auch der Zen-Meister selbst bedient, zB so: "Der Schuss
wird ja nur dann glatt, wenn er den Schützen überrascht. Es muß sein, wie wenn
die Bogensehne den Daumen, der sie festhält, jählings durchschnitte. Sie dürfen also die
rechte Hand nicht absichtlich öffnen" (39).

Man kann solches Reden auf einen einfachen Nenner bringen; in der Tat tut es der
Verfasser selbst: "Wie ich es auch anstelle, immer ist es verkehrt" (39). Genau das ist es!
Und genau das hat System. Der Meister sagt:

> " 'Sie müssen das rechte Warten erlernen.' [Der Autor:] 'Und wie erlernt man das?' 'Indem Sie
> loskommen von sich selbst, so entschieden sich selbst und all das Ihre hinter sich lassen, daß von Ihnen
> nichts mehr übrigbleibt als das absichtslose Gespanntsein [darf's auch gespannte Absichtslosigkeit
> sein?].' 'Ich soll also mit Absicht absichtslos werden?' entfuhr es mir. 'So hat mich noch kein Schüler
> gefragt, und ich weiß daher die rechte Antwort nicht [*aha*]' " (42).

Das Eingeständnis des Nicht-Wissens der rechten Antwort (die es natürlich auch
gar nicht geben kann) wird genutzt, um wichtig zu tun, um das Außergewöhnliche oder
Tiefsinnige zu umschreiben. Wollte man ehrlich sein und das Kind beim Namen nennen,
so müsste man sagen, dass auch der Zen-Meister nur baren Unsinn verkündet, zB mit
seiner Anleitung zum Schießen: Der Schüler soll die Zeremonie des Schießens wie ein
Tänzer durchführen: "Es ist dann so, als ob Sie die Zeremonie [...] aus der Eingebung

---

[14] Eugen Herrigel 1884–1955, von 1929–1948 o. Prof. für systematische Philosophie in Erlangen
(gemäß S. 95).

des Augenblicks schüfen, so daß Tanz und Tänzer ein und dasselbe sind. Indem Sie also die Zeremonie wie einen kultischen Tanz darstellen, erreicht Ihre geistige Wachheit ihre höchste Kraft" (69). Das klingt, obwohl inhaltlich leer, wieder einmal eindrucksvoll und geheimnisvoll, kurz: poetisch. Der Meister, so hören wir, hält nichts von einer Scheibe als Ziel, das Ziel sei vielmehr – was wohl? – Buddha! (70). Der Schütze trifft am Ende sogar die Scheibe, ohne rein äußerlich darauf gezielt zu haben (72). Und wieder schlägt eine Sekunde lang beim Vf der gesunde Menschenverstand durch: "Dann müssten sie es [das Ziel] auch mit verbundenen Augen treffen", entfuhr es mir, worauf der Meister den Schüler zu einem Spezialabend einlädt.

"Es war so dunkel. daß ich nicht einmal dessen Umrisse [die Umrisse des Scheibenstands] wahrnehmen konnte, und wenn nicht das winzige Fünklein der Moskitokerze sich [sich?] verraten hätte, hätte ich die Stelle, an welcher die Scheibe stand, vielleicht geahnt, aber nicht genau auszumachen vermocht" (73). [Sah man die Scheibe nun, oder sah man sie nicht?]

Natürlich trifft der Meister zweimal ins Schwarze. Vom zweiten Schuss sagt er: "Ich jedenfalls weiß, daß nicht 'ich' es war, dem dieser Schuß angerechnet werden darf. 'Es' hat geschossen und hat getroffen. Verneigen wir uns vor dem Ziel als vor Buddha!" (74). Gute Idee, diese Geschichte – muss man vom Standpunkt des Mystifizierens aus sagen. Der naive Leser ist beeindruckt. Logisch gesehen, ist das Ganze natürlich immer wieder unsinnig! Entweder hat der Meister die Scheibe deutlich gesehen, oder aber die Geschichte ist eine Erfindung (was nicht bedeuten muss, dass sie in böser Absicht erfunden wurde). – Man wird am Ende begreifen, dass die Mitteilung des ganzen Buches in dem Erfinden immer neuer Paradoxien besteht. Eine besonders poetische (und instruktive) Paradoxie des Meisters findet sich auf Seite 79:

" 'Wer es vermag,' sagte er, 'mit dem Horn des Hasen und dem Haar der Schildkröte zu schießen, also ohne Bogen (Horn) und Pfeil (Haar) die Mitte zu treffen, der erst ist Meister im höchsten Sinne des Wortes, Meister der kunstlosen Kunst [!], ja die kunstlose Kunst selbst und somit Meister und Nichtmeister in einem. Mit dieser Wendung geht das Bogenschießen als bewegungslose Bewegung [!], als tanzloser Tanz [!] – in das Zen über' " (79).

Hinter dem 'Horn' des Hasen steckt natürlich das 'Horn' der Schildkröte, deren 'Hornhaut' mit dem Haarfell des Hasen verglichen wird. 'Das Horn' ist also eine irreführende Übersetzung! *Das Horn* – ohne Modifikation – ist für uns stets ein Horn, in das man bläst oder das wenigstens die Form eines Blashorns hat. Wie aus seiner läppischen Erläuterung hervorgeht, hat der gute Verfasser die japanische Paradoxie offenbar gar nicht verstanden. Zu allem Übel schreibt er durch falsch gesetzte Anführungszeichen seine unverständliche Erläuterung auch noch dem Meister zu!

Sogar der Tod wird hier *per paradoxiam* überwunden, was eine interessante Berührung mit christlichem Denken ergibt, das auf ein Ewiges Leben ausgerichtet ist:

"In jahrelangem unausgesetztem Meditieren hat er [der Meister] erfahren, daß Leben und Tod im Grunde ein und dasselbe sind [*hear, hear* – absurder geht's nicht] und derselben Schicksalsebene angehören. So weiß er nicht mehr, was Angst des Lebens und Furcht des Todes ist [= Lebensangst und Todesfurcht?]. Er lebt – und dies ist für das Zen überaus charakteristisch – gern in der Welt, aber

[ist] jederzeit dazu bereit, aus ihr zu scheiden, ohne sich durch den Gedanken an den Tod beirren zu lassen" (S. 90).

"Daß Leben und Tod … derselben Schicksalsebene angehören" klingt wieder einmal gewichtig und tiefsinnig, ist aber eine Plattitüde und darüber hinaus auch etwas ganz anderes als die paradoxe Aussage, dass sie identisch seien, was nur eine stilistische Spielerei ist, die bedeutsam klingen soll.

Auf einem Jonglieren mit Worten beruht auch der Schluss des Buches. Naht das Ende des Lebens (natürlich wird das so deutlich nicht gesagt), so gilt dies:

> "Er [der Meister] muß den Ur-Sprung [!] wagen, damit er aus der Wahrheit lebe wie einer der mit ihr völlig eins geworden ist. Er muß wieder zum Schüler, zum Anfänger werden [usw.] [das haben wir schon in anderem Zusammenhang gehört]. Besteht er dieses Wagnis, dann vollendet sich sein Schicksal darin, daß er der ungebrochenen Wahrheit, der Wahrheit über aller Wahrheit, dem gestaltlosen Ursprung aller Ursprünge: dem Nichts, das doch alles ist [man höre und staune], begegnet, von ihm verschlungen wird und aus ihm wiedergeboren wird" (S. 94).

Das sind des Verfassers und Zen-Meisters letzte Worte – der *Puer-senex*-Topos *par excellence*, reine Poesie in Prosa! Bemerkenswert ist, dass er einen westlichen Vorgänger hat, der bereits in ähnlicher Weise mit dem Wahrheitsbegriff jonglierte: den Evangelisten Johannes. Der beginnt sein Evangelium – womit wohl? – mit einer Paradoxie: "Im Anfang war das Wort, und das Wort war bei Gott; und Gott war das Wort." Ist Gott identisch mit dem 'Wort', dann kann selbiges logischerweise nicht 'bei ihm' sein. Die Identifizierung Gottes mit 'dem Wort', dem *logos*, ist rätselhaft und soll es auch sein. Das Rätsel bezüglich der philosophischen Herkunft des Evangelisten löst sich, sobald man ihn als Poeten betrachtet. – Hier die Aussprüche des Johannes betreffs Wahrheit (der *Aletheia*):

> "Und [ihr] werdet die Wahrheit erkennen, und die Wahrheit wird euch frei machen" (*Joh* 8:31f; gemeint ist wohl 'frei von Sünden'; warum wird es nicht gesagt?). – "Ich bin der Weg, die Wahrheit und das Leben" (14:16). – "Das ist das ewige Leben, dass man dich [Gott] als den einzig wahren Gott [ἀληθινὸν θεόν] 'erkennt' [= anerkennt, einsieht, dass du … bist]" (17:3).

Wie Johannes drückt sich schließlich auch der Papst aus. In der Enzyklika *Deus Caritas est* kommt er auf das Theodizeeproblem zu sprechen und hat dafür die ultimativ entwaffnende Antwort parat. Er antwortet mit Augustinus "aus dem Glauben": "*Si comprehendis, non est Deus* – 'Wenn du [ihn?] verstehst, dann ist es nicht Gott'." Das liegt auf der gleichen Ebene wie das *Credo, quia absurdum*. Das päpstliche "Glauben trotz aller Unbegreiflichkeit" ist nicht eigentlich eine Antwort auf die Frage nach dem Sinn des Unrechts in der Welt, sondern ein Übertrumpfen (oder gar ein Erschlagen) der Frage selbst (damit auch ein Ausweichen vor ihr) durch eine Paradoxie.

8. Moderne Sekten

8.1. L. Ron Hubbard und die Kirche der Szientologen

Man hätte vermuten können, dass spätestens im 20.Jh. keine 'Kirche' im alten Sinne mehr entstehen könnte. Ron Hubbard (1911–1986) hat uns eines Besseren belehrt. Er ist der Begründer der 'jüngsten' Kirche. Da ist ein Einzelner mit zum Teil wirren, halb-wissenschaftlichen Ideen im Kopf, der zunächst offenbar nur eine Art praktischer Psychologie im Auge hat, die er in seinem Buch *Dianetics* von 1950 beschrieb (*Dianetics: the modern science of mental health*). (Dem Wort *dianetics* scheint gr. διάνοια 'Denken' zugrunde zu liegen.) Durch *auditing* (Anhörung) und Teilnahme an Kursen sollten Unzulänglichkeiten der Psyche, genauer des 'Thetan' (was man anderswo als 'Seele' bezeichnet), aus früheren Leben (vielleicht auf Planeten in fernen Galaxien) behoben werden und zu geistiger Gesundheit führen. Die Entwicklung hin zu einer 'Kirche' folgte bald. Schon 1954 gründet Hubbard die erste Scientology-Kirche in Los Angeles. Bereits im Laufe der 60er und 70er Jahre wandelte sich die 'Kirche' zu einer christlichen Sekte. Es ist kaum zu fassen, dass da mitten im 20.Jh.. sogar die Lehre von einer den Körper bewohnenden Seele auftaucht, doch genau das macht uns das religiöse Bedürfnis eines durchschnittlichen *homo sapiens* deutlich! Offenbar ist der Drang zum Mystischen unabwendbar. Die alten *auditors* werden zu *ministers* (Geistlichen).

8.2. Mormonen und 'Bibelforscher'

Noch erstaunlicher, aber auch über hundert Jahre früher ist die von vornherein gezielte Gründung der 'Church of Jesus Christ of Latter-day Saints' durch Joseph Smith (1830). Eine 'Kirche der Heiligen der letzten Tage'? Da haben wir die Naherwartung der Wiederkunft Christi plötzlich im 19.Jh.! Joseph Smith (1805–1844), der von sich behauptet, ihm seien Christus und der Engel Moroni erschienen, findet angeblich 1827 gewisse Tontafeln mit den Aufzeichnungen des Propheten Mormon, die er, wie er sagt, übersetzt habe und aus denen er das Buch Mormon gemacht habe (erschienen 1830; man braucht für eine Religion so etwas wie eine Bibel oder einen Koran). Smith wird 1844 ermordet. Zentrum der neuen Sekte wird schließlich Salt Lake City. Eine kurze, aber informative Einführung bietet Spörl 2012.

Im Jahre 1872 (so sagt man) wird durch Charles Taze Russell (1852–1916) die religiöse Vereinigung gegründet, deren Mitglieder sich 'Jehovas Zeugen' (*Jehova's Witnesses*) nennen und die ebenfalls an das nahe Ende der Welt und an die Wiederkunft Christi glauben. Ihr Buch ist die Bibel, die im Schrifttum der Sekte fleißig zitiert wird, was ihr in Deutschland den populären Namen 'Bibelforscher' eingetragen hat. Über Näheres kann man sich leicht im Internet orientieren. Hier möge es genügen, erneut darauf hinzuweisen, dass solche Neugründungen bis in eine von Wissenschaft und Technik dominierte Zeit hineinragen. Richard Dawkins hat uns zwar die Illusion des Gottesglaubens deutlich gemacht, aber er hat nicht gezeigt, wie man der menschlichen Glaubensneigung im Alltag begegnen soll. Selbst in einer hochtechnisierten Gesellschaft bleibt der bekennende Atheist ein Außenseiter, der irgendwie auch als boshaft gilt. Da ist man wohl selbst als Bibelforscher auf der richtigen Seite.

All dies lehrt uns, wie stark das menschliche Bedürfnis nach Religiösem ist, selbst das der Atheisten, das sich äußert in den Wünschen "nach Ritualen, nach nicht-religiösen Taufen, Heiratszeremonien, Jugendweihen oder Beerdigungen, wie sie etwa die Humanistenverbände anbieten" (Schmundt 2012:127).

Teil 2:

NOMA –
die letzte Rettung?

Kapitel 9–13

9. Sind Glaube und Vernunft zwei getrennte Welten?

Das Akronym NOMA – für *non-overlapping magisteria* –stammt von Stephen Jay Gould (1941–2002). Gemäß NOMA ist das Magisterium der Wissenschaft getrennt zu halten vom Magisterium des Religiösen. (Andere Bereiche wie zB Bereiche der Kunst sind nicht betroffen.) Gould definiert NOMA folgendermaßen:.

▶ Der Text von *Humanum generis* [Enzyklika, 1950] vertritt naturgemäß das Magisterium (die Lehrautorität) der Kirche (das Wort ist nicht abgeleitet von irgendeiner Idee von Majestät oder Ehrfurcht, sondern von einer gewissen Form des Lehrens (lateinisch *magister* = 'Lehrer')). Wir können, wie ich meine, Wort und Begriff benutzen, um dem zentralen Gedanken dieses Essays Ausdruck zu verleihen, für die prinzipielle Auflösung des angenommenen 'Konflikts' oder 'Krieges' zwischen Wissenschaft und Religion. Ein Konflikt dieser Art sollte in der Tat nicht bestehen, weil jede Seite ein legitimes Magisterium hat oder eine legitime Lehrautorität; und diese Magisterien überschneiden sich nicht (das Prinzip, das ich als NOMA oder 'non-overlapping magisteria' bezeichnen möchte) ◀ (17) (zitiert nach Dawkins 2006:55).

▶ Das Netz der Wissenschaft deckt das empirische Universum ab: woraus es gemacht ist (Faktum) und warum es auf diese Weise funktioniert (Theorie). Das Netz der Religion erstreckt sich auf moralische Belange und Werte. Die beiden Magisterien überlappen sich nicht; auch decken sie nicht alle Fragestellungen ab (man denke etwa – um ein erstes Beispiel zu nennen – an das Magisterium der Kunst und an den Sinn der Schönheit). Um die Erzklischees zu zitieren: die Wissenschaft bemüht sich um das Alter der Felsen, die Religion steht für jahrhundertealtes Felsgestein; wir studieren, wie der Himmel funktioniert, und sie bestimmen, wie man in den Himmel kommt ◀ (Gould, 1997) (18).

Das ist zum Teil schief formuliert in dem Bestreben, sich interessant auszudrücken (siehe englischer Text). So hat etwa das *sie* in 'und sie bestimmen' gegen Ende des Zitierten keinen Bezug im Text (gemeint sind natürlich die Anhänger einer Religion) – linguistisch ausgedrückt, ein Kohäsionsfehler. Doch das Wortspiel mit dem Himmel am Ende der zweiten Passage ist klar genug. Allerdings ist auch die Bemerkung, dass die Religion für das Moralische stehe, zweifelhaft; schließlich sind die Atheisten nicht automatisch Bösewichter. Doch auch wenn Goulds Formulierungen nicht ideal sind, er hat uns mit dem Terminus NOMA einen handlichen Begriff geliefert. Natürlich war auch Gould, der sich als Agnostiker sah, letztlich wohl NOMA-Anhänger, während dies alles – mit Recht – auf die Kritik von Richard Dawkins stieß.

Richard Dawkins bekämpft den NOMA-Standpunkt nachdrücklich in Kapitel 2 seines Buches von 2006 – einschließlich der *appeasement lobby*, die er (zwar passend, aber doch etwas hergeholt) "the Neville Chamberlain school of evolutionists" nennt. Zu NOMA sagt er dies:

▶ Die Pointe bei NOMA ist, dass es sich um ein zweiseitiges Geschäft handelt. Wenn die Religion auf wissenschaftliches Gebiet übergreift und anfängt, sich in der wirklichen Welt um Wunder zu bemühen [er denkt offenbar an die Suche nach Wundern bei *heutigen* Seligsprechungen], dann hört sie auf, Religion in Sinne von Gould zu sein, und die 'freundschaftliche Eintracht' ist zerbrochen. ◀ (20) (Dawkins 2006:60)

Während NOMA von Seiten der Religion natürlich gern in Anspruch genommen wird

– so Dawkins –, würde man NOMA sofort zum Fenster hinauswerfen (so Dawkins' etwas schiefe Metapher), wenn etwa eines Tages wissenschaftlich bewiesen würde, dass eine Jungfrauengeburt möglich sei (2006:59). NOMA ist mit Sicherheit der Standpunkt, der von Seiten der Religion am häufigsten vertreten wird.

Neuerlich hat auch der Papst versucht, Glauben und Vernunft miteinander in Einklang zu bringen. In der Enzyklika *Spe salvi* sagt er:

"Ja, Vernunft ist die große Gottesgabe an den Menschen, und der Sieg der Vernunft über die Unvernunft ist auch ein Ziel des christlichen Glaubens. Aber wann herrscht die Vernunft wirklich? […] Wenn der Fortschritt, um Fortschritt zu sein, des moralischen Wachsens der Menschheit bedarf, dann muss die Vernunft des Könnens und des Machens ebenso dringend durch die Öffnung der Vernunft für die rettenden Kräfte des Glaubens, für die Unterscheidung von Gut und Böse ergänzt werden. Nur so wird sie wahrhaft menschliche Vernunft" (§23).

Hier wird zunächst (unnötigerweise, auch wohl fälschlicherweise) die Ethik an den Glauben geknüpft und sodann kurzerhand von der "Öffnung der Vernunft für die rettenden Kräfte des Glaubens" gesprochen. Damit sind wir jedoch so klug wie zuvor. Die "*rettenden Kräfte* des Glaubens" stehen nicht zur Diskussion (sie können auf Illusionen beruhen), sondern die Glaubensinhalte. – Näheres hierzu im nächsten Abschnitt.

Es gibt Sonderfälle von NOMA, in denen NOMA mehr oder weniger versteckt ist. Ein gelehrter Kollege (katholisch), der sich besonders gut im Hebräischen auskennt, sagte einmal zu mir: "Ich habe versucht, *nicht* zu glauben – es ist mir nicht gelungen." Am Fernsehen hörte ich jemanden sagen: "Natürlich weiß ich als Wissenschaftler, dass es keinerlei Beweise gibt für das, was uns da im NT berichtet wird, und dass vieles regelrecht absurd ist, aber als Mensch – emotionsmäßig – fällt es mir schwer, *nicht* zu glauben." Was liegt da vor? Solche Menschen – ich nenne sie die NOMA-Christen, zu denen insbesondere auch Martin Gardner gehört – geben uns einen Hinweis auf die Psychologie des Glaubens.

Einen typischen NOMA-Fall erlebte ich im Winter 2008, nachdem ich in einem Leserbrief einem Historiker widersprochen hatte, der in einem Interview mit einer Tageszeitung den NOMA-Standpunkt vertreten hatte. Nichts, so mein Argument, gehe über die Vernunft hinaus und folglich unterliege auch die Religion der Beurteilung vor dem Forum dieser Instanz. Daraufhin erhielt ich eine Zuschrift von einem Leser, der argumentierte, dass er meinen Standpunkt in dieser Schärfe nicht billigen könne. Zwar sei alles Empirische, zB die Behauptung der leiblichen Aufnahme Marias in den Himmel, der wissenschaftlichen Nachprüfung unterworfen, so dass dem Religiösen kein großer Raum mehr bleibe und man als Religionsanhänger vielleicht besser schweigen sollte, doch dem widerspreche er entschieden: "Was der Theologie bleibt, und was sie von der Wissenschaft (*science*) unterscheidet, ist die ihr eigene Art der Aussagen, nicht ein ihr eigener Bereich der Welt. […] Ist es unvernünftig zu sagen, dass etwas schön ist? […] Ich bin persönlich immer mehr davon überzeugt, dass die angemessenste Art, von Gott zu sprechen, die Dichtung ist."

Das ist NOMA als letzte Rettung: Man gewährt der Wissenschaft großzügig neun Zehntel der Wahrheit (man ist schließlich modern und aufgeklärt), aber das verbleibende zehnte Zehntel ist das absolut Religiöse, das es mit Zähnen und Klauen irgendwie zu retten und zu verteidigen gilt. Mit dem rein Poetischen befinden wir uns außerhalb des Rationalen, und die Diskussion ist beendet. Schließlich ist auch die Berufung auf Dichterisches ein Scheinargument, das darauf hinausläuft, dass man sich eben poetisch, dh irrational, vielleicht sogar unverständlich ausdrücken darf.

Es gibt unzählige Tricks der Argumentation, hinter denen letztlich NOMA steckt. So werfen etwa gläubige Philosophen den Atheisten ihren 'Szientismus' vor (wie sie es nennen), die Annahme, dass die Wissenschaft alles erklären könne. Und dann kommen Beispiele von Fragestellungen aller Art, für die die Wissenschaft nicht zuständig sei, oder für die sie keine Antworten habe. Hier tritt an die Stelle des Vernunftbegriffs der engere Begriff einer irgendwie und irgendwo *betriebenen* Wissenschaft. So hält sich etwa ein Psychologe vielleicht nicht zuständig für die Frage, ob es einen Gott gebe. Dies ist jedoch völlig gleichgültig. Worauf es ankommt, ist die Einsicht, dass nur der Mensch in der Lage ist, solche Fragen zu stellen und zu diskutieren – auf Grund seines großen Gehirns.

Überlegen wir einen Augenblick, was der christliche Glaube uns zumutet. Das beginnt mit der Verkündigung der Geburt Christi durch Engel, die den Hirten erscheinen – primitivstes Märchenmotiv, über das Luther dann ein kindliches Weihnachtslied machte ('Vom Himmel hoch, da komm ich her'). Man muss wohl annehmen, dass er das selber glaubte, aber wir befinden uns mit Luther im 16.Jh. Auf den Engel folgt die Idylle mit dem Kind in der Krippe, was noch heute – zusammen mit der unsinnigen Jungfrauengeburt – die menschliche Fantasie anregen kann. Realistischer ist da schon der Wanderprediger Jesus, den man bald mit dem jüdischen Messias identifiziert und dem man allerlei Wundertaten zuschreibt. Er gerät mit der römischen Besatzungsmacht aneinander (vielleicht auf Grund von Intrigen) und wird gekreuzigt. Die grausame Tötung setzt wieder die Fantasie in Bewegung, und wir kommen schließlich zur Auferstehung – eine beinahe amüsante Kuriosität. Wenn er schon auferstand, warum blieb er dann nicht auf der Erde ohne zu altern? Das wäre ein unwiderlegbarer Gottesbeweis gewesen! Aber nein, er wird erst einmal von allen möglichen Leuten gesehen – Beweis für sein tatsächliches Auferstehen! Er ist natürlich nur darauf aus, gesehen zu werden, ansonsten hat sein Auftauchen keinerlei Funktion. Doch man muss ihn auch wieder verschwinden lassen: er fährt auf gen Himmel! Gen Himmel? Was ist das? Der Himmel ist offenbar ein Paradies mit Gott, Jesus und einem Heer von Auserwählten, in das auch die Menschen kommen, die ebenfalls irgendwann – am letzten Tage (der Welt), wie es heißt – dorthin gelangen sollen – wenn sie brav waren oder irgendwie ihre 'Sünden' (die offenbar aufzählbar sind) 'vergeben' bekommen.

> Er gibt euch alle Seligkeit,
> die Gott, der Vater, hat bereit,
> dass ihr mit uns im Himmelreich
> sollt leben nun und ewiglich

– singt Luther im Weihnachtslied – eine perfekte Märchenwelt! Daneben aber ist dann noch eine komplizierte Theologie um Erbsünde, Todsünden und allem Möglichen entstanden, damit die 'Rettung' umso eindrucksvoller erscheine; die Einzelheiten verstehe, wer da kann. Die menschliche Angst vor dem Tode treibt merkwürdige Blüten.

10. NOMA auf Schritt und Tritt

10.1. Joachim Gauck

Ein typischer NOMA-Christ ist Joachim Gauck, ohne dass Gauck in der Läge wäre – wie auch andere nicht – , die Unsinnigkeit von NOMA zu erkennen. Er sagt: "Das *Credo quia absurdum*, dieses scheinbar widersinnige Bekenntnis: 'Ich glaube, weil es unvernünftig ist' ist dann [im NOMA-Falle, was er natürlich nicht so bezeichnet] kein Argument gegen den Glauben [...]. Der Glaube streitet dann nicht mit der Ratio, er existiert neben ihr" (2010:117).

"Ich hatte mich über den Zweifel hinweg geglaubt [*lies* hinweggeglaubt], war vom idealistisch überhöhten Glauben zu einem Glauben trotz alledem gelangt" (2010:119).

Wie Gauck müssen sich wohl oder übel viele verhalten. Da gesteht 2011 ein Gemeindepfarrer – wie Gauck evangelisch – ein, *Joh* 1:1ff nicht zu verstehen: "Im Anfang war das Wort, und das Wort war bei Gott, und Gott war das Wort. Dasselbe war im Anfang bei Gott. Alle Dinge sind durch dasselbe gemacht und ohne dasselbe ist nicht gemacht, was gemacht ist."

Die Antwort auf die Frage nach der Menschwerdung Gottes habe es 561 auf dem Konzil von Chalcedon gegeben: "Unser Herr Jesus Christus ist [...] wahrhaft Gott und wahrhaft Mensch [...], Einziggeborener in zwei Naturen, unvermischt, unverändert, ungeteilt und ungetrennt [...]." Auch das sei jedoch für ihn unverständlich. Er glaube einfach, dass Gott den Menschen nahegekommen und mit ihnen gegangen sei. Er selbst suche in seinem Leben, ob sich darin Gottes Verheißung als wahr erweise [welche Verheißung?]. "Ich glaube, dass Gott uns nahegekommen ist. Wenn wir diese Nähe zulassen, wird er in jedem von uns Mensch."

Jesus wird in jedem von uns Mensch? Da ist sie wieder, die übliche Metaphorik, die letztlich nichts heißt und auf die die Christen immer wieder zurückgreifen müssen. Der Pfarrer spielt den Ehrlichen, bleibt aber letztlich doch unehrlich – salopp ausgedrückt, er macht sich was vor.

10.2. Martin Gardner

Martin Gardner (1914–22.5.2010) ist der wohl bekannteste, auch wohl der klügste der christlichen NOMA-Vertreter, langjähriger Kolumnist für *Scientific American* und Verfasser unzähliger Schriften über Mathematik und Naturwissenschaften, erkennt und beschreibt seinen Glauben – das *Credo nescio cur* – mit äußerster Klarheit und Einsicht (Gardner 1983). Er ist wahrscheinlich der NOMA-Christ *par excellence* – gläubiger Atheist oder atheistischer Christ? Da gibt es nichts, was in den 21 Kapiteln seines Buches nicht angesprochen würde. (Von 21 Kapiteln sind 20 "Why I am not [zB *an atheist*]" oder (wenige Kapitel) "Why I do not [...]" betitelt, sodass der Buchtitel eigentlich *The*

Why-nots … hätte lauten sollen.) Gardner nennt sich *fideist* (*passim*), auch 'philosophical theist' (352) und 'closet theist' ('Privattheist', 353); er spricht von 'Quixotic fideism' (278). – Hier einige Zitate:

> ▸ [Das Buch] ist für diejenigen, die sich wie ich 'unbekehrt' finden, die aber dennoch beten, dennoch auf Gott vertrauen, dennoch auf ein anderes Leben hoffen ◂ (21) (352).

> ▸ Ich glaube, weil es tröstet (208). – Glaube ist ein Ausdruck des Fühlens, von Emotion, nicht von Vernunft ◂ (21a) (213).

> ▸ Nicht nur, dass es keine zwingenden Gottesbeweise gibt, unsere Erfahrung lehrt uns, dass der Natur nicht die Bohne an der ganzen menschlichen Sippe gelegen ist, dass der Tod jeden von uns in das Nichts zurückwirft, das unserer Geburt voranging. Soll man sich über das Offenkundige ausbreiten? […] Glaube ist in der Tat abenteuerlich" ◂ (22) (214).

Über den Theismus sagt Gardner:

> ▸ Wenn der Akzent auf Gottes Transzendenz solche extremen Formen annimmt, dass überhaupt nichts mehr über ihn gesagt werden kann, nicht einmal mehr metaphorisch, dann wird Gott [dh der Gottesbegriff], wie Schopenhauer gern sagte, inhaltsleer und ist nicht mehr vom Nichts zu unterscheiden. Nicht, dass Gott dann nichts wäre – Gott kann alles sein –, aber es gibt über eine so weit entfernte Gottheit nichts mehr zu sagen ◂ (23) (S. 183).

Schließlich noch Gardners Erklärung für das Religiöse, die sich praktisch deckt mit der in diesem Buch vertretenen Auffassung:

> ▸ Was veranlasst einige Menschen und andere nicht, diesen quixotischen Luftsprung zu machen,[15] den Kierkegaard als 'Glaubenssprung' bezeichnete? ◂ (24) (214).

> ▸ Vielleicht ist in die menschliche Natur eine natürliche Tendenz zum Glauben eingebaut, vergleichbar mit einem natürlichen Durst auf Wasser. […] Modern ausgedrückt: Gibt es eine genetische Basis für den Glauben? […] Vielleicht, dass er sich die Waage hält mit einer genetischen Disposition zum Atheismus, ähnlich wie auch genetische Impulse zum Egoismus und zum Altruismus. Vielleicht, dass die relative Stärke der beiden Tendenzen von den Einzelnen abhängt oder statistisch mit den Kulturen variiert. Ich habe keine Antwort auf diese Fragen ◂ (25) (212).

10.3. Pfarrer Richard Coles

Martin Gardner ist typisch für viele ähnliche Fälle. So schildert zB Caspar Melville ein Interview mit einem Gemeindepfarrer, dem *Reverend Richard Coles*, der ein erfolgreicher Pop-Musiker war und der auch als Pfarrer bis heute die Schilderungen der Bibel keineswegs für wahr im landläufigen Sinne hält; ▸ Ich glaube nicht, dass meine ersten Vorfahren Adam und Eva waren, die da im Garten umherstreiften, aber ich glaube, dass diese Geschichten tiefe Einsichten liefern. Ich behaupte, dass auch der Glaube verlässliche Informationen über die Welt liefert, nur in anderer Weise. Das Buch *Genesis* liefert verlässliche Informationen über die wirkliche Welt, nicht über den Ursprung des

---

[15] *Quixotisch* ist gebildet nach dem spanischen Roman *Don Quixote* (1605; sprich [kichóte]) von Miguel de Cervantes, der das Ritter(un)wesen in den Romanzen satirisiert. *Quixote* ist der Ritter, der gegen Windmühlen kämpft und sich einbildet, Riesen vor sich zu haben. (Die's wussten mögen diese Erläuterung entschuldigen.)

Universums, sondern darüber, was es heißt, Mensch zu sein ◀ (25a) (Melville 2011:30). NOMA erweist sich immer wieder als praktisch. Was dieser NOMA-Vertreter nicht merkt: Auf die 'verlässlichen Informationen' des Buches *Genesis* kann man gut und gerne verzichten. *Genesis* liefert solche keineswegs, dafür aber märchenhafte und schöne Geschichten – eben Mythologie.

Dieser Pfarrer spricht nicht abfällig von Richard Dawkins und hat Christopher Hitchins' *God is not great* (*Gott ist nicht groß*) gelesen. Er sagt selbst von sich: ▶ Ich war mir sicher, dass die transzendentalen Behauptungen der Religion total unsinnig waren. Ich konnte nicht verstehen, wie irgendjemand auch nur für einen Augenblick darauf hereinfallen konnte ◀ (25b) (S. 30a). Diese Ungläubig-Gläubigen (hier ist die Paradoxie am Platze) wie dieser *Reverend Coles,* wie auch Martin Gardner und manche andere in variierender Form, sind der Beweis für die These dieses Buches, dass Glaube und Religion eine Sache der menschlichen Psyche sind.

In dem Coles-Interview kommt vielleicht die bedeutendste Erkenntnis vor, die mir in diesem Zusammenhang begegnet ist und die mich auch als Verfasser dieses Buches betrifft. (Hier sollten Sie, verehrter Leser, einen roten Strich am Rande machen oder einen Merkzettel anheften.) Sie lautet:

> ▶ Ich hielt eine kritische Beziehung zur Religion aufrecht. Ich möchte nicht sagen, dass Hitchens und Dawkins Krypto-Gläubige sind, sicher nicht, aber es interessiert mich, dass die Religion sie weiterhin fasziniert, auch wenn es eine erschreckende Faszination ist. Das sagt uns einiges über das Andauern und das Fortbestehen von Religion. […] Aber es ist so etwas Zorniges und Enttäuschtes in dieser Literatur, dass man denkt, 'Warum liegt ihnen das so am Herzen?', und dann meine ich, es sei wohl deswegen, weil die Anhänger Jesu Christi so kläglich in der Nachfolge Jesu versagen ◀ (25c) (S. 30b–31).

Natürlich ist der letzte Satz uninteressant, aber die negative Faszination (wie man es nennen könnte) ist richtig beobachtet. Auch bei den Anhängern eines absoluten Primats der Vernunft bleibt in der Regel ein Rest von Faszination. Für einen Gott, den es mit großer Wahrscheinlichkeit (besser: so gut wie sicher) gar nicht gibt und nicht geben *kann,* riesige Kathedralen zu bauen und bis heute 'Gottesdienste' darin zu feiern (usw., usw.) – das muss nicht nur Spott hervorrufen, sondern eben jene Faszination, die selbst ungläubige Rationalisten erfasst. Soll man den NOMA-Christen nun bewundern oder bemitleiden? Insofern ich in der Lage bin, die Psychologie dieses Menschentyps zu durchschauen und zu beschreiben (ob angemessen zu beschreiben, ist eine offene Frage), darf ich mich ihnen überlegen fühlen, ohne als arrogant gelten zu müssen. Doch Achtung: Wie uns Coles deutlich macht, beruht meine Faszination auf der gleichen genetischen Grundlage wie der Glaube der NOMA-Christen!

10.4. C.S. Lewis (siehe auch Anhang 5)

C.S. Lewis (1898–1963), Literaturwissenschaftler und Erfinder des Kinderlandes Narnia, das sich mit Lewis Carrolls 'Wunderland' messen kann, ist sicher einer der interessantesten christlichen Apologeten des 20.Jh.. Seine Argumentation ist oft erstaunlich und steht in einem merkwürdigen Gegensatz zu denen in seinen klugen philologischen Werken. Dennoch ist er weniger stringent als Gardner. Ich schildere ein Beispiel nach Hitchens 2007b, Kap. 8, aus Lewis' *Mere Christianity.* Dort, so hören wir, spreche Lewis über die Sendung Jesu, die Sünden der Welt zu übernehmen:

> ▸ Dies ist, wenn der Sprecher nicht Gott ist, in der Tat so absurd, dass es ans Komische grenzt. Wir können gut verstehen, wenn jemand anderen irgendwelche Vergehen an ihm selbst vergibt. Jemand tritt mir auf die Füße, und ich verzeihe ihm, jemand stiehlt mein Geld, und ich verzeihe ihm. Doch was soll man von jemandem halten, der, selbst unversehrt und nicht bestohlen, verkündet, er vergebe denen, die anderen auf die Füße getreten oder ihr Geld gestohlen hätten? Eine blöde Eselei wäre noch das Harmloseste, was wir von solchem Verhalten sagen könnten. Aber genau so verhielt sich Jesus. […] Das ist nur sinnvoll, wenn er wirklich der Gott war, dessen Gebote übertreten wurden und dessen Liebe mit jeder Sünde verletzt wurde. Im Munde eines Sprechers, der nicht Gott ist, würden solche Worte nur Dummheit und Arroganz bedeuten, die einmalig in der Menschheitsgeschichte wäre ◂ (26) (C.S. Lewis nach Hitchens 2007b:140f). Später folgt dann dies: ▸ Es scheint mir jedoch offenkundig, dass Jesus weder ein Verrückter noch ein Bösewicht war; und folglich, so merkwürdig, erschreckend oder unwahrscheinlich es klingen mag, muss ich die Auffassung akzeptieren, dass er tatsächlich Gott war und ist ◂ (27) (nach Hitchens 2007b:142).

Dies zeigt, wie zwanghaft das Glaubensbedürfnis selbst bei außergewöhnlich intelligenten Menschen sein kann. Es läge doch zB nahe anzunehmen, dass Jesus selbst ein relativ harmloser Prediger in Israel war, der irgendwie mit der römischen Besatzung aneinandergeriet und den erst eine spätere Generation zu dem machte, was man über ihn im NT lesen kann. Doch hören wir, was Lewis auf den Einwand zu sagen hat, dass Jesus vielleicht ein großer Lehrer, aber nicht göttlicher Natur gewesen sei:

> ▸ Das ist genau das, was wir nicht sagen dürfen. Ein Mensch, der eben nur einfacher Mensch gewesen wäre und das gesagt hätte, was Jesus gesagt hat, der wäre keinesfalls ein moralischer Lehrer gewesen, er wäre entweder ein Verrückter gewesen – wie jemand, der sagte, er sei ein 'verlorenes Ei' – oder aber der Teufel aus der Hölle. Man hat die Wahl. Entweder war und ist dieser Mann Gottes Sohn oder aber ein Verrückter und ganz etwas anderes. [Man kann ihm alles Mögliche antun oder vor ihm auf die Knie fallen,] aber bitte nehmen wir Abstand von dem patronisierenden Unsinn, er sei nur ein großer menschlicher Lehrer gewesen ◂ (28) (nach Hitchens, S. 141f).

Es ist erstaunlich, wie weit religiöse Verblendung gehen kann. Da bildet sich der gute C.S. Lewis ein, etwas Kluges gesagt zu haben, und es ist doch so töricht, wie man es niemals von einem Gelehrten seines Formats hätte erwarten sollen. Sicher ist die Argumentation der persönlichen Verharmlosung nicht besonders einsichtsvoll, weil sie die späte Überlieferung der Taten und Worte Jesu ignoriert; der Jesus des NT ist bereits eine Figur des Glaubens (deutlicher als Paulus kann es wohl niemand sagen). Aber auch predigende Verrückte sind nicht so unmöglich, wie Lewis offenbar meint. Seine Argumentation ist damit im Ganzen so erstaunlich primitiv, dass man annehmen muss, dass er sich auf *jeglichen* Einwand eine Antwort zurechtgezimmert hätte. Wie passt das zu seinen philologischen Leistungen? Die Erklärung kann nur in einem von einem Außenstehenden nicht zu begreifenden psychischen Glaubensbedürfnis liegen. Leute wie Martin Gardner und C.S. Lewis wissen, dass ihr Glaube, nüchtern gesehen, keinen Bestand haben kann, setzen sich aber blindlings über alle Bedenken hinweg. C.S. Lewis bleibt wenigstens noch beim Prinzip des Argumentierens.

10.5. Frank Hofmann

Wir sehen zunächst von der Hofmann-Spezialität der Marathon-Metaphorik ab und betrachten seine Reaktion auf Russells Teekanne, deren Bekanntheit man zunächst einmal positiv verbuchen muss. (Auch Hofmanns gradliniger und klarer Stil verdient Lob.) Bertrand Russell (1872–1970) hat 1952 folgendermaßen argumentiert:

> "Würde ich die Ansicht äußern, dass eine Teekanne aus Porzellan zwischen Erde und Mars auf einer elliptischen Bahn um die Sonne kreist [> kreise], so könnte niemand diese Behauptung widerlegen – vorausgesetzt, ich füge [> fügte] ausdrücklich hinzu, die Teekanne sei so klein, dass man sie selbst mit den stärksten Teleskopen nicht sehen könnte [besser: 'dass man sie mit keinerlei irdischen Mitteln entdecken könnte']. Würde ich dann aber behaupten, weil man meine Behauptung nicht widerlegen könnte [> könne], sei es eine unerträgliche Überheblichkeit der menschlichen Vernunft, daran zu zweifeln, so würde man mit Recht sagen, dass ich Unsinn rede [> redete]" [Russel 1952:547]. (Zitiert nach Hofmann 2011:26.)

Dies ist eine sehr bedeutsame Bemerkung. Russells Teekanne besagt, dass Beweis und Gegenbeweis keineswegs in einem Verhältnis von 50% zu 50% stehen (dies suggerieren die Verteidiger der Religion in Bezug auf den Gottesbeweis), vielmehr ist die Wahrscheinlichkeit, dass es die Teekanne gibt, so gut wie null, auf jeden Fall unendlich gering, während die Wahrscheinlichkeit, dass es sie nicht gibt, *nahezu* unendlich groß, wenn auch, mathematisch gesehen, nicht gleich 100% ist. Da Russells Teekanne zu wenig bekannt ist, kann man dies vielleicht den 'Fünfzig-fünfzig-Irrtum' nennen.

Wie reagiert Hofmann darauf? Natürlich mit NOMA:

> "Die Naturwissenschaften und Gott kommen sich nicht ins Gehege. Man kann Gott weder wissenschaftlich beweisen, noch muss man für den Glauben an Gott irgendein Naturgesetz ändern oder einschränken. [...] Die Annahme eines Gottes ist nicht irrationaler als die Annahme, die wir für jede wissenschaftliche Theorie treffen müssen [wirklich?]. Religion und Wissenschaft sind zwei verschiedene Zugänge zur Wirklichkeit, die beide ihre vernünftige Berechtigung haben. Die Wissenschaft versorgt uns mit recht zuverlässigen Erklärungen und Prognosen über empirische Phänomene, Religion und Glauben [*lies* Glaube] können unserem Leben einen Sinn und damit Struktur und Ziel geben" (S. 26f).

Das klingt überzeugend, ist aber unhaltbar. Der erste Teil der Aussage impliziert, dass Gott gar nicht den Naturgesetzen unterliege. Wenn er gar der Schöpfer der Naturgesetze ist, braucht man diese seinetwegen natürlich nicht zu ändern; nur er selbst kann schlechterdings nicht aufgrund solcher Gesetze entstehen oder existieren! Der zweite Teil der Aussage wendet sich unauffällig vom Thema Gottesbeweis ab und spricht von der Billigung der Religion durch die Vernunft. Das aber ist etwas ganz anderes. Natürlich kann der Glaube, auch der Glaube an einen allmächtigen Gott, unserem Leben "einen Sinn geben" – ebenso wie ich einen Totkranken trösten kann, indem ich ihm Hoffnung auf Leben mache. Religionen entstehen ja gerade dadurch, dass sie irgendwie die menschliche Einsicht in den Tod zu kompensieren oder den Tod hinwegzudiskutieren suchen. Die Christen glauben an ein ewiges Leben – tröstlich, aber wissenschaftlich absurd! Es ist das Anliegen dieses Buches, diesen Gordischen Knoten endgültig zu durchschlagen. Es kann nichts geben, was nicht mittels der Vernunft gedacht oder postuliert wird! Auch NOMA selbst unterliegt der Betrachtung durch die Vernunft. – Siehe §1.3.

Zu Russells Teekanne sei hier angemerkt, dass es immerhin so etwas wie die Annäherung an einen negativen Beweis gibt (wie ihn zB Sperlich **2012** andeutet): (1) Das Postulat eines persönlichen Gottes ist für eine wissenschaftliche Welterklärung nicht erforderlich; (2) das Wirken eines persönlichen Gottes wäre im Rahmen einer wissenschaftlichen Welterklärung anormal; (3) es gibt keinerlei Hinweise auf die Existenz oder auf das Wirken eines persönlichen Gottes.

Sperlich 2012 führt dazu noch das Folgende auf: Es müsste ein kurioser Gott sein, der zuerst die Erbsünde zuließ oder gar erfand und dann zur Entsühnung auf die Idee von Jesu Tod kam, also den Tod des eigenen Sohnes als Sühne dafür zuließ. (Dahinter stecken natürlich alte Opferungsmythen. Als Nomaden und Viehzüchter opferten die Israeliten ihrem Gott Jahwe Tiere als besondere Kostbarkeiten, um ihn milde zu stimmen.) Der Gott der Juden und Christen trägt allzu auffällig menschliche Züge (er erschuf den Menschen ja nach seinem Bilde), meist dargestellt als alter Mann mit Bart und wallendem Gewand (zB auf den herrlichen Holzschnitten eines Julius Schnorr von Carolsfeld, 1794–1872).

Gerade der Primat der Vernunft wird jedoch von Autoren wie Frank Hofmann bestritten. Er zitiert zur Untermauerung seines Standpunkts Jürgen Habermas und Norbert Bolz. Habermas hat sich offenbar folgendermaßen ausgedrückt: "Diese moderne Vernunft [die auf ihren Vorrang pocht] wird sich selbst nur verstehen können, wenn sie ihre Stellung zum zeitgenössischen, reflexiv gewordenen religiösen Bewusstsein klärt, indem sie den gemeinsamen Ursprung der beiden komplementären Gestalten des Geistes … begreift" (nach Hofmann, S. 27). Das müsste sich auch einfacher ausdrücken lassen, aber selbst wenn wir das "reflexiv gewordene Bewusstsein" dahingestellt sein lassen – ich sehe da nichts von einem gemeinsamen Ursprung zweier Haltungen, die sozusagen auf einer Ebene lägen. Norbert Bolz soll dem hinzugefügt haben, dass immer mehr Menschen dies spürten und nicht mehr an den Unglauben glaubten. Ich sehe in all diesen Äußerungen krampfhafte Rettungsversuche eines Standpunkts, der nicht zu retten ist, dass nämlich Glaube und Vernunft den gleichen Rang einnähmen (oder 'besäßen,' wie man gerne sagt). Ich sehe Gott und die Religion als vernunftbedingt an wie die Wissenschaft – mit dem Unterschied, dass Gott und Religion zugleich stark vom Psychischen, also vom Emotionalen beeinflusst sind: die Einen brauchen's, andere (wenige?) nicht.

Was sagt Hofmann zur Auferstehung Jesu? Nachdem er das im NT Geschilderte dargestellt hat, hören wir Folgendes:

"Folgt daraus die Historizität von leerem Grab und einem plötzlich lebendig gewordenen Leib, der wenige Stunden vorher noch am Kreuz hing? Sicher nicht – man kann sich das Ostergeschehen auch ohne supranaturalistische Ereignisse vorstellen. Von einer leiblichen Auferstehung berichten selbst die Evangelien nichts [*ach?*]. Die Geschichte vom leeren Grab darf man getrost als legendarisch werten. Ein solches Vorkommnis wäre mit Sicherheit auch in nicht christlichen Texten überliefert. Aber das ist nicht der Fall. 'Es gäbe [= gebe?]', resümiert Hans Küng die äußeren Umstände der Auferstehung, nichts zu fotografieren' " (S. 73f; siehe Küng 2012:246).

Da haben wohl beide, Hofmann und Küng, den guten Paulus vergessen und sein von mir immer wieder zitiertes Wort "Ist aber Christus nicht auferstanden … " (siehe §I.7). Liegt aber die Auferstehung mythologisch auf der gleichen Ebene wie die von ihnen in ihrer Einleitung als historischer Mythos dargestellte Jungfrauengeburt – und daran besteht nicht der geringste Zweifel – so bleibt nur die Folgerung, dass in der Tat die christliche Botschaft 'leer' ist (und unser Glaube vergeblich, wie Paulus fortfährt und Luther übersetzt) – es sei denn, Pater Willigis – im Gefolge Bultmanns – rettet die Situation, indem er den Mythos für irrelevant erklärt. Anathema, Frank Hofmann! Natürlich ist und bleibt die leibliche Auferstehung das A und O des christlichen Glaubens. Aber den Aufgeklärten unter den Gläubigen genügt natürlich eine vage Metaphorik und Spiritualität!

Hofmann gibt sich überall aufgeklärt und modern (er sagt nicht, ob er katholisch oder evangelisch aufgewachsen sei; verschiedene Indizien sprechen eher für evangelisch). Das Folgende über Jesus' Erscheinen nach seiner Auferstehung ist typisch:

"Wenn wir Gott als die alles bestimmende Wirklichkeit denken [was das heißt, weiß wohl nur Herr Hofmann], brauchen wir die körperliche Einheit von vor- und nachösterlichem Jesus gar nicht zur Erklärung [Erklärung wovon?]. Es geht nicht um ein Ereignis im menschlichen Raum und in der menschlichen Zeit, sondern um ein göttliches Wirken. Zu glauben ist demnach 'nur', dass es in der Macht Gottes stand, seine menschgewordene Selbstoffenbarung nach der Kreuzigung erneut den Anhängern Jesu so erscheinen zu lassen, dass sie es nicht anders als eine objektive Auferstehung erklären konnten" (74).

Verstanden? Das ist auf jeden Fall abstrakt genug, um alles oder nichts bedeuten zu können. Vor allem aber klingt es modern und *knowledgeable*. – Das folgende Kapitel, Kap. 20, vertieft die Auffassung des Autors vom Ostergeschehen. Nach Hofmann bleiben von allem zwei Aspekte:

[1] "Da ist zunächst der subjektive Aspekt [wieso subjektiv?], dass Gott selbst im größten Leiden mit uns ist" (77). Er soll offenbar auch mit Jesus am Kreuz gewesen sein, obwohl Hofmann im gleichen Atemzug das 'Mein Gott, mein Gott, warum hast du mich verlassen?' zitiert. "Umso tröstender die Botschaft der Auferstehung: Gott war auch hier [beim Kreuzestod] zugegen und zeigte, dass er 'aus allem, auch aus dem Bösesten, Gutes entstehen lassen kann und will' [Dietrich Bonhoeffer]". Wie man leicht erkennt, wird hier der grausame Kreuzestod, den ein allmächtiger Gott zulässt, schöngeredet. Ein allmächtiger Gott, der sich nichts Besseres auszudenken vermag als einen Tod am Kreuz, ist jedoch schlicht pervers.

[2] "Der objektive Aspekt des Ostergeschehens ist die Demonstration der denkbar größten Liebestat der Lebenshingabe für andere. So verstanden ist das Kreuz 'die äußerste Radikalisierung der bedingungslosen Liebe Gottes' (Ratzinger 2011, 143 [*Jesus*, Bd. II]")".

Diese Schönrederei einer grässlichen Untat hilft uns wenig. Viel wichtiger wäre es zu fragen, welche positive Rolle solche Szenen wie die der Kreuzigung für die Entstehung einer Religion spielen, welche Bedeutung dem elementaren Nervenkitzel zukommt, den ein solcher Bericht auslöst und sogar liturgisch nutzbar macht, wie wichtig dabei die Sühne in Gestalt eines letztlichen Sieges des auferstandenen Gekreuzigten ist. Das alles in den Schatten stellende Phänomen besteht darin, dass es noch nach 2000 Jahren allen Ernstes Bemühungen gibt, dem Kreuzestod auf Biegen und Brechen einen tieferen Sinn zu geben und mit dem Auferstehungsmythos zu verknüpfen.

10.6. Norbert Bolz

Norbert Bolz ist der gelehrteste und schwierigste Autor in der Gruppe der NOMA-Anhänger. Er stellt seine Gelehrsamkeit aber auch ununterbrochen zur Schau und pflegt einen Stil, der so voller Abstraktionen ist, dass man meistens nur ungefähr ahnt, was da wohl *de facto* gemeint sein mag. Er ist in der Tat der größte stilistische Poet dieser Gruppe von Autoren.

Zunächst ein Beispiel für Bolz' Stilkunst und seine Abstraktitis nebst Angeberei (einen solch umgangssprachlichen Ausdruck wie *Angeber* würde er mit Sicherheit verschmähen). Wir hören, es sei das 'Selbstmissverständnis' [*sic*] der Aufklärung gewesen, in der Religion einen Feind zu sehen: "Denn Christentum ist selbst schon Aufklärung – als Religion" (2008:76). Das Christentum ist Aufklärung? Man hofft auf eine Erklärung dieser Behauptung, und sie scheint tatsächlich zu kommen:

"Man erkennt den klassischen Aufklärer an zwei Eigenarten. Zum einen heißt Aufklärung für ihn, die Bibel als Literatur zu lesen. Zum anderen wendet der Aufklärer in Glaubensfragen immer die Zauberformel 'x ist nichts anderes als y' an. Hier ein Beispiel [Gott sei Dank]: *Das Wunderbare ist demnach nichts anderes als ein vermummtes Wahrscheinliches.* Nichts anderes als – das ist der aufklärerische Gestus des Entlarvens" (*ib.*).

Der Leser ist enttäuscht; das angekündigte Beispiel ist gar keins, und der Text bleibt hier so abstrakt wie an anderen Stellen. Warum soll man die Bibel nicht als Literatur lesen? Was die Wunder angeht, so ist möglicherweise gemeint, dass der Aufklärer Wunder nicht für Wunder hält, sondern als wahrscheinlich ansieht; doch das ergibt keinen Sinn, und das Denkbare oder Wahrscheinliche gehört bereits zum Wunderbegriff. Bolz' Definition der Aufklärung ist wohlklingendes Gerede. Ich nehme aber nunmehr Bolz' Bemerkungen zu Dawkins vorweg, obwohl sie sachlich zum nächsten Abschnitt gehören. Es ist interessant zu sehen, wie schwer Dawkins' Mem-Begriff zu verstehen ist. In seinem Kapitel über Glaube und Wissen (dem neunten, doch Bolz zählt seine Kapitel nicht) argumentiert der religiös voreingenommene Bolz (das 'religiös unmusikalisch' seines Untertitels ist – trotz gegenteiliger Argumentation S. 15 – irreführend) heftig gegen Dawkins, ohne ihn wirklich verstanden zu haben. Bolz stellt fest, die Dialektik der Aufklärung sei heute selbst fundamentalistisch geworden, und fährt fort:

"Man denke nur an Richard Dawkins und seinen Kreuzzug [!] gegen die Religion. Wie vor zweitausend Jahren weckt die Offenbarung Glauben oder Wut. Während Burke Gott noch als 'Term' neutralisierte [eine kaum verständliche und hier überflüssige Bemerkung], naturalisiert [*sic*] Dawkins Gott zum Mem, also einer Art Gen des Geistes. Gott erscheint hier als kultureller Virus, der das Gehirn parasitiert, d.h. als ein sich selbst reproduzierendes Informationsmuster. Das ist der ironische Gottesbeweis der Gen- und Hirnforschung. Ihr Naturalismus entlastet von Freiheit und Schuld" (2008:77).

Das ist wieder einmal schwer verständlich. Was jedoch deutlich wird: Bolz' Umschreibung des Mem-Begriffs ist schlicht falsch. Nicht Gott kann man als Mem bezeichnen, sondern nur den Glauben an einen Gott, in den man durch die Umstände der Geburt und der späteren Umgebung in der Familie hineingeboren wird bzw. hineinwächst. Diese Umstände sind so stark in ihrer Wirkung, dass sie wie ein tatsächliches Gen (also wie angeboren) erscheinen. Tatsächlich aber muss man wohl annehmen, dass es darüber hinaus auch so etwas wie ein echtes religiöses Gen gebe, ein ererbtes Glaubensbedürfnis, das man dem Mem angliedern könne und das trotz gegenteiliger Lebensumstände (etwa im Falle von Naturwissenschaftlern und anderen klugen Köpfen wie Bolz selbst) durchschlage – oft wider Erwarten! – und dann zu Ehrfurchtsgebärden à la Einstein und Max Planck führe. Das Gen, also das Angeborene, ist in der Tat die beste Erklärung dafür, dass die durch Geburt zum Glauben Bestimmten und geradezu Gezwungenen trotz besserer Einsicht den Glauben irgendwie zu rechtfertigen suchen und dann praktischerweise auf NOMA verfallen, wenn sie es nicht bei einer Ehrfurchtsgebärde bewenden lassen.

Bolz stimmt im gleichen Kapitel (über Glaube und Wissen) der NOMA-Theorie gemäß Stephen Gould ausdrücklich zu:

"Es gibt zwei Theorien, die beide richtig, aber nicht vereinbar sind: Wissenschaft und Religion (analog zur Wellen- und Korpuskulartheorie des Lichts). Die beiden richtigen [!] Lehrformen über das, was man über die Welt wissen muss, konkurrieren aber auch nicht miteinander [wie praktisch!]. Die Theorie der Evolution belehrt über das Wie des Seienden, und der Glaube an die Schöpfung beantwortet die Frage nach dem Warum des Seienden.

"[Man muss deutlich sehen,] dass es einige unüberwindliche Hindernisse für jedem Dialog von [*lies:* zwischen] Glauben und Wissen gibt. Goulds NOMA besagt ja eben auch: Es gibt keine Einheit von Glauben und Wissen, sondern nur friedliche Koexistenz" (S. 80).

Das alles wird dann weiter ausgeführt, sodass man schon die reine Umständlichkeit der Erörterungen als Indiz für ihre Richtigkeit zu nehmen bereit ist: "Ein Wissenschaftler kann glauben, aber *als* Wissenschaftler kann er den Sinnanspruch der Religion allenfalls interessant finden" (S. 83). So etwas klingt klug, aufgeklärt und liberal, macht aber den Wissenschaftler schizophren. Bolz ist der größte Gedankenakrobat unter den NOMA-Anhängern, was bereits in seinem Titel, *Das Wissen der Religion*, aufleuchtet. 'Die' Religion weiß gar nichts! Nur Menschen und höhere Lebewesen können etwas 'wissen' (der Hund weiß, wann es Futter gibt). Also ist das 'Wissen' der Religion eine Metapher, die für den positiv eingeschätzten Gehalt oder Inhalt der Religion steht.

In dem Kapitel 'Das metaphysische Bedürfnis und seine christliche Befriedigung' (es ist das zehnte) zitiert Bolz die folgenden Autoren: Sokrates, Origenes, dann in Reihenfolge des Vorkommens Friedrich Nietzsche, Ludwig Wittgenstein, Ernst Jentsch, Karl Mannheim, Max Weber, Martin Heidegger, Niklas Luhmann, Sigmund Freud, Arnold Gehlen, H.M. Enzensberger, Jaques Lacan, Jean Paul, Michael Polabyi, Karl Barth. Man ist beeindruckt und soll es natürlich auch sein. Noch mehr beeindruckt ist man von dem eleganten Stil dieses Autors. Er ist ein Poet der Abstraktionen, mit denen die Sätze so gespickt sind, dass man sie nur selten auf Anhieb versteht, in vielen Fällen gar nicht. Hier Bolz ausführlicher über die Religion:

"Religion ist der Thesaurus, die Schatzkammer des Sinns, und aller Lebenssinn ist religiös. [...] Nur Religion bietet die absoluten Metaphern, die es vermögen, das Ganze zu imaginieren. Religion schließt also den Sinnhorizont; sie ist spezialisiert auf das Ganze [was für ein Ganzes?]. [...] Religion ist die rituelle Konstruktion von Sinn im Überraschungsfeld der Welt. [...] Gegen jede Form des Nihilismus formuliert die christliche Theologie das Tabu über die Sinnlosigkeit [Tabu *über* ...?]. Es handelt sich um große Rhetorik." – "Nur Religion bietet die absoluten Metaphern, die es vermögen, das Ganze zu imaginieren. Religion schließt also den Sinnhorizont. Sie ist spezialisiert auf das Ganze." (2008:85f).

Da staunt der Leser über so viel stilistische Fantasie. Aber sein Versuch, den Sinn dieser Sätze irgendwie zu 'imaginieren', bleibt in den Anfängen stecken. Alles was man dem gelehrt klingenden Geraune entnehmen kann, ist, dass Professor Bolz die christliche Religion für irgendwie nützlich, sinnvoll und überzeugend hält, was ihm unbenommen sei. Gemeint ist wahrscheinlich ganz einfach, dass die christliche Theologie gegen jegliche Behauptung zu Felde ziehe, die die Existenz des Menschen und die des Universums als sinnlos bezeichne. Das ist hinsichtlich der christlichen Theologie sicher richtig, ändert aber nichts an dem Faktum, dass sachlich keinerlei Sinn für die Existenz der Welt einschließlich des Lebens auf dem Planet Erde für uns erkennbar ist und, wie man getrost behaupten kann, nie erkennbar sein wird. In der Tat ist die Frage nach dem Sinn des Lebens und der Welt sinnlos und sollte folglich tabu sein. Sie kann nur in Religionen und *science fiction* alle Arten von Pseudoantworten finden – auch wenn Professor Bolz noch so energisch für ihre Berechtigung eintritt, zB so "Die Frage nach dem Sinn des Lebens berührt sich also an keiner Stelle mit den wissenschaftlichen Fragen.

So lautet das Fazit des *Tractatus logico-philosophicus:* 'Der Sinn der Welt muss außerhalb ihrer liegen' " (86). Dies steht (in schiefem Deutsch) in der Tat so bei Ludwig Wittgenstein (1889–1951) (*Tractatus*, §6.41; Herr Bolz nennt den Autor nicht, was typisch für schriftstellerisches Angebertum ist. So soll ein geheimes Band zwischen wissendem Autor und wissendem Leser hergestellt werden; wer's nicht weiß, wird in seiner Dummheit belassen). Sachlich ist der Satz trivial, auch wenn er von Wittgenstein kommt, weil natürlich der Sinn einer Sache *nie* die Sache selbst sein kann: der Sinn eines Hauses ist nicht das Haus, sondern die Möglichkeit, darin zu wohnen! Also liegt der Sinn des Hauses 'außerhalb seines.' Viel wichtiger ist es zu sehen, dass die Frage selbst sinnlos ist. Auch die neunmal klugen Lebewesen auf Planet x im Sonnensystem y der Galaxie z, die existieren mögen, nachdem sich das Sonnensystem aufgelöst hat und es einen Planet Erde gar nicht mehr gibt, werden die Sinnfrage nicht *ernstlich* – und das heißt in wissenschaftlich akzeptabler Weise – beantworten können. Eben diese grundsätzliche Sinnlosigkeit alles Existierenden (*sinnlos* = 'ohne Sinn,' nicht = 'unsinnig'!) führt den *homo sapiens* zur Religion.

Die Frage des Menschen nach dem Sinn der Welt wird schließlich unter gewichtigem Gerede gedeutet als Katalysator (Bolz: "als mächtiger autokatalytischer Faktor"), der die Evolution vorantreibe. Was Bolz und andere NOMA-Vertreter übersehen: die Entwicklung, wenn es sie denn gibt, führt eher in Richtung des Verlustes des Glaubensbedürfnisses, sodass schließlich auch Philosophen à la Bolz am Ende nur noch dem Magisterium der Wissenschaft huldigen können! Man kann doch nicht übersehen, dass zum mindesten in historischer Zeit das Bedürfnis nach Religion eher abnimmt als zunimmt, obwohl nicht in dem Maße, in dem man es nach der Aufklärung hätte vermuten oder erwarten sollen. So ist zB (dummerweise) der Anspruch, dass bei Heiligsprechungen ein Wunder nachgewiesen werden muss, heute kaum noch zeitgemäß, aber nichtsdestoweniger so überliefert und bis heute erhalten. Man kann argumentieren, dass vielleicht eines Tages auch der akribische Einsatz des Gehirns zum Beweis für NOMA als sinnvolle Theorie Geschichte sein werde. Andererseits wage ich vorauszusagen, dass es so schnell wiederum nicht gehen wird. Wenn eins offenkundig ist, dann die Merkwürdigkeit, dass trotz Aufklärung als Epoche und trotz Aufklärung durch Autoren wie Richard Dawkins und andere das Glaubensbedürfnis weiterhin relativ stark ist und bei gelehrten und stilistisch gewandten Autoren zu solch abstrusen Hypothesen wie NOMA führen, die dann tiefsinnig verteidigt werden.

Bei Bolz kann man dann weiter nachlesen, wie auch der kluge Ludwig Wittgenstein dem Glaubensbedürfnis unterliegt. Bolz zitiert zB eine Tagebuchaufzeichnung Wittgensteins vom 11.6.1916: "An einen Gott glauben heißt, die Frage nach dem Sinn des Lebens verstehen." Und Bolz bestätigt dies fürs Christliche: "Die Wissenschaft hat es mit dem Wie der Welt, mit den Tatsachen, mit dem, was der Fall ist [Wittgensteins Ausdruck], zu tun. Sie hat nichts mit dem zu tun, was die Offenbarung zeigt" (86). Natürlich nicht, es sei, denn, die Wissenschaft studiert 'die Offenbarung' selbst als Geschichte und Mythologie sowie als Teil einer religionsgeschichtlichen Gegebenheit.

Was Norbert Bolz vor allen Genossen im Geiste auszeichnet, ist, dass er sich am dichtesten an den Abgrund des Unglaubens heranwagt, ohne hineinzustürzen – soll heißen, er kennt alle möglichen Einwände gegen NOMA und wagt es, sie zu benennen. Sein Fazit: "So scheint es unter Wissenschaftlern nur noch Spott über den *Sinnlosigkeitsbeseitigungsanspruch* des Geistes zu geben. [...] Schärfer formuliert: Wissenschaft ist die organisierte Abwehr der Frage nach dem Sinn des Lebens. An Stelle einer Antwort analysiert sie die Frage und bietet für die dogmatische Antwort des Glaubens funktionale Äquivalente [was immer das ist]. Doch Lebenssinn ist ein Singularetantum [ein nur in der Einzahl vorkommendes Wort: *singulare tantum*]" (88). Das wird weiter hin- und hergewendet, und man staunt nicht schlecht, wenn da sogar Max Weber erwähnt wird, der die Entstehung des metaphysischen Bedürfnisses als intellektuelle Reaktionsbildung [*Reaktion* hätte genügt] auf die Erfahrung einer sinnlosen Welt beschrieben habe (89). Auf einen einfachen Nenner gebracht: Bolz fährt alle Geschütze auf, die gegen den Inhalt des Religiösen sprechen und bietet ihnen auch und gerade als Wissenschaftler die Stirn – hauptsächlich mit Hilfe seiner Formulierungskünste.

Da sollen sich zB die Gottesleugner in der Paradoxie verfangen, "die Religion gerade durch ihre Negation zu bestätigen" (92). Wie das funktioniert, müsste man sich wohl einmal genauer ansehen, doch wenn eins aus dem Bolz-Text hervorgeht, dann dies: Wer mit ihm streiten möchte, hat von vornherein verloren – es sei denn, er beherrscht einen ähnlichen wissenschaftlich klingenden Jargon. Wir hören zB dies: "Es gibt Leute, die nur mit den Schultern zucken, wenn man 'von Gott' spricht [was besagen die Anführungszeichen?]. Sie können noch nicht einmal wissen, dass sie Ungläubige sind" (92). Sie *können* nicht wissen? Warum nicht? Oder ist nur gemeint, *dass* sie es nicht wissen? Wer aber so fragt, kann in den Augen dieses Autors nur zu denen gehören, die nicht wissen, wie dumm sie eigentlich sind und wie absolut unfähig, große Autoren wie Bolz zu verstehen. Der schönste Satz dieses Kapitels betrifft Karl Barth: "Der Protestant Karl

Barth sieht im Glauben das Diskrimen [!], das alle anderen Religionen zum Aberglauben depotenziert [!] – zugespitzt in der polemischen Rede von der Religion als Götzendienst" (92f). Doch vielleicht ist das Folgende im Anschluss an Jaques Lacan (1901–1981) noch um ein Nuance eindrucksvoller (aus dem 12. Kapitel): *"Es gibt keinen anderen Grund, Gott zu lieben, wenn nicht den, dass er vielleicht nicht existiert* [gemeint ist wohl eher, 'keinen besseren Grund als den']. Wenn nämlich die Ohnmacht der Allmacht erfahren wird, überträgt man die Allmachtinstanz nach 'jenseits.' Und im Jenseits zeigt sich jener Mangel als die Möglichkeit der Nichtexistenz" (100).

Schließlich sei noch Bolz' Verhältnis zu Naherwartung erwähnt (Anfang des 11. Kapitels). Das Ausbleiben der Wiederkunft Christi gemäß der sog. Naherwartung, an die die ersten Christen glaubten (die Parusieverzögerung, wie die Theologen sagen), war nicht nur eine unangenehme Erfahrung der Urchristen, sondern bleibt natürlich bis heute irgendwie unangenehm für die Theologen. Der Außenstehende kommt allzu leicht auf den Gedanken, dass ja dann vielleicht auch manches andere der christlichen Überlieferung auf einem Irrtum beruhe. Warum hat der gute Jesus nicht dafür gesorgt, dass so etwa nicht passieren konnte (er war ja schließlich identisch mit seinem Gott-Vater)? Das klingt bei Bolz jedoch ganz anders:

Nur scheinbar paradox geht die Weltablehnung der Welt voraus [das heißt?]. Es ist ja die Naherwartung des Gottesreiches, die die Urchristen zur Weltablehnung führte – und diese zur Unterscheidung weltlich/unweltlich. Daraus entstand dann erst 'Welt'. Diese Dialektik ist für das Christentum konstitutiv. Geistlich heißt nicht weltlich. Und weltlich heißt nicht 'nicht von dieser Welt'. Wir haben es hier mit einer Abweichungsverstärkung, einem positiven Feedback der religiösen Erfahrung zu tun. Die Verweltlichung von Welt vergeistigt den Geist" (95).

Haben Sie's verstanden? Wenn ja, dann Glückwunsch! Lohnt es sich überhaupt zu fragen, was das Zitierte mit der Naherwartung zu tun habe? Mit einer solchen Frage sind wir wahrscheinlich auf einer ganz falschen Fährte. Ist es überhaupt angebracht, sich um Verstehen zu bemühen? Das Zitierte ist – in meiner Ausdrucksweise – nichts anderes als die kunstvolle Poesie der Abstraktionen, die nicht zum Verstehen entstanden ist, sondern zum Bewundertwerden. Auch 'das Wissen der Religion' (der Titel des Buches) gehört zu dieser Poesie.

11. Auf Gegenkurs zu Richard Dawkins (Dawkins 2006): Petra Bahr

Dawkins 2006, das Buch über die menschlichen Gottesvorstellungen, hat viele Rezensionen hervorgerufen, die solche Vorstellungen zu verteidigen suchen. Die von Petra Bahr, die ich an den Anfang stelle, ist besonders instruktiv, weil sie sich auf einem hohen Ross sitzend wähnt, von wo aus sie Dawkins Argumente leicht entkräften zu können glaubt. Petra Bahr war Kulturbeauftragte der Evangelischen Kirche. Was sie über Dawkins 2006 zu sagen hat, hält einer Nachprüfung in keiner Weise stand. Ihre Rezension beruht auf Vorurteilen und Unverständnis. Ich behandele drei Beispiele.

11.1. Beispiel 1: NOMA bei Petra Bahr

Petra Bahr schreibt:

> "[Immanuel Kant] hat schon vor 200 Jahren die Unterscheidung von wissenschaftlicher Vernunft und dem Glauben an Gott eingefordert. Um der Wissenschaft und um der Religion willen. Vernünfteleien [?] in der Religion schaden beidem, hat der kluge Mann gesagt. Im Glauben vergewissern wir uns des Grundes der Welt und unserer Existenz, in der Wissenschaft vermessen wir die Welt bis ins Detail."

Was heißt "Im Glauben vergewissern wir uns des Grundes der Welt und unserer Existenz"? Der Satz klingt gut und gewichtig, aber sein Sinn ist dunkel. Man kann ihn weder bestätigen noch widerlegen. Das liegt daran, dass die Ausdrücke "der Grund der Welt" und "der Grund unserer Existenz" begrifflich unklar sind. Falls 'Grund der Welt' soviel wie 'Anfang der Welt' bedeuten soll – wie können wir uns dieses Anfangs 'vergewissern'? Ich kann mich meiner Existenz vergewissern: *Cogito, ergo sum,* aber kaum des 'Grundes' meiner Existenz. Doch dies ist nebensächlich gegenüber dem Haupteinwand, dem sich diese Argumentation aussetzt: sie repräsentiert NOMA *par excellence*.[16]

Ist man ehrlich, so ist NOMA aufseiten der Religion nichts anderes als ein Trick, sich dem Zugriff der Vernunft zu entziehen – mit der Begründung, sie sei gar nicht zuständig. Doch eben das ist nicht akzeptabel. Die menschliche Vernunft ist das einzige, was uns in die Lage versetzt zu denken, und da sollen wir, sobald es um Religion geht, die Vernunft abschalten und sie für nicht zuständig erklären? Allen NOMA-Anhängern sei es gesagt: NOMA ist eine Täuschung und im Grunde Betrug (aber welcher Gläubige betrügt nicht gerne sich selbst?). Wenn zwischen Kontrahenten keine Einigkeit über den absoluten Primat der Vernunft besteht (wenn somit auf der Seite der Gläubigen NOMA ins Treffen geführt wird), erübrigt sich jede weitere Diskussion. Hierzu drei Bemerkungen (zu Kant siehe weiter unten in Abschnitt 2):

> (1) Ein Leser dieser Stelle in einer ersten Fassung dieser Bemerkungen wendet ein, so

---

[16] Ich belasse es bei der ursprünglichen Fassung dieser Ausführungen und nehme es in Kauf, dass hier der NOMA-Begriff erneut erläutert wird . Zu NOMA siehe in erster Linie §1.4).

könne er/sie das nicht hinnehmen. Es gebe ja doch wohl neben der Vernunft noch anderes, zB die Kunst (etwa die Musik) und das Emotionale im Menschen. Natürlich gibt es das. Das Postulat des Primats der Vernunft bestreitet das nicht. Nur: Es ist nur das menschliche Denkvermögen, dass es meinem Kontrahenten überhaupt ermöglicht, diesen Einwand zu machen und Begriffe wie *Kunst* und *Emotion* überhaupt zu bilden. Ohne Vernunft könnten wir uns weder Gedanken über die Vernunft noch Gedanken über den Glauben oder über die Kunst machen. Es gäbe weder das eine noch das andere. Im Gehirn meines Hundes fallen Glaube und Vernunft zusammen.

(2) Neuerlich hat auch der Papst versucht, Glauben und Vernunft miteinander in Einklang zu bringen. Das Zitat aus der Enzyklika *Spe salvi,* bereits zitiert unter 1.4.1 sei hier seiner Bedeutung wegen wiederholt:

"Ja, Vernunft ist die große Gottesgabe an den Menschen, und der Sieg der Vernunft über die Unvernunft ist auch ein Ziel des christliche Glaubens (*hear, hear!*). Aber wann herrscht die Vernunft wirklich? […] Wenn der Fortschritt, um Fortschritt zu sein, des moralischen Wachsens der Menschheit bedarf, dann muss die Vernunft des Könnens und des Machens ebenso dringend durch die Öffnung der Vernunft für die rettenden Kräfte des Glaubens, für die Unterscheidung von Gut und Böse ergänzt werden. Nur so wird sie wahrhaft menschliche Vernunft" (§23).

Näheres hierzu in Abschnitt 2. Wie sich im zweiten Beispiel zeigen wird, argumentiert auch Petra Bahr zT in einem Nützlichkeitssinne.

(3) Es sei wenigstens angedeutet, dass Benedikt XVI in *Spe Salvi* eine weitere Beweisführung für den Glauben ins Treffen führt, die – nach Benedikt – bei Thomas von Aquin auftaucht, aber ansonsten neu zu sein scheint. Sie beruht auf *Hebräer* 11:1, einer Stelle, die im Grunde den im NT immer wieder anklingenden 'Beweis' wiederholt, wonach der Glaube *an sich* – *qua* Glaube – bereits verdienstvoll sei und so etwas wie eine Garantie für die Richtigkeit des Geglaubten: *sola fide* kommt man in den Himmel! Die Modifikation des Papstes besteht darin, dass er nunmehr argumentiert, der Glaube lege in uns bereits 'im Keim', wie er sagt, etwas an, was sozusagen das Geglaubte als Realität vorwegnehme. Wesentlich für diesen Gedankengang ist die Vulgata-Übersetzung des griechischen *hypostasis* ('Hypostase', 'Verdinglichung') durch lat. *substantia* (wörtlich = *hypo-stasis*), das Benedikt als 'Substanz' verstehen möchte und ihn dann zur Realität des 'im Keim' Angelegten führt. Das alles ist Gedankenakrobatik ohne Substanz.

11.2. Beispiel 2: Petra Bahr und Russells Teekanne

Petra Bahr schreibt zu einer Dawkins-Stelle:

"Hier läuft Dawkins in die Falle seiner eigenen Argumentation. Den Sinn der Religion, sagt er, könne man mit empirischen wie [= und] historischen Argumenten nicht beweisen. Dann aber kann er auch nicht mit den Mitteln der sinnlichen Erfahrung oder historischen Erinnerung widerlegt werden. Perversionen des Glaubens an Gott sind kein Beleg gegen den Sinn des Glaubens."

Über den *Sinn* des Glaubens (etwa seine 'rettenden Kräfte,' wie der Papst sagt) kann man – zB auf dem Hintergrund der Evolution, aber auch vom päpstlichen Standpunkt aus – spekulieren. Man kann an die Nützlichkeit des Glaubens glauben oder auch nicht; am

Ende lässt sich Nützliches irgendwie wohl von jeglicher Art von Spiritualität behaupten (sogar einschließlich paranormaler Elemente); zu beweisen gibt es da nichts. Es geht hier aber gar nicht um den Sinn einer Sache, sondern um Inhalte, zB um die Existenz eines Gottes. Auch darüber spricht Dawkins ausführlich. Er hätte an dieser Stelle der Rezension wahrscheinlich *Teapot!* an den Rand geschrieben (vgl. Dawkins 2006: 54) – eine Anspielung auf Bertrand Russells Teekanne (siehe dazu den Abschnitt über Frank Hofmann, §II.10.5). Darauf hätte Petra Bahr antworten müssen, statt selbst diesem Irrtum zu unterliegen (oder, wie sie sagen würde, in die eigene Falle zu laufen). Hierzu Dawkins 2006:51. ▸ Dennoch ist es ein bekannter Fehler, von der Prämisse auszugehen, dass die Frage nach der Existenz eines Gottes nicht beantwortbar sei, und daraus zu folgern, dass seine Existenz bzw. Nicht-Existenz gleich wahrscheinlich seien. (29) ◂

Diesem *common error* unterlag auch Kant, der kluge Mann. Auch er ist Opfer des Teekannensyndroms, wenn er sagt: "Denn, wo will jemand durch reine Spekulation der Vernunft die Einsicht hernehmen, dass es kein höchstes Wesen als Urgrund von allem gebe" (*Kritik der reinen Vernunft* [1]1781, Abschnitt 7 im Hauptstück über die Gottesbeweise). Recht hat er, nur dass es solcher Spekulationen nicht bedarf, um zu dieser Einsicht zu gelangen.

11.3.   Beispiel 3: das 'Innere der Vernunft'

Petra Bahr: "Der Redlichkeit wegen müsste auch die andere Kulturgeschichte der Religion erzählt werden: Theologie als Geburtshelferin von Wissenschaft und Aufklärung, christliche Ethik als Beförderin der Freiheit des Gewissens [usw.]. Diese Geschichte dringt, wenn sie gründlich recherchiert ist, bis ins Innere der Vernunft vor."

"Diese Geschichte dringt bis ins Innere der Vernunft vor" – was heißt das? Es ist ein Abstraktionismus, der allenfalls umschrieben werden kann mit dem Satz 'Es ist vernünftig anzunehmen, dass Religion auch ihre positiven Seiten hat' – als ob jemand dies bestreiten wollte oder bestreiten könnte! Hier haben wir einen stilistischen Trick: Die Wortwahl macht den Inhalt der Äußerung bedeutsamer und tiefsinniger als er in Wirklichkeit ist. *Ins Innere der Vernunft vordringen* (wie man ins Innere eines Berges, eines Hauses oder einer Frucht vordringt) ist eine Metapher ohne Bezug, dh ihr fehlt die Ebene des Tatsächlichen, des mit der Metapher Gemeinten.

11.4.   Petra Bahrs Gesamturteil über Dawkins

Petra Bahrs Gesamturteil über Dawkins ist vernichtend: "So kommt denn der Bestseller wie ein großer empirischer Beleg für den Menschheitswahn 'Religion' daher. Bei näherer Betrachtung ist der Erfolg [des Buches] indes einem Trick geschuldet, den schon die *New York Times* auf den Punkt gebracht hat: Dawkins vereinfacht, vergröbert und verschränkt so geschickt, dass sich 'jeder Leser wie ein Genie fühlt', das die komplexe Welt endlich durchschaut."

Dawkins also ein geistiger Taschenspieler? Da staunt der philologische Laie nicht schlecht. Nur hätte man die zitierten Rügen gern an wenigstens einem Beispiel erläutert gesehen. Sicher wird man nicht allem, was Dawkins sagt, zustimmen können. So mag zB manches an seiner 'Mem'-Metaphorik zweifelhaft sein – *Mem* analog zu *Gen* gebildet – , aber nur ein Voreingenommener kann den Eindruck haben, dass er als Autor trickse. Die Luzidität der Darstellung – auch im Vergleich mit Werken ähnlicher Zielsetzung – ist so leicht nicht zu übertreffen (Lalla Ward hat offenbar gut hingehört – siehe Dawkins' *Preface,* S. 7). Dawkins' Buch von 2006 bleibt die beste atheistische Darstellung der Gottesillusion, die es bisher gibt – zum Mindesten aus philologischer Sicht.

12.   Einige Stimmen aus dem *Spectator* zu Dawkins 2006

12.1.   Roger Scruton

Roger Scrutons Rezension unter dem Titel "Why Dawkins is wrong about God" ist ein gutes Beispiel für eine Kritik in wohlklingender Prosa. Da lesen wir zB dies:

> ▶ Die Wahrheit einer Religion liegt weniger in dem, was sie in ihren Lehren enthüllt, als in dem, was sich in ihren Mysterien verbirgt. Religionen enthüllen ihren Sinn nicht direkt, weil sie das nicht können; ihre Bedeutung muss verdient werden durch Gottesdienst, Gebet und durch ein Leben geduldigen Gehorsams. Dennoch sind auch verborgene Wahrheiten, und vielleicht können wir von ihnen nur geleitet werden, wenn sie verborgen sind – so wie wir von der Sonne nur geleitet werden, wenn wir sie nicht anblicken. Die direkte Begegnung mit religiösen Wahrheiten wäre so wie Semeles Begegnung mit Zeus ◀ (30) (S. 25a).

Das klingt sehr schön und kann als Poesie bezeichnet werden, die sich in Paradoxa ergeht. So kann zB eine Bedeutung oder Lehre entdeckt oder verstanden werden (oder auch nicht), aber sie kann nicht in einem vernünftigen Sinne 'verdient' werden. Verdient werden kann allenfalls die Erkenntnis der Bedeutung. Was hier wahrscheinlich ausgedrückt werden soll, ist schlicht dies: Natürlich hält der Inhalt der christlichen Religion einer rationalen Überprüfung nicht stand, ihr Wert (eben gerade nicht ihr Wahrheitsgehalt) liegt in dem, was sie dem Gläubigen im Gottesdienst und generell im Glauben bietet. Die Poesie wird vorgeschoben, weil man das Eingeständnis des inhaltlichen Humbugs instinktiv vermeiden möchte. Der Vergleich mit der Sonne ist schön und tiefsinnig, erhellt aber nichts – noch weniger der mit Semele. (Semele hatte sich in Zeus verliebt und wollte ihn gern in seiner ganzen Majestät sehen. Als sie ihn dann sah, verbrannte sie wegen des Feuers, das von ihm ausging.) Worin könnte denn so ein "direct encounter" überhaupt bestehen? Doch allenfalls nur in der plötzlichen Wahrnehmung, dass die Mythologie, auf der die christliche Religion beruht, sachlich eben Mythos und nicht historische Wahrheit ist. Und das Blenden durch die Sonne oder der Flammentod wie im Falle Semeles? Es wäre wohl allenfalls der Tod des Glaubens, was aber eben nur aus der Sicht der Religiosität eine Katastrophe wäre. Vielleicht aber ist sogar gemeint, dass uns Jesus eventuell begegnen könnte wie den Jüngern auf dem Wege nach Emmaus. Aber schon unser Fragen würde Scruton wohl für ganz falsch halten und sofort abwehren wollen.

Der große christliche Dichter englischer Sprache, der sich ebenfalls in Tiefsinn und in Paradoxien ergeht, ist T.S. Eliot. In *The Waste Land* (1922) ließ er uns in den Abgrund blicken, in *Four Quartets* schwelgt er in tiefsinnigen Paradoxien. Hier drei Beispiele aus *Four Quartets:*

> These are only hints and guesses,
> Hints followed by guesses, and the rest
> Is prayer, observance, discipline, thought and action.
> The hint half-guessed, the gift half understood, is incarnation.
>   ("The Dry Salvages," V)

In my beginning is my end.
[…]
In my end is my beginning. ("East Coker", Anfang bzw. Ende)

And what you do not know is the only thing you know
And what you own is what you do not own
And where you are is where you are not.   ("East Coker," III)

Alles, was *de facto* hinter dem poetischen Scruton-Gerede steht, ist die Weisheit, dass es auf den Inhalt der Religionen gar nicht ankomme, sondern nur auf ihre psychologische Bedeutung für den Einzelnen. Hier Scrutons direkte Formulierung dieses Sachverhalts:

▸ Religionen sorgen für Gewohnheiten, für Möglichkeiten des Glaubens und der Rituale, welche die Generationen in gemeinsamen Lebensumständen vereinen und welche den Keim für gegenseitigen Respekt enthalten. […] Die Religionen für die Kriege, die in ihrem Namen geführt wurden […], verantwortlich zu machen, ist so, als wolle man den Trojanischen Krieg der Liebe in die Schuhe schieben ◂ (S. 25b) (31)

Das klingt wieder einmal überzeugend (abgesehen davon, das der Leser beeindruckt ist von der klassischen Bildung des Autors), ist es aber allenfalls nur halbwegs. Ohne die Liebe wäre Helena nicht von Paris entführt worden, ohne den christlichen Glauben hätte es keine Kreuzzüge gegeben.

Ein Leserbrief im *Spectator* vom 21.1.2006, S. 32, von Chris Scanlan formuliert die psychische Funktion der Religion folgendermaßen:

▸ Ein zweites, tückischeres Argument für den Glauben ist populär geworden, dass nämlich die Religion, auch wenn sie inhaltlich essentiell falsch ist, notwendig für das menschliche Wohlergehen sei. Kommunismus und Nazismus werden gewöhnlich ins Treffen geführt als Beweis für die Unverzichtbarkeit des Glaubens. Wir müssen die religiösen Scheuklappen anlegen, um uns selbst zu retten. Ich kann mir keine traurigere Aussicht für die Zivilisation vorstellen als diese: dass unsere Menschlichkeit nur über eine utilitaristische Täuschung gesichert werden kann. ◂ (32)

Die Befürchtung des Leserbrief-Verfassers umfasst nur die halbe Wahrheit. Viel wesentlicher als der politische Gesichtspunkt (und selbst der ist zweifelhaft) ist, wie oben angedeutet, der psychologische, insofern die Religion ein menschliches Bedürfnis befriedigt und den *homo credulus* ruhigstellt. Ich antworte dem Mr. Scanlan: ▸ Die existenzielle Funktion der Religion kann nicht ignoriert werden; ist das die ultimative Auffassung, dann muss sie akzeptiert oder irgendwie überwunden werden. Letzteres erscheint schwierig, wenn nicht unmöglich ◂ (33).

12.2. Charles Moore

Die eigentliche Dawkins-Rezension im *Spectator* lieferte Charlers Moore – natürlich negativ. Ich gebe ein Beispiel für Moores Argumentation. Dawkins, so schreibt er u.a., habe abfällig von der rachsüchtigen Bestrafung Evas durch Gott gesprochen, die ja nur einen Apfel gestohlen habe. Darum gehe es aber nicht. Vielmehr impliziere das Genießen des Apfels die Erkenntnis von Gut und Böse, die zum Tode führte: ▸ Dawkins sollte die innere Logik dessen, was er nicht glaubt, eingestehen. Wenn der Baum das Leben in Gänze sicherstellte, dann war das Eindringen des Todes durch des Menschen Willkür in der Tat das ultimativ Böse ◂ (34) (S. 39a).

Natürlich hätte Dawkins vielleicht etwas ehrfürchtiger mit der ahnungslosen Eva umgehen sollen (er spricht von *scrumping* 'Äpfelklauen'), was aber Moore nicht sieht, ist, dass seine eigene tiefsinnige Deutung des Geschehens als Sünde und Tod reine Mythologie ist. Zugegeben, die Geschichte von Adam und Eva im Paradies entbehrt nicht einer ästhetischen Note, doch das gilt auch von – sagen wir von Orpheus und Euridike in der Unterwelt. So schön die Geschichte (der Mythos) auch ist, ihr objektiver Wahrheitsgehalt ist gleich null! Da erschafft ein Gott den Menschen nach seinem Ebenbilde (*Gen* 1:26–27, setzt ihn in ein Paradies, unterzieht ihn dann aber einer Gehorsamsprüfung – völlig willkürlich –, bei der der Mensch versagt und dafür aus dem Paradies verjagt wird. Die Folge ist die Lehre von der Erbsünde und einem Erlösungswerk. Tatsächlich ist der Mensch von Natur aus – wie alles, was lebt – zum Tode bestimmt, aber als einziges Lebewesen kann er kraft seines größeren Gehirns zwischen 'Gut' und 'Böse' unterscheiden, was ihn zwar einerseits lebstüchtiger als das Tier gemacht hat, ihn aber gleichzeitig zwingt (es ist so gut wie ein Zwang), die Erde, dh seine Umwelt, wie man gerne sagt, zu zerstören (sprich: den Ast abzusägen, auf dem er sitzt).

Moore belässt es bei der Wiederholung der biblischen Bedeutung der Geschichte von Eva im Paradies, woraus der Leser zwingend folgern muss, dass Moore als Verfasser das alles ebenso sieht. Das aber ist die Naivität eines Gläubigen. Gleich im nächsten Absatz finden wir ein besonders subtiles Beispiel der Moore-Argumentation. Da rügt er, dass Dawkins in fast religiöser Weise DarwinAnhänger sei ("a simulacrum of religious belief" – S. 39A), weil er insbesondere die aus dem Darwinismus folgenden Misshelligkeiten verurteilt, zB das sexuelle Verlangen, auch wenn keine Kinder erzeugt werden, oder unser Mitleid mit Unglücklichen, für deren Unglück wir selbst verantwortlich sind, und sie als "Darwinian mistakes, blessed, precious mistakes" bezeichnet. Doch Vorsicht, Mr. Moore: Eine solche Beobachtung kann wenig schaden, weil sie einen wissenschaftlichen Zugriff auf die Welt um uns herum impliziert. Moore hingegen fährt fort: ▶ Dies ist die Dawkins-Version der 'felix culpa' [der glücklichen Schuld], 'glücklich,' weil sie zur Inkarnation Christi führte und zu seinem rettenden Tod und seiner Auferstehung ◀ (35) (*ib.*).

Wieder bleibt die *felix culpa* als richtig und glaubwürdig ohne weiteren Kommentar, während ich sie – mit Dawkins – als geradezu pervers und *preposterous* bezeichnen würde.

12.3. Martin Rowson

Es ist interessant zu sehen, dass auch die Partei der Atheisten ihre Sprachkünstler hat, auch wenn sie selten sind. Der kurze Essay von Martin Rowson ist ein gutes Beispiel dafür. Schon der Titel ist programmatisch: ▶ Selbst wenn Gott seine Existenz bewiese, würde ich immer noch nicht an ihn glauben. (36) ◀ Im Text setzt Rowson dann zunächst auseinander, warum sein Atheismus nicht mit dem von Dawkins übereinstimme; Rowson ist auf jeden Fall tiefsinniger als Dawkins, wenn auch weniger verständlich, ja zum Teil unverständlich. Auch der Satz "Ich respektiere das Christentum zu sehr, um daran zu glauben" ist de *facto* unsinnig: er setzt voraus, dass man nicht an das zu glauben pflegt, was man respektiert.

Sodann preist Rowson den Ausspruch seines Sohnes an, der mit Recht gesagt habe, ▸ Zu sagen, Atheismus sei eine Religion – das ist so, als ob man sagte, kahl sei eine Haarfarbe (37). ◂ Er fährt dann fort: ▸ Ich stelle mich mit meinem Glauben an den Atheismus jedweden Widersprüchen, die der Gebrauch des Wortes *Glaube* dadurch hervorrufen mag, dass man glaubt, auch die Religion sei nur eine Ideologie, obwohl eine mit einer Dimension, welche der meinen fehle (S. 22a) (38) ◂. Diese Gedankenakrobatik verstehe, wer da kann. Da ist ein Stilkünstler am Werk, der nach dem Motto arbeitet 'Je komplizierter, desto eindrucksvoller.' Sein Glaube (an den Atheismus), so hören wir also, habe möglicherweise die gleichen Widersprüche wie – nicht der 'Glaube', wenn man glaube, dass Religion auch nur eine Ideologie sei, auch nicht wie das Wort *Glaube* in gleichem Kontext, sondern wie der *Gebrauch* des Wortes Glaube. Klar? Wahrscheinlich wollte Rowson ursprünglich sagen 'die gleichen Widersprüche wie der religiöse Glaube,' doch das wäre ihm wohl zu simpel gewesen. In dem Bestreben, sich eindrucksvoll und wissenschaftlich klingend auszudrücken, sagt er etwas ganz anderes als das, was ihm wahrscheinlich zunächst vorschwebte, ohne zu bemerken, dass dabei die Logik zu Bruch geht. Wie genau sich nun Rowsons Atheismus von dem eines Dawkins unterscheiden mag, wissen wir immer noch nicht. Wir hören nur, dass er *auf keinen Fall* glauben möchte:

▸ Sogar wenn Gott herabkäme in aller feurigen Pracht und seine, ihre [Femininum und Plural] Existenz bewiese[n], würde ich immer noch nicht an ihn, sie, es glauben, weil ich von der Anpreisung der Ware nicht überzeugt bin und weil ich die Art und Weise nicht schätze, wie man eine gewisse Möglichkeit, die Tausende von Jahren zurückliegt, als zur Gewissheit konkretisiert. Ich liebe die Drohungen nicht, die Verachtung, die patronisierenden Annahmen bezüglich einer unverzichtbaren Korrektheit und Unfehlbarkeit. Kurz, ich liebe die Ideologie nicht ◂ (S. 22b f) (39).

Typisch ist zunächst der alberne Plural und das Femininum für *Gott*. Wichtiger jedoch ist, dass hier auch dem wohlwollenden Leser klar wird, dass, wie schon der Titel, der einleitende Satz nicht logisch sein kann. Da ist zunächst die 'Möglichkeit', die tausende von Jahren zurückliege, mit der wahrscheinlich die stattgefundenen Ereignisse gemeint sind, die den Leser irritieren. Wenn ferner die Existenz Gottes in einem wissenschaftlich akzeptablen Sinne beweisbar wäre, müsste jeglicher Unglaube schlicht als Dummheit gelten! Es wäre das Gleiche als wolle man die Evolution leugnen. Was aber Rowson offenbar sagen will, ist, dass sein Atheismus so fest mit seinem Charakter verbunden sei wie bei anderen höchstens die Religion. – Ein letztes Zitat:

▸ Und andere Leute werden sagen, ich hätte die Ebenen des Zweifelns nicht berücksichtigt, mit denen viele ernste und nachdenkliche Religiöse zeit ihres irdischen Lebens kämpfen, obwohl ich immer noch nicht verstehe, warum die Existenz Gottes der Fokus ihrer Zweifel ist, nicht aber vielmehr seine oder ihre (Sg. und Pl.) Nicht-Existenz. Und wieder andere Leute werden sagen, dass meine Arroganz und mein 'Fundamentalismus' nicht nur ebenso schlimm seien wie die der Religiösen, sondern mich auch abschnitten von der Möglichkeit des Lebens nach dem Tode und von der ewigen Glückseligkeit ◂ (40) (S. 22c).

Wieder ist mit dem Streben nach stilistischer Eleganz die *ratio* auf der Strecke geblieben. Die Frage, die sich laut Autor manche stellen nach den *levels of doubt,* wird gar nicht beantwortet; dafür wird eine Nebensächlichkeit des Gedankengangs kommentiert. Die Zweifler sollten nicht an der Existenz Gottes zweifeln, sondern an seiner Nicht-

Existenz! Das sagt ein Atheist? Der Satz, wie zitiert, setzt unausgesprochen die Existenz Gottes als gegeben voraus! Man sieht, wie der Autor bestrebt ist, die Normalität zu meiden und das Außergewöhnliche zu suchen. Selbst der Schluss-Satz des Abschnitts ist misslungen; denn es ist das Anliegen des Essays, vom Atheismus seines Autors zu handeln, wodurch die Pointe des Satzes auf dem Vergleich seines Atheismus mit dem der Religiosität anderer liegen müsste, während sie tatsächlich auf die eigentlich beiläufige und scherzhafte Bemerkung betreffs Ausschluss seiner Person vom Ewigen Leben gelegt wird. Derartige stilistische Missgeschicke unterlaufen dem Autor ununterbrochen, doch fallen sie bei der Komplexität des Vorgetragenen wahrscheinlich niemandem auf. Tatsächlich ist der Essay völlig wertlos und hätte nie gedruckt werden sollen. Aber: *Mundus vult decipi* (*mundus* einschließlich *Spectator*-Redaktion).

12.4. Bruce Anderson

Erwähnt sei hier noch der *Spectator*-Essay von Bruce Anderson 2010, der ebenfalls, wenn auch nur hier und da, in abseitige stilistische Ideen entgleist. So ist gleich der Untertitel ▸ Ich respektiere das Christentum zu sehr, um daran zu glauben ◂ (41) nicht einfach tiefsinnig, sondern unsinnig.

Eine verdeckte 'elegante Anspielung' enthält der Satz ▸ Ein Stall in Bethlehem wird zum stillen Punkt der sich drehenden Welt ◂ (42) ("the still point of the turning world" stammt aus T.S. Eliots "Burnt Norton II" [1935] in *Four Quartets*.). Andererseits kann man Sätzen wie dem folgenden voll zustimmen: ▸ Man muss nicht glauben, um das Christentum als die größte Story anzusehen, die je erzählt wurde ◂ (43) – eine Aussage, die man sich merken sollte. Es sei zu einfach, sich davontragen zu lassen von der Ästhetik und damit dem Satz "Beauty is truth" (Wahrheit ist Schönheit) zu huldigen (eine weitere verdeckte Anspielung, die auf John Keats' "Ode on a Grecian Urn" zurückgeht).[17] Später lesen wir dies: ▸ Obwohl die Wissenschaft nicht beweisen kann, dass Gott nicht existiert [*nicht* existiert??], macht sie das Suchen [wonach?] sehr viel komplizierter ◂ (S. 42b) (44). Anderson hat offenbar nie etwas von Russells Teekanne gehört (siehe §10.5. Frank Hofmann über Frank Hofmann). Ohne Erläuterung lasse ich die spätere Bemerkung, in der Anderson sagt, dass seine christlichen Freunde zu einer milden Rosikruzianischen Annäherung an die *Via Crucis* tendierten. Wahrscheinlich eine sehr kluge Aussage, auch wenn man wohl Google zu Hilfe nehmen muss, um sie zu verstehen. Immerhin ein schönes Beispiel dafür, dass nicht automatisch der dumme Leser alle Schuld auf sich nehmen muss, wenn er etwas nicht versteht.

---

[17] Derartige verdeckte Anspielungen schaffen ein geheimes Band zwischen dem Autor und dem Leser, der die Anspielung erkennt, missachten aber die 'Dummen', die sie nicht erkennen. Das ist natürlich reine Angeberei.

13. Kann ein Christ Dawkins rezensieren?

(1) Wie könnte ein christlicher Rezensent gegenüber Dawkins bestehen? Er mache sich klar, dass dies nur möglich ist, wenn er der Vernunft den ihr gebührenden Vorrang versagt.

Eins seiner 'Meme' beschreibt Dawkins etwa so (meine Übersetzung): "Es gibt ein paar absurd-seltsame Dinge (wie die Trinität, die Transsubstantiation, die Inkarnation) die wir gar nicht verstehen *sollen*. […] Lerne, Erfüllung darin zu finden, indem du jedes einzelne von ihnen als Mysterium begreifst" (2006:200).

Die Beobachtung ist richtig. Wer von den gläubigen Katholiken (von anderen gar nicht zu reden) weiß schon, wovon da im Einzelnen die Rede ist? Man könnte (neben anderem) noch das katholische Dogma von der Unbefleckten Empfängnis Marias hinzufügen (der *conceptio immaculata*), verkündet 1854 von Papst Pius IX), das von fast allen Gläubigen, falls sie überhaupt davon gehört haben, fälschlich auf die Empfängnis Jesu durch Maria bezogen wird. Tatsächlich bezieht sie sich auf die Empfängnis Marias durch deren Mutter Anna. Sie gilt als Voraussetzung für die bereits erfolgte Aufnahme Marias in den Himmel (der *Assumptio Beatae Mariae Virginis,* streng zu unterscheiden von der *Ascensio Christi*), von Papst Pius XII 1954 zum Dogma erhoben. Die Theologie treibt merkwürdige Blüten.

Falls es so etwas wie ein religiöses Mem gäbe, würde sein Inhalt meines Erachtens etwa so umschrieben werden können: 'Du bist in eine Religion hineingeboren und getauft. Bleibe dabei, denke nicht über Einzelheiten nach und tue, was deine Eltern tun oder was deine Umgebung tut. Kümmere dich wenig um Inhalte, sondern glaube, dass es darauf ankomme zu glauben[18] Eben diese *Haltung* würde man am ehesten als Glauben bezeichnen können, weniger die Details eines solchen Glaubens.

Wenn die religiösen Inhalte vor dem Forum der Vernunft nicht bestehen können, ist der Glaube dann auf diese Weise überhaupt zu retten? Die Antwort ist ein klares 'Nein'. Es hat für einen Christen wenig Sinn, Dawkins auf gleicher Augenhöhe (durch Einsatz der Vernunft) widerlegen zu wollen. Der gläubige Christ kann ihn nur ignorieren und zu NOMA flüchten! (Bedenkt man dies, so wird einem plötzlich der tiefere Sinn des *Index librorum prohibitorum* klar.) Natürlich kann er auch vorübergehend – auf gleicher Augenhöhe – mitspielen, doch das schiebt das Problem nur vorübergehend beiseite.

(2) Warum, so muss man fragen, sind Bücher erforderlich, um die Unvernunft der Glaubensinhalte zu beweisen, wenn sie doch offen zutage liegen? Warum sind die Atheisten in der Minderheit und warum scheuen die meisten von ihnen das *outing*

---

[18] Herrlich humorvoll-ironische Schilderungen von Szenen, in denen sich die Umsetzung dieser Regel im katholischen Alltag des Rheinlands bestätigt (*sprich:* wie dieses Mem wirksam wird), finden sich bei Ulla Hahn zu Beginn ihres Romans *Das verborgene Wort*.

(außer den 'Four Horsemen'[19] und wenigen anderen)? Warum bleiben viele Christen Kirchensteuerzahler, ohne von den kirchlichen Lehren überzeugt zu sein? Man könnte sich eine Weiterentwicklung des menschlichen Gehirns vorstellen derart, dass jegliche Spiritualität unmöglich würde. Aber eben diesen Zustand haben wir nicht erreicht.

Es gibt interessante historische Beispiele für religiöses Verhalten, wo man es nicht hätte erwarten sollen. Sehr charakteristisch ist der englische Arzt und Naturwissenschaftler Sir Thomas Browne (1605–1682), der bekennender Christ ist und in seinem Buch *Religio Medici* u.a. sagt, Gott habe uns zwei Bücher gegeben: die Bibel und das Buch der Natur. "Die ihn in dem einen nicht sahen, entdeckten ihn in dem anderen." Für unsere Überlegungen besonders wichtig: Er bekennt, dass er sich seinem Temperament nach von Mysteriösem und gar von Aberglauben angezogen fühle. Der Verfasser eines weiteren berühmten Werkes, *Pseudodoxia Epidemica* ('Verbreitete Irrtümer'), neigt also selber dazu, wie er eingesteht, an Wunder, Hexen und Geister zu glauben.

Glaube ist Sache des Temperaments. Wir (dh die meisten von uns) brauchen das gemeinsame religiöse Bekenntnis, die Feier, den Ritus, den Gesang, die festliegenden Handlungen, mit Gewändern und heiligen Gegenständen. Was im Einzelnen hinter all den Riten steht, ist *letztlich* gleichgültig. Wie kann ein gelehrter Theologe wie Papst Benedikt XVI (um ihn als bekanntes und herausragendes Beispiel zu nennen) allen Ernstes *glauben* und für wahr halten, was die Kirche lehrt (selbst wenn er das eine oder andere als Metapher auslegen sollte; der Geist Bultmanns lauert überall[20])? Viele, die sich von den Kirchen abwenden und sich sehr klug vorkommen, wenden sich anderen Spiritualismen zu, zB dem Zen-Buddhismus oder einfach dem Meditieren. Und im Vergleich dazu ist vielleicht die christliche 'Mythus+Ritus-Kombination' einschließlich Erlösungslehre nicht die schlechteste aller religiösen Welten. 'Breaking the spell' ('Die Verzauberung durchbrechen' – Titel des letzten Buches von Daniel Dennett) mag für einige Menschen wünschenswert oder befriedigend sein, sicher nicht für alle. Es ist doch längst völlig irrelevant geworden, was wir da eigentlich zu Weihnachten feiern, aber wer möchte den 'Zauber' (*the spell*) des Festes missen? Sicher ist dies aus der Sicht der 'Vier Reiter' ein klägliches Zeugnis des menschlichen Verstandes (Dennett wiederholt zu Beginn des Gesprächs seine Forderung nach *spell-breaking*). Kurz gesagt: Eine Rettung des Glaubens

---

[19] Dies bezieht sich scherzhaft auf die vier Atheisten, die sich auf einer CD über Gott und die Welt unterhalten: Richard Dawkins, Daniel Dennett, Christopher Hitchens (1949–2011) und Sam Harris.

[20] Rudolf Bultmann verkörpert eine Seitenlinie vernunftbegründeter Rettungsversuche des christlichen Glaubens: die Entmythisierung der Glaubensinhalte. Alles Wunderbare ist zeitgebunden, aber Ausdruck einer tieferen Wirklichkeit und Wahrheit, der zur Eigentlichkeit der menschlichen Existenz führenden Wahrheit des Wortes, die im 'Kerygma' (Verkündigung) enthalten ist. Das verschiebt die Glaubensproblematik um eine Stufe (Glaube an das Kerygma). Da das unglaubwürdige Wunder für etwas anderes, für Tieferes und Bedeutsameres, steht, also nur Metapher ist, nenne ich die Anhänger einer solchen Richtung Metaphoriker. – Siehe Kap. 6.

ist nur möglich durch den 'Glauben an den Glauben.'[21] Dies ist die einzige Möglichkeit für die Vernunft, sich mit dem Glauben und den Gläubigen zu arrangieren. Die Leere, die der Atheismus mit sich bringt, wird durch das Überlegenheitsbewusstsein des Atheisten zwar zum Teil kompensiert, doch das ist im Vergleich mit den religiösen Inhalten, den Mythen und Riten sehr wenig.

In der Diskussion in *The Four Horsemen* wird in Abschnitt 20 die Frage gestellt "Wollen wir eine Welt ohne Glauben?," woraufhin Dawkins sinngemäß antwortet, "Ja, weil man ansonsten so viel versäumt." Das ist eine sehr merkwürdige Antwort. Es ist mit Sicherheit umgekehrt: man versäumt einiges als Atheist! Natürlich möchte Dawkins nicht die Bibel als Literatur oder die christliche Kunst verwerfen, sondern nur das, was einer der Vier als *bogus* (Humbug) bezeichnet, also Lehren wie etwa Jungfrauengeburt, Auferstehung, Glossolalie, aber dennoch ist eine Welt ohne Glauben doch wohl deutlich 'leerer' als eine Welt mit Glauben – trotz der Befriedigung, die der glaubenslose *homo sapiens* durch den Intellekt erreicht.

(3) Sicher ist der durch Vernunft begründbare Glaube an den Glauben nicht ungefährlich, weil er Herablassung und Zynismus implizieren kann (Glaube als Opium fürs Volk), aber man kann durchaus argumentieren, dass zu einem vollen Menschsein eine gewisse Spiritualität gehöre. Dies wird vor der *ratio* des strengen Atheisten kaum bestehen können, aber es ist der einzige Ausweg, der den Befürwortern des Glaubens offen ist. Dass sie damit den Glaubensinhalt relativieren – darüber sozusagen die Aussage verweigern – muss man in Kauf nehmen. (Man beachte, dass diese Aussageverweigerung nicht identisch ist mit der NOMA-Annahme von zwei Bereichen, die sich nicht überlappen, also keine Schnittmenge haben.)

(4) Petra Bahr hat das Unmögliche versucht. Dawkins sollte in der Tat nur von Gleichgesinnten rezensiert werden. Christen setzen das Buch und – einige andere Bücher mit ihm – am besten auf einen gedanklichen Index und glauben an den Wert des Glaubens für das menschliche Gemüt, das sie traditionsgemäß als *Seele* bezeichnen. Auf eine Diskussion der Glaubensinhalte sollten sie sich nicht einlassen. Eine "blendende Luftnummer" (Titel der Rezension von Petra Bahr) ist das Dawkins-Buch mit Sicherheit nicht.

---

[21] Dennet 2006 hat ein informatives Kapitel 8, das diesen Titel trägt. Man beachte, dass das Wort *Glaube* in 'Glaube an den Glauben' seinen Sinn ändert: der religöse Glaube (an den man glaubt) ist etwa zu deuten als 'die Überzeugung von der *Wahrheit* der religiösen Lehren' (zB von der Wahrheit der Behauptung, es gebe einen Gott), der Glaube an diesen Glauben jedoch als 'die Überzeugung von der positiven *Bedeutsamkeit* eines solchen religiösen Glaubens'.

Teil 3:

Zur Entmythologisierung des Neuen Testaments

Kapitel 14–17

14. Michael Dohrs (1999) über die Theologie Rudolf Bultmanns

Die Dohrs'sche Dissertation bewegt sich auf einem beachtlich hohen Niveau. Sie ist kenntnisreich, sorgfältig, stilistisch gewandt und von großem wissenschaftlichen Ethos getragen. Besonders verdienstvoll ist die Auswertung bisher nicht veröffentlichter Bultmann-Texte (Traueransprachen, 'Kasualkorrespondenz', was wohl einfach Gelegenheitsbriefe sind, und Predigten). Auch die Gliederung ist gut durchdacht, und ich wüsste nicht, wie man den Stoff viel besser hätte anordnen können, auch wenn Kapitel C, "Exegetische Vergewisserung" (über Bultmanns Stellung zu Paulus und Johannes) die Anordnung nach Textsorten aufgibt und D, "Systematische Orientierung", identisch mit einer ausführlichen Zusammenfassung ist und eine tatsächliche Zusammenfassung von gut vier Seiten Länge unter E, "Summary" gegeben wird (keineswegs auf Englisch sondern auf Deutsch – wozu also das englische Wort?).

Als besonders bedeutsam hervorgehoben zu werden verdient der letzte Abschnitt des Buches (D5) mit dem Titel "Rechtfertigung und Unanschaulichkeit – Zur Möglichkeit einer sprachlichen Vermittlung der postmortalen Vollendung". Der Vf. hat die Bedeutung des Sprachlichen für Autoren wie Bultmann (sie gilt auch für ihn selbst!) richtig erkannt. Leider ergeht er sich weitgehend in Kritik an der Sekundärliteratur und wird nebenher so tiefsinnig-gelehrt, dass der Leser ihn zwar bewundern, aber kaum noch verstehen kann. Hier taucht im Übrigen auch einige Male eine vorsichtige Kritik an Bultmann auf (zB S. 356). Insgesamt zeugen auch diese Passagen von dem beachtlichen wissenschaftlichen Potenzial des Verfassers.

Die Negativa, soweit erwähnenswert, betreffen gewisse Längen und partielle Wiederholungen ("Wie bereits mehrfach gezeigt ..." – S. 331), stilistisch das wenig leserfreundliche Hantieren mit griechischen Begriffen, die unübersetzt bleiben (ich weiß, man kann sie nachschlagen)[22] sowie gelegentliche Affektiertheiten (zB *meinen* statt *bedeuten, summary* statt *Zusammenfassung*). Allein auf einer einzigen Seite findet man modische Termini wie *rekurrieren, fokussieren, intersubjektiver Diskurs* und *Diskurszusammenhang* (331). Und was soll die Anapher in der Reihe *Bilder, Symbole, Metaphern, Anaphern, Metonymien* auf Seite 342? Doch all dies fällt gegenüber den Verdiensten der Arbeit nicht ins Gewicht.

Nicht zum Vorwurf kann man es dem Verfasser machen, dass er naturgemäß eine 'intrinsische' Darstellung der Bultmann'schen Theologie gegeben hat, worunter ich eine Darstellung verstehe, die nicht von außen auf Bultmann schaut, sondern – von

---

[22] Mit Schopenhauer ist man allerdings in schlechter Gesellschaft: "Als specielle Gemeinheit [...] muss ich noch rügen, daß in wissenschaftlichen Büchern und in [...] Zeitschriften Stellen aus griechischen, ja (*proh pudor*) aus lateinischen Autoren in deutscher Übersetzung angeführt werden. Pfui Teufel! Schreibt ihr für Schuster und Schneider? [...] Habt mehr Ehr' im Leib [...] und laßt den Ungelehrten seine Inferiorität fühlen [...]." (*Parerga und Paralipomena*, §255.)

gelegentlichen unbedeutenden Ausnahmen abgesehen – sich auf der gleichen Ebene bewegt wie Bultmann selbst, pointiert ausgedrückt: Bultmann ist der Held der Arbeit, für den der Satz gilt: *The Hero can do no wrong* (nach dem britischen Verfassungsgrundsatz *The King/Queen can do no wrong*). Dies hat zwar den Vorteil, dass der Vf. seinen Autor wahrscheinlich besser versteht als ein Außenseiter, aber den Nachteil, dass gewisse Inkonsequenzen der Bultmann'schen Argumentation oder auch nur Mängel seiner Ausdrucksweise gar nicht erkannt oder nachsichtig übergangen werden.

Ein Beispiel für die vorausgesetzte 'Korrektheit' Bultmann'schen Denkens findet sich zB auf Seite 21 in der Anmerkung 9. Wir hören dort von einem kritischen Vortrag des Theologen E. Stauffer, der sehr zum Bekanntwerden der Bultmann'schen Ideen beigetragen habe: "Durch seine [Stauffers] unsachliche Auseinandersetzung mit Bultmanns theologischem Anliegen löste er [...] eine Welle von Bestürzung und Unsicherheit in zahlreichen Gemeinden (besonders in Baden-Württemberg) aus." Dass Stauffers Angriff unsachlich war, wird nicht dargetan, sondern kurzerhand behauptet! Es mag stimmen oder auch nicht.

Ich selbst halte etwa den Einfluss Heideggers auf Bultmann für verderblich (Bultmann war seit 1921 in Marburg, Heidegger von 1923–1928), weil er Bultmann in seinem Glauben an die Relevanz einer "existentialen Interpretation" der christlichen Botschaft (S. 190 und anderswo; häufig) bestätigte. Um seinen Autor zu rechtfertigen, sucht der Vf. dies, durchaus plausibel, zu relativieren, indem er dartut, dass Heidegger nur die Begrifflichkeit, nicht aber den Inhalt ("die materialen Ergebnisse" – S. 191) seiner Existenztheologie (meine Bezeichnung) bereitstellte. Auch an anderen Stellen der Arbeit wird Heidegger in positivem Sinne zitiert (zB S. 335 im Zusammenhang mit der Bedeutung des 'Hörens' für den Glauben).

Ich bin mir im Klaren darüber, dass es für einen christlichen Autor, erst recht für einen Bultmannianer, schwer sein dürfte, sich auf eine Ebene außerhalb des Bultmann'schen Denkens zu stellen, die für mich naturgemäß eine höhere Ebene ist, nämlich die eines rational-logischen Denkens ohne religiöse oder emotionale Bindungen. Doch nur so wird sichtbar, dass die 'Entmythologisierung' nur die scheinbare Rettung eines unglaubwürdig gewordenen Mythos mit Hilfe eines grotesken Intellektualismus ist (*pace*, Verfasser, der dies naturgemäß bestreiten würde).

Schon der katholische Theologe Bernhard Dieckmann, so erfahren wir vom Verfasser, hatte Bultmann 1978 des Intellektualismus bezichtigt (S. 334) – zu Recht, wie mir scheint, obwohl Dieckmanns Gründe nicht mit den meinen übereinstimmen. Bultmanns Intellektualismus hängt ganz einfach damit zusammen, dass er sich hüten muss, den (aus heutiger Sicht) Nur-Mythos tatsächlich auch als einen solchen, dh als Mischung von Dichtung und Wahrheit hinzunehmen; vielmehr muss er darauf bedacht sein, den Mythos selbst *neben* dessen existenzialistischer Interpretation als irgendwie vollgültig zu erhalten – *vollgültig* aber heißt, als Bericht, *nicht* als (Nur-)Mythos. Der Vf. wird nicht müde, uns genau dies einzuschärfen und "die mißverständliche Auffassung" fernzuhalten, "es gehe Bultmann um eine Eliminierung des Mythos selbst" (336). Primitiv, aber korrekt ausgedrückt, Bultmann wie auch sein Exeget stehen dauernd vor dem Problem, ein *to have the cake and eat it, too* [den Kuchen zu essen und ihn gleichzeitig zu behalten] plausibel erscheinen zu lassen.

Tatsächlich wäre von Dorhs als Erstes einmal der Mythos-Begriff zu klären gewesen. Der Inhalt der Evangelien ist natürlich für deren Verfasser ebenso wie für Paulus und seine Zeitgenossen kein Mythos, sondern wahrheitsgemäßer Tatsachenbericht. Erst für uns wird dieser Inhalt wegen seiner mangelnden objektiven Glaubwürdigkeit zum Mythos, dh zu einer Sage (einer Erzählung), deren objektiver, beweisbarer Wahrheitsgehalt dahingestellt bleibt und die dann – so Bultmann und Dorhs – der 'existentialen Interpretation' bedarf. Soll aber der 'Mythos' dabei *nicht* eliminier, dh als irrelevant und nebensächlich abgetan werden, verliert der Begriff der 'Entmythologisierung' seinen Sinn. Dass er als Gegenstand der Interpretation bestehen bleibt, versteht sich von selbst.

Indessen werden bei Bultmann (und Dorhs) sogar der Evangelist Johannes und der Apostel Paulus zu Bultmannianern gemacht (Abschnitte C4 bzw. C3), was für Johannes noch hingehen mag, aber für Paulus? Das Ἐι δὲ οὐκ ἐγήγερται Χριστὸς ... ('Ist aber Christus nicht auferstanden ...' – 1 *Kor* 15:14) sollte in Anbetracht seiner Klarheit und Entschiedenheit alles Schönreden – ob in der Sprache Bultmanns oder anderer – zum Verstummen bringen – oder aber helfen, die Denkfehler der modernen Exegeten à la Bultmann aufzudecken.

Wie sich auch der Vf. immer wieder absichert (um den Mythos nicht zu eliminieren), zeigt sehr schön das folgende überraschende Eingeständnis im Kontext des Paulus-Abschnitts: "Das τέλειον [Ende] steht auch für Paulus noch aus [...]. Er selbst ist von der Nähe der Parusie Christi [der Wiederkunft] [...] wie auch von der dann erfolgenden allgemeinen Totenauferstehung und damit verbunden einem Endgericht überzeugt" (184). Natürlich! Das wussten wir eigentlich bereits. Nach Dorhs aber sollen beide Recht haben: Paulus *und* Bultmann. Und so sah es wohl auch Bultmann selbst. Um zur Akzeptanz einer solchen Paradoxie zu gelangen, bedarf es einer großen intellektuellen Anstrengung. Denn im Grunde (oder sagen wir mutig: in Wahrheit) verträgt selbst Paulus' 'neuer Mensch' (*Ephes* 4:24) (wenn man Christ geworden ist) aus der Sicht der Zeit keine Deutung im Sinne einer 'eschatologischen Existenz' (vgl. S. 181, wo allerdings die *Epheser*-Stelle nicht aufgeführt wird).

Es ist verständlich, dass der Intellektualismus (*vulgo:* das Denken um mehrere Ecken herum) wesentlich in einer durch Bilder und Metaphern bestimmten Sprache stattfinden muss, auch wenn bei Bultmann die argumentative Seite der Exegese die Oberhand behält und Theologe Dieckmann sogar von Bildfeindschaft spricht. In der Tat muss man sich die theologisch-argumentative Richtung eines Bultmann als das eine Extrem eines generellen Bedürfnisses der Moderne nach Entmythologisierung des Neuen Testaments vorstellen, dessen Gegenpol – mit gleicher oder ähnlicher Zielrichtung – der Mystizismus ist. Intellektualismus und Mystizismus verfolgen *letztlich* das gleiche Ziel. So überraschend es klingen mag, der Intellektualist Bultmann und ein Mystiker wie der katholische Pater Willigis Jäger sind in der Sache nicht so weit von einander entfernt, wie es scheinen mag!

Bultmanns Metaphorik wirkt insgesamt eher klischeehaft, nicht sehr kreativ (im Gegensatz zu der des Paters Willigis). Bei Bultmann taucht etwa die Metapher vom Menschen als einem Wanderer zwischen zwei Welten auf, die natürlich suggerieren soll, dass da nach dem Tode eine bessere Welt komme (die 'existentiale Interpretation' – oder, wie es zB S. 74 und anderswo heißt, die 'eschatologische Existenz' – wird vorübergehend ausgeblendet). Praktisch ist das identisch mit Paulus' "Wir haben hier keine bleibende Statt ..." (*Hebr* 13:14). Oder es ist die Rede von 'Gottes Hand': "Nimmt unser Leben ein Ende, so fallen wir nicht in das Nichts, auch im Dunkel des Todes umfängt uns die Hand des Herrn" (zitiert S. 71).[23] Auch der Tod selbst muss natürlich metaphorisch verschleiert und damit verharmlost werden. Er ist der "Bote der Ewigkeit" (nicht so falsch), eine Gestalt, "in der die Majestät der Ewigkeit uns begegnet" (falsch, weil uns nach dem Tode nichts mehr begegnen kann), oder der Ort, "an dem bzw. durch den 'das Schicksal, des Todes furchtbare Majestät' zu uns reden will" (Dorhs, S. 77). Die Personifizierung des Todes ist offenkundig: im Mittelalter war er der Sensenmann, bei Bultmann ist er eine Majestät, also eine Art König, der zu uns spricht, oder aber – nicht sehr folgerichtig, aber gut klingend – der Ort, an dem seine Majestät dies tut.[24]

Dem Tod wird das "Licht des Lebens" oder "das Licht göttlicher Liebe und Gnade" gegenübergestellt, das, wie Dorhs sagt, "sinnbildlich [!] als Zeichen für Gottes Macht und Treue" erscheint (S. 127).

Angemerkt sei, dass auch das Reden von der (christlichen) Seele von Bultmann nicht verschmäht wird – letztlich ebenfalls eine Metapher. Da ist etwa vom "Loslösungsprozess der Seele aus allem Irdischen" und Ähnlichem die Rede (Dorhs, S. 126). Das nenne ich mittelalterliches Sprechen. Unter modernen Gesichtspunkten ist natürlich mit dem alten Dualismus Körper/*Seele* nichts anzufangen, weil er, wissenschaftlich gesehen, schlicht absurd ist. Nach religiöser Auffassung 'wohnt' die Seele vorübergehend im Körper und kann ihn folglich auch beim Tode leicht verlassen und weiterleben – es gibt lange mittelalterliche Gedichte darüber.

---

[23] Immer wieder überfällt mich der Gedanke, ob Gelehrte wie Bultmann (und manche andere) es nicht tatsächlich besser wussten, was dann das Problem der Wahrhaftigkeit – oder das der Autosuggestion – aufwirft.

[24] Irgendwann fand sich im englischen *Spectator* eine Karikatur, in der der Sensenmann an eine Tür klopf, aber statt einer Sense einen motorisierten Rasentrimmer dabei hat. Sprechblase: 'Man muss mit der Zeit gehen.'

Der Seele ist auch eine Strophe des Gartengedichts von Andrew Marvell gewidmet:

[7] ▸ Hier am Fuße der abfließenden Quelle
oder an der moosbedeckten Wurzel eines Obstbaumes
Wirft meine Seele ihr körperliches Kleid ab
und schwingt sich in die Zweige.
Dort sitzt und singt sie wie ein Vogel,
Wetzt [ihren Schnabel], kämmt ihre silbernen Flügel;
und bis sie zu einem längeren Flug gerüstet ist
weht sie das wechselnde Licht in ihr Gefieder. ◂ (49a)

Hier wirft die Seele den Körper wie ein lästiges Kleidungsstück beiseite, fliegt wie ein Vogel in einen Baum, pflegt dort ihr Gefieder und bereitet sich so auf einen 'längeren Flug' vor. Der längere Flug soll wohl die Zeit bis zur Auferstehung andeuten, während der die Seele notgedrungen irgendwo herumfliegen muss. Oder schläft sie dann irgendwo?

Aus all dem geht hervor, dass die sprachliche Seite der Entmythologisierung einer näheren Analyse bedürfte. Nur durch eine solche Analyse sind die Scheinargumente und Verschleierungen zu entlarven. Hier bleibt trotz des begrüßenswerten Vorstoßes durch Dorhs noch manches zu tun.

15. Intermezzo: eine Verständnishilfe

Es ist vielleicht eine Verständnishilfe, wenn ich zur Verdeutlichung meines Standpunkts – sicher vereinfachend – drei Argumentationsebenen unterscheide. Ebene 1 ist die der Synoptiker und des Paulus (über Johannes möchte ich in Anbetracht des Bultmann'schen *Johannes*-Buches, vor dessen philologischer Akribie ich größten Respekt habe, nicht mitreden wollen), aus heutiger Sicht die der Gläubigen, die ernstlich an das in den Evangelien Berichtete als historische Geschehnisse glauben. Es ist die Ebene, für deren Herabwürdigung dem Pater Willigis im Februar 2002 ein kirchliches Redeverbot erteilt wurde.

Ebene 2 ist die der Bultmannianer – die Ebene des (modernen) Zweifels an der Wörtlichkeit des biblischen Berichts, der damit zum Mythos wird – einer Sage mit tieferer Bedeutung. Beginnend im 18.Jh, versucht man, durch eine intellektuelle Gewaltanstrengung, besonders mit Hilfe von Metaphorik (worüber man Dissertationen schreibt) zu retten, was im Grunde nicht zu retten ist. Der Text gilt in der Tat als gerettet, wie uns Dorhs belehrt (336), wenn wir uns auf die Ebene einer 'existentialen Deutung' des Mythos begaben. Eine Unterart der Entmythologisierung, die eher intellektfeindlich ist, besteht in der Zuflucht zu einer neuen Mystik (christlich oder fernöstlich). Insofern hier die Bilder und Metaphern eine besondere Bedeutung gewinnen, bezeichne ich die Anhänger solcher Richtungen als Metaphoriker.

Ebene 3 ist, wie bereits angedeutet, die eines evolutionsgläubigen logischen Rationalismus ohne religiöse Beschränkungen (ohne Wenn und Aber). Es ist die Ebene der Häretiker, auf der die Dinge wieder einfach werden (die Komplexität der Ebene 2 ist signifikant). Die Evolution ist zufällig und ziellos. Wie jedes Lebewesen fällt der Mensch mit dem Tode in das ewige Nichts zurück, aus dem er gekommen ist. Diese Einsicht, die ihm – unglücklicherweise, wie ich meine – *per evolutionem* zugewachsen ist, gerät mit seinem genetisch bedingten Lebenswillen in Konflikt (der ihm in gleicher Weise zugewachsen ist), und er beginnt, Denkkonstrukte zu entwerfen (darunter ganze Religionen und Mythen), die den Tod auf irgend eine Weise negieren oder den Gedanken daran wenigstens erträglich machen sollen, vielleicht sogar um darüber zu triumphieren: "Tod, wo ist dein Stachel!" (1*Kor* 15:55).[25]

---

[25] Es wäre lohnend, die Manifestationen des Triumphs über den Tod in der Literatur zusammenzustellen. Gewaltig ist zB John Donnes Sonett "Death be not proud", das mit den Zeilen endet

> One sleep past, we wake eternally,
> And Death shall be no more. Death, thou shalt die!

Aber auch für Milton ist Lycidas nicht tot: er lebt ▶ durch die gnädige Macht dessen, der auf dem Wasser ging ◀ (50) ("Lycidas" 173). Derart gläubige Autoren hätten weder der Entmythologisierungsidee bedurft noch hätten sie die Rede von einer 'eschatologischen Existenz' verstanden. Sie glauben die Antwort auf das *Timor mortis conturbat me* zu haben ('die Todesfurcht beunruhigt mich').

Es ist in meinen Augen kein geringes Verdienst der Dorhs'schen Arbeit, zu Gedanken wie den obigen anzuregen, ganz abgesehen davon, dass sie zugleich als eine zuverlässige und verständnisvolle Einführung in das Denken Bultmanns gelten kann, auch wenn der Titel etwas enger gefasst ist. Es wäre ganz abwegig, von einer theologischen Dissertation mehr erwarten zu wollen, als der Verfasser gegeben hat. Es war mir jedoch ein Anliegen, zum Kern der Entmythologisierungstheorie vorzudringen und ihre inneren Triebkräfte aufzudecken.

16. Warum sind Gläubige wie Bultmann auf einem Auge blind?

Bultmannianer scheuen den radikalen Atheismus und bilden komplizierte Konstrukte, die letztlich einem kritischen Zugriff nicht standzuhalten vermögen. Man nehme die Jungfrauengeburt (ein in vielen Kulturen anzutreffender Mythos). 'Natürlich', sagt der Theologe, sei das nicht wörtlich zu nehmen [*ach, wie praktisch!*]:

"Die neuere Theologie versteht die Aussage über eine Jungfrauengeburt nicht mehr als eine organisch-physische Zustandsbeschreibung [kurz: nicht mehr als Faktum], sondern primär [wieso primär?] heilsgeschichtlich-christologisch als Legitimierung der 'Gottessohnschaft' Jesu". (Brockhaus 1990).[26]

Aber die Gottessohnschaft selbst fällt nicht unter die Heilsgeschichte? Da hört der Mythos also plötzlich auf? Während die Mythen als Erzählungen mit einem guten Schuss *fantasy* ihre eigene Schönheit haben, ist die ganze Entmythisierung (*pace*, Rudolf Bultmann im Grabe) Selbstbetrug und Betrug anderer.

Die Entmythisierung (Bultmann sprach meist von Entmythologisierung) wird illegitim, so offenbar die Meinung Bultmanns und seiner Anhänger, wenn sie auch das Kerygma beseitigt. Mythen sind somit Einkleidungen des Kerygmas, dh der Verkündigung – soll heißen, der Essenz des von den Evangelisten Gemeinten. Doch da drehen wir uns im Kreise; denn natürlich meinten die Evangelisten das, was sie erzählten, wörtlich. Hinter dem gelehrten Ausdruck *Kerygma* verbirgt sich so etwas wie 'das Eigentliche, das, worauf es ankommt', ohne dass man sagen müsste, was das denn nun ist. Die Mythen-*Verfasser*, so gilt es zu bedenken, hätten gar nicht verstanden, wovon da die Rede ist. Sie hätten ihren gesamten Bericht zum Kerygma erklärt!

---

[26] An dieser Stelle sei auch daran erinnert, dass nicht nur der christliche Gott einen Sohn mit einer Irdischen zeugt. Ausgesprochen lüsterne Götter der griechischen Mythologie stellten oft irdischen Schönheiten nach, zB Apollo der Daphne und Pan der Syrinx, die dann, wie wir aus Ovids *Metamorphosen* wissen, zu ihrem Schutz gnädig in Bäume und Sträucher verwandelt wurden.

17. Exkurs

Im *Spectator* vom 2007-02-10 schreibt der gläubige Katholik und gelehrte Journalist Paul Johnson über Geister und Aberglauben (▶ 'Ist dies eine Röstgabel, die ich vor mir sehe' ◀ (S. 24)) (51) und fragt: Untergräbt die Wissenschaft den Aberglauben und wird sie schließlich die Geister bannen? Johnson: Sicher nicht, und Recht hat er. Wenn Leute von der Religion abfallen, so soll gemäß Johnson G.K. Chesterton gesagt haben, dann glauben sie an irgendetwas anderes: Auch das ist richtig. Sir Arthur Conan Doyle soll in seinem späteren Leben an Lächerlichkeiten wie *table-tapping, mysterious voices, levitation* und anderen Firlefanz geglaubt haben. – ACHTUNG: Im Falle Johnson kommt jetzt das blinde Auge zum Tragen: ▶ Ich vermute, Richard Dawkins wird schließlich ähnlich enden, oder, wahrscheinlicher, wird in den Schoß der Kirche zurückkehren, die ihn natürlich mit offenen Armen aufnehmen wird. ◀ (52) Das ist eine ganz unsinnige Bemerkung, die zeigt, dass Johnson offenbar auf einem Auge blind ist oder nicht sehen *will*.

(1) Auch das Neue Testament hat seine Spukgeschichten, zB Johannes 20, worauf ich immer wieder zurückkomme. Da sitzen zwei Engel im leeren Grab, die dann verschwinden. Was soll das, wenn das Grab doch bereits leer ist? Man findet die Geister-Engel schön und geheimnisvoll. Gleich darauf sieht Maria Magdalena Jesus hinter sich stehen (als Geist natürlich, aber was will er da?), hält ihn aber für den Gärtner (das macht die Geschichte interessant). Es folgt das 'Noli me tangere' ('Rühr mich nicht an'). Auch das klingt geheimnisvoll, ist aber an Ort und Stelle sinnlos, weil nicht gesagt wird, was denn passierte, wenn eine solche Berührung stattfände. Man erkennt sehr deutlich den im Entstehen begriffenen Mythos.

(2) Das Zurückfinden zum Glauben ist ein Klischee, das sich schon in George Eliots Roman *Middelmarch* findet. Es setzt ganz einfach die Wahrheit und Richtigkeit des Glaubens voraus oder, was auf das Gleiche hinausläuft, das 'Ganz Andere' des Glaubens und der Religion. Tatsächlich ist natürlich der Glaube, etwa der an eine Auferstehung Jesu, nichts anderes als durch die Gesellschaft sanktionierter Aberglaube – ohne Sinn und Verstand. Die große Frage lautet: Wie kommt das? Woran liegt das? Warum schaltet der Mensch hier seinen Verstand ab? *Das* wäre eine lohnende Frage für den Philosophen Johnson. Aber dann müsste man auch fragen, warum er auf dem einen Auge blind ist – wenn es um Religion geht – und warum nur wenige (wie zB Richard Dawkins und ganz offen Daniel Dennett in seinem Titel *Breaking the spell* und einige andere) den Schleier dieses Tabus herunterreißen.

Teil 4:

Die Argumentationen Papst Benedikts XVI.

Kapitel 18–24

18.　Die Enzyklika *Deus Caritas est* (25.12.2005)

18.0.　Einleitung

Im Jahre 2009 ist unter dem Titel *Caritas in veritate* die dritte päpstlich Enzyklika erschienen – nach *Spe Salvi* (30.11.2007) und *Deus Caritas est* (25.12.2005). Müsste da nicht die Welt wieder einmal aufhorchen? Doch dem Papst ergeht es nicht viel anders als den Atheisten. Da schreibt etwa Richard Dawkins sein entscheidendes Buch *The God Delusion*, das sich zwar ein paar Wochen lang auf den Bestsellerlisten hält, doch dann in der Versenkung verschwindet, weil das Volk offenbar lieber Hape Kerkeling über seine Pilgerreise nach Santiago de Compostela liest (*Ich bin dann mal weg*), ein Buch, das monatelang die Spitze der Bestsellerlisten besetzte. *How come?* Es hängt sicher mit dem stark entwickelten Glaubensbedürfnis der Menschen zusammen, dass so viele von ihnen bereit sind, auch ganz und gar Unwahrscheinliches für wahr zu halten – der Mensch als gläubiges Tier. Die Einzelheiten des christlichen Glaubens, entstanden in vorwissenschaftlicher Zeit und sind so abstrus, dass man sich nur wundern kann, wie eine derartige Mythologie in modernen wissenschaftlich orientierten Gesellschaften Akzeptanz finden kann. Aber, wie man tagtäglich erleben kann, Wissenschaft und Religion existieren friedlich nebeneinander. Man hätte vermutet, dass mit der Aufklärung auch das Ende des religiösen Glaubens gekommen sei. Keineswegs! Sogar äußerst gebildete Menschen wie Professoren und andere Gelehrte sind sehr oft gläubig, selbst wenn sie wie etwa Max Planck oder Albert Einstein nur einer vagen Ehrfurcht dem Universum gegenüber huldigten. Natürlich ist auch der gelehrte Papst nicht nur berufsmäßig, sondern aus tiefer Überzeugung gläubiger Christ, der für seinen Glauben wirbt. Noch merkwürdiger: Er scheint durchaus zu überzeugen; denn sonst müsste alle Welt aufhorchen beim Erscheinen einer Enzyklika und vielleicht gar protestieren. Noch wahrscheinlicher ist es allerdings, dass kaum jemand überhaupt Notiz von solchen Schriften nimmt.

　　Wie argumentiert nun eigentlich der Papst, welche stilistischen Methoden und Listen benutzt er, wenn er versucht, seinem Anliegen gemäß den Glauben auf der Basis der Vernunft zu rechtfertigen? (Ich will mit 'Listen' nicht sagen, dass er den Leser absichtlich hintergehen will.) Allenfalls diskutiert man seine Ausführungen gelegentlich unter dem Schutze einer 'religiösen Glocke', aber sie sind wohl noch nie in philologischer Weise geprüft worden.[27] Dies soll im Folgenden anhand der Enzykliken *Deus caritas est* (2005) und *Spe salvi* (2007) näher untersucht werden. Zunächst zu *Deus caritas est*, der ersten der bisher drei Enzykliken.

---

[27] Umberto Eco behauptete im *Kölner Stadtanzeiger* vom 19.9.2011, der Papst sei weder ein großer Philosoph noch ein großer Theologe: "Nicht mal ein Grundschullehrer würde es [den Relativismus, den er bekämpft] so formulieren wie er."

18.1. Gott als Liebe

Der Titel der Enzyklika, *Deus caritas est*, stammt aus 1 *Joh* 4:10, womit die Enzyklika auch beginnt: "Gott ist die Liebe, und wer in der Liebe bleibt, bleibt in Gott, und Gott bleibt in ihm." Dazu der Papst: "In diesen Worten [...] ist die Mitte des christlichen Glaubens, das christliche Gottesbild und auch das daraus folgende Bild des Menschen und seines Weges in einzigartiger Klarheit ausgesprochen." In einzigartiger Klarheit? Die Worte mögen eine gewisse Schönheit ausstrahlen, aber von Klarheit kann keine Rede sein. "Gott ist die Liebe" ist eine allegorische Ausdrucksweise, bei der man sich eine abstrakte Eigenschaft als durch ein Lebewesen verkörpert vorstellt. Gott als Liebe impliziert, dass Gott die Liebe in Person sei, sozusagen die wandelnde Liebe; Gott hat ein so starkes Bedürfnis zu lieben, dass alles andere darüber verblasst. Der Philologe sagt, in der Allegorie verbinde sich eine eigentlich 'askriptiv-charakterisierende' Eigenschaft mit einer identifizierenden.[28] Etwas Abstraktes wird durch die Personifizierung griffig gemacht. Lässt man Allegorien als wirkliche Personen agieren, so erhält man entweder spezifische Götter und Göttinnen wie etwa Amor und Aphrodite, oder die Allegorie ist nur eine metaphorische Weise des Sprechens. – Der Papst greift die **Allegorie** des Johannes gern auf, einschließlich der Folgerung, "Wer in der Liebe bleibt, bleibt in Gott," ohne zu sagen, was ein Bleiben in der Liebe und in Gott eigentlich heißen soll.

18.2. Liebe als soziale Tugend und der Kreuzestod Christi: Theologie als Argument

In nicht-allegorischer Bedeutung ist in der Enzyklika mit *Liebe* natürlich gr. *agape* gemeint, lat. *caritas*, nicht etwa gr. *eros*, lat. *amor*, also die soziale Liebe, kurz die Nächstenliebe, doch nunmehr – wohl erstmalig und einmalig – plädiert der Papst mit theologischer Akribie für eine Verschmelzung von *caritas* und *amor* in Gott. Er fühlt sich wohl verpflichtet, auch einmal etwas Neues zu bringen. Die Argumentationstaktik besteht darin, das eigentlich von Hause aus Unmögliche durch ein gedankliches Hin- und Herwenden der Sachverhalte als möglich und gut erscheinen zu lassen. Zunächst wird somit der Eros als durchaus etwas Gutes beinhaltend dargestellt. Dann erfolgt die Einschränkung, es gebe auch den zuchtlosen Eros: "So wird sichtbar, dass Eros der Zucht, der Reinigung bedarf, um den Menschen nicht den Genuß eines Augenblicks,[29] sondern einen gewissen Vorgeschmack der Höhe der Existenz zu schenken – jener Seligkeit, auf die unser ganzes Sein wartet" (§4). Natürlich ist es nicht schwer zu erraten, wodurch die Reinigung des Eros geschehen soll: "Das Moment der Agape tritt in ihn [den Eros] ein, andernfalls verfällt er und verliert auch sein eigenes Wesen. Umgekehrt ist es aber auch

---

[28] Identifizierend: 'Hans ist mein Freund' (möglich auch 'Mein Freund ist Hans'), charakterisierend: 'Hans ist tüchtig.'

[29] Man vergleiche mit den Bemerkungen zum "Genuß eines Augenblicks" das in Anmerkung 31 Gesagte.

dem Menschen unmöglich, einzig in der schenkenden, absteigenden Liebe [Agape] zu leben. Er kann nicht immer nur geben, er muß auch empfangen. Wer Liebe schenken will, muß selbst mit ihr beschenkt werden" (§7).

Natürlich sind solche theologisch-philosophischen Unterscheidungen reine Gedankenspielerei ohne wissenschaftlichen oder sachlichen Wert. Man kann sagen, es sei das Anliegen dieser Enzyklika und damit das Anliegen des Theologen und Papstes Benedikt, die theologisch begründete Idee von der Einheit von Eros und Agape zu verkünden. Die Idee war abwegig, weil der Eros eindeutig und ohne Abstriche die geschlechtlich begründete Liebe ist, die man der christlichen Gottesidee nicht zuordnen kann.

Auch auf die Frage, worin nun eigentlich die Liebe dieses Gottes, der wandelnden Caritas-Eros-Liebe, in der von ihm geschaffenen Welt bestehe und wie sie dort sichtbar werde, hat der Papst eine theologisch begründete Antwort parat:

"In seinem [Christi] Tode am Kreuz vollzieht sich jene Wende Gottes gegen sich selbst, in der er sich verschenkt, um den Menschen wieder aufzuheben und zu retten – Liebe in ihrer radikalsten Form. Der Blick auf die durchbohrte Seite Jesu, von dem Johannes spricht (vgl. 19.37), begreift, was Ausgangspunkt dieses Schreibens war: 'Gott ist Liebe' (1 Joh 4,8). Dort kann diese Wahrheit angeschaut werden. – Und von dort ist nun zu definieren, was Liebe ist" (§12). [Man beachte: "den Menschen wieder aufzuheben" impliziert einen 'gefallenen Menschen,' was natürlich den Sündenfall im Paradies voraussetzt, also einen uralten Mythos, nicht etwas Wirkliches.]

Gottes Liebe wird also keineswegs in einer Zuwendung gegenüber dem einzelnen Menschen sichtbar, sodass sie jeder von uns erleben könnte, sie besteht, auf einen einfachen Nenner gebracht, in dem Opfertod Jesu Christi, den wir an uns selbst *nicht* erleben können. Was zunächst diesen Opfertod angeht, so ist *Deus Caritas est* gänzlich blind gegenüber den ethischen Einwänden, die der gesunde Menschenverstand dagegen zu erheben gebietet. Schon die Opfergeschichte selbst ist moralisch in hohem Maße angreifbar und wird nur zum Teil verständlich, wenn man an Opferkulte wie die jüdischen im Alten Testament denkt. Man ehrt und dankt Gott, indem man etwas Wertvolles, also in nomadischen Gesellschaften am besten ein Tier opfert, indem man es rituell schlachtet und dem Gott darbringt. In einer Opfergeschichte des Alten Testaments ist Abraham bereit, auf Geheiß Gottes seinen Sohn zu opfern (heute und objektiv könnte man wohl sagen, zu ermorden), doch dieser Gott schreitet rechtzeitig ein, sodass sein Befehl nicht zum Tragen kommt. Im NT wird der Opfertod eines Menschen tatsächlich vollzogen (weil der historische Jesus wahrscheinlich von den Römern hingerichtet wurde). Gerade die Perversion des Sohnesopfers mit Tod am Kreuz scheint sich aber für das Christentum als günstig erwiesen zu haben. Der darauf basierende Kult mit der entsprechenden Exegese – die Eucharistie- oder Abendmahlsfeier[30] – ist voller geheimnisvoller Einzelheiten. Da ist als Erstes der das Blut des menschlichen Opfers repräsentierende Wein und das den Körper repräsentierende Brot – einzigartige Metaphern! Metaphern kennen wir auch im Alltag: 'Er ist ganz der Vater,' pflegen wir von einem Sohn zu sagen, der dem Vater ähnelt. Das Reden in vagen Metaphern ist eine stilistische Taktik, die der Papst in

---

[30] Gr. *eucharistía* ist eigentlich eine (kultische) Danksagung(sfeier).

reichem Maße anwendet. Die schönste Metapher taucht in *Spe salvi* auf, wo der Papst die Ewigkeit definiert als "etwas wie der erfüllte Augenblick, in dem uns das Ganze [welches Ganze?] umfängt und wir das Ganze umfangen" (§12). Das sah Goethes Faust allerdings anders.[31]

Die Transsubstantiationslehre, wonach beides sich im Rahmen der Feier in das tatsächliche Blut bzw. den tatsächlichen Leib Christi verwandeln, obwohl dem äußeren Eindruck nach Wein und Brot bleibend, sodass gar keine Metapher vorläge, ist ein Beispiel für die Verirrungen, in die sich der menschliche Geist im Rahmen religiöser Kulthandlungen hineinzusteigern vermag. Der Gänsehaut-Effekt der katholischen Messe ist – neben der Tatsache, dass da überhaupt etwas *geschieht* – im religiösen Sinne nur positiv einzuschätzen. Er dürfte bei der Verbreitung des Christentums durchaus eine positive Rolle gespielt haben.

18.3. Der unsichtbare Gott

In §16 fragt der Papst: "Können wir Gott überhaupt lieben, den wir doch nicht sehen?" In der Tat muss sich jeder vernünftige Mensch fragen, welchen denkbaren Grund es geben kann, sich auf ewig nicht blicken zu lassen, wenn es denn überhaupt einen Gott gibt. Macht diese grundsätzliche Unsichtbarkeit die Gottestheorie nicht extrem verdächtig? Da wendet der Papst zunächst ein, dass ja Gott nicht *gänzlich* unsichtbar geblieben sei: "In der Tat: Niemand hat Gott gesehen, so wie er in sich ist. Und trotzdem ist Gott uns nicht gänzlich unsichtbar, nicht einfach unzugänglich geblieben" (§17, Anfang). Gott ist sichtbar geworden "in seinen Großtaten, mit denen er durch das Wirken der Apostel die entstehende Kirche auf ihrem Weg geführt hat. Und in der weiteren Geschichte der Kirche ist der Herr nicht abwesend [!] geblieben" (§17).

Die stilistische List des Papstes besteht hier darin, das einfache wörtlich gemeinte Gesehenwerden abzuschwächen zu einem 'Nicht-gänzlich-unsichtbar-sein' im *übertragenen* Sinne und dies noch einmal abzuschwächen zu einem 'Nicht-gänzlich-unzugänglich-sein' und zu einem 'Nicht-abwesend-sein', während es tatsächlich um die Frage geht, welchen Sinn es haben kann, dass niemand – wohl nicht einmal Moses – Gott je im *wörtlichen* Sinne gesehen hat. Wie der Papst hier argumentiert, ist schlicht Betrug; allerdings betrügt er nicht nur den Leser, sondern wohl auch sich selbst. "In Jesus können wir den Vater anschauen (vgl. *Joh* 14,9) [...] – bis hin zum Letzten Abendmahl, bis hin zu dem am Kreuz durchbohrten Herzen." Das ist ein Sehen und Anschauen in übertragener Bedeutung, also ein metaphorisches Sprechen, das Ganze ein Beispiel für *Tarzan thinking*.

Das Wort *sehen* wird vom Papst in unterschiedlichen Bedeutungen verwendet. In der Frage, warum niemand Gott je gesehen habe, liegt die wörtliche Bedeutung vor: *sehen* = 'mit den Augen wahrnehmen,' später jedoch die übertragene Bedeutung: '(irgendwie) wahrnehmen oder spüren'.

---

[31] Woran der Papst nicht gedacht hat: Im *Faust* wird gerade der erfüllte Augenblick negativ gesehen und dem Teuflischen zugeordnet. Die Verse werden zitiert in §19.4.

Dieses Umschwenken in der Argumentation ist vor geraumer Zeit von dem amerikanischen Linguisten Charles Hockett (1916–2000) als *Tarzan*-Denken bezeichnet worden (1968:63)[32]. Man schwingt (wie Tarzan an einer Liane) von einem ersten Baum (hier einer faktischen Bedeutung) hin zu einem zweiten Baum (einer übertragenen Bedeutung), in unserem Falle vom wörtlichen *sehen* zu dem "nicht-ganz-unsichtbar-sein," das nur eine mögliche *Wirkung* Gottes bezeichnet.

Die geschilderte Argumentation ist in der Tat eine Blamage für einen gelehrten Papst. (Wer weiß, wie lange er für diese Sünde – Betrug des Lesers – in der Hölle schmoren muss!) Auch bei den "Großtaten, mit denen er [Gott] durch das Wirken der Apostel die entstehende Kirche auf ihrem Weg geführt hat" ist der päpstliche Gott natürlich *de facto* unsichtbar geblieben. Es bleibt nur noch zu fragen, ob es immer Großtaten waren, die von diesem Gott ausgingen. Hat er etwa auch die Kreuzzüge dirigiert, die Inquisition (als etwa Giordano Bruno auf dem Scheiterhaufen landete), dazu Folter und Hexenverbrennungen? Auch durch das Verschweigen unangenehmer Umstände kann man sich am Leser versündigen! Oder muss man sogar von Lügen durch Verschweigen sprechen?

18.3.E. Exkurs: Das durchbohrte Herz Jesu

Unauffällig, aber höchst bemerkenswert ist in §17 die Formulierung "bis hin zu dem am Kreuz durchbohrten Herzen [Jesu]," während es in §12 hieß "der Blick auf die durchbohrte *Seite* Jesu, von dem Johannes spricht (vgl. 19,37):" Was gilt denn nun, Herz oder Seite? Kein Evangelist berichtet, dass das Herz Jesu durchbohrt worden sei! Das durchbohrte Herz geht vielmehr auf *Lukas* 2:35 zurück und beruht dort auf einem theologischen Deutungsirrtum. Der Prophet Simeon sagt von dem Jesus-Kind, das die Eltern in den Tempel gebracht haben und das für Simeon der Messias ist, es werde manchen in Israel zum Fallen und zum Aufstehen gereichen, und dann zu Maria: '[Auch] dein Herz wird von einem Schwert gespalten werden'. Daraus hat die Exegese ein durchbohrtes Herz gemacht und dies auf Maria unter dem Kreuz bezogen. Maria mit einem gespaltenen Herzen, also Maria im Zweifel bezüglich des Messias? Das darf natürlich theologisch nicht sein (wie alle Kommentare zeigen). Demgemäß heißt es schon in der Vulgata: "et tuam ipsius animam *pertransibit* gladius" (lat. *anima* steht für gr. *psyche*). Doch der Kontext macht deutlich, dass Simeons Schwert nicht durchbohrt, sondern teilt! Aber nicht nur, dass nicht sein darf, was theologisch unangebracht oder sogar unangenehm ist, ein *durchbohrtes* Herz ist auch irgendwie poetischer als ein gespaltenes. Letzter Coup: Der Papst überträgt kurzerhand das durchbohrte Herz auf Jesus selbst, und keiner nimmt Anstoß an dem doppelten theologischen Irrtum. Wie man dann noch in dem durchbohrten Herzen den Vater anschauen kann (eine theologische Metapher), bleibt ohnehin Geheimnis des Papstes. Aber so entstehen Mythen.[33]

---

[32] Hocketts Tarzan-Denken entspricht Arthur Schopenhauers *sophisma ex homonymia*' (Kunstgriff 2 von 38 weiteren in *Die Kunst, Recht zu behalten: in achtunddreißig Kunstgriffen dargestellt* (Frankfurt/M: Inselverlag 1995). *Sophisma* = 'absichtlicher Trugschluss'. Auf die Hockett-Stelle und auf Schopenhauer hat mich erstmals Frau Dr. Margret Popp aufmerksam gemacht, der mein Dank dafür gebührt.

[33] Das durchbohrte Herz Jesu taucht auch im *Jesus*-Werk des Papstes auf: Band II, S. 248 und 249.

18.4.　Das Theodizee-Problem (siehe auch Anhang 5)

Das Theodizee-Problem (die Bezeichnung geht auf Gottfried Leibniz zurück) besteht darin, dass man fragen muss, wie es denn sein kann, dass ein liebender und allmächtiger Gott das Böse und das Unglück in dieser Welt zulässt. Einem japanischen Mädchen soll der Papst auf dessen Frage, warum Gott das Tsunami-Unglück zugelassen habe, geantwortet haben, er wisse es auch nicht. Die Versuche, das Problem in positiver Weise zu lösen, sind in der Regel so unsinnig, dass ich es mir erspare, darauf einzugehen. Shadia Drury 2011 diskutiert C.S. Lewis und Timothy Keller (siehe Anhang 5). Martin Gardner zitiert David Hume (1711–1776), der in *Dialogues Concerning Natural Religion* (1779) in einmalig klarer Weise das Problem umschrieben hat: (zitiert nach Gardner 1983:243) ▸ Ist Gott willens, das Böse zu verhindern, aber unfähig? Dann ist er nicht allmächtig. Ist es fähig, aber nicht willens? Dann ist er böswillig [oder, wie ich es ausdrücke, ein Zyniker]. Ist er fähig und willens? Woher dann das Übel? ◂ (53). Dieses Fragen geht, wie Augstein 1999:430 anmerkt, auf Epikur zurück, der die Möglichkeiten erörtert, wonach das Wollen und das Können jeweils positiv oder negativ sein können, was folgendermaßen darstellbar ist:

+ Können	+ Können	– Können	– Können
+ Wollen	– Wollen	+ Wollen	– Wollen

Das Theodizeeproblem ist letztlich eine Peinlichkeit für die Christen; daran ändern auch gelehrte Abhandlungen und Dissertationen nichts, die nach einer Rechtfertigung des Übels in der Welt suchen und irgendwie fündig werden.

Der Papst spricht das Theodizee-Problem gegen Ende des zweiten Teils der Enzyklika an: "Oft ist es uns nicht gegeben, den Grund zu kennen, warum Gott seinen Arm zurückhält, anstatt einzugreifen" (§38). Man kann dies auch drastischer ausdrücken: Das Geschehen in dieser angeblich von Gott geschaffenen Welt (mit Krankheit, Tod, Krieg, Terror und sogar Mord im Namen der Kirche) ist oft so verwerflich und unverständlich, dass man annehmen muss, ein allmächtiger Gott, der da offenbar gelassen zuschaut, verkörpere keineswegs die Liebe, sondern eher Perversion und Zynismus. Der Papst hat dafür allerdings die ultimativ entwaffnende Antwort parat. Er antwortet mit Augustinus "aus dem Glauben": "*Si comprehendis – non est Deus:* wenn du [ihn] verstehst, dann ist es nicht Gott." Der Papst fährt dann fort:

> Dem Glaubenden ist es unmöglich zu denken, Gott sei machtlos, oder aber er schlafe [...]. Vielmehr trifft zu, daß sogar unser Schreien, wie das Jesu am Kreuz, die äußerste und tiefste Bestätigung unseres Glaubens an seine Souveränität ist. Christen glauben nämlich trotz aller Unbegreiflichkeiten und Wirrnisse ihrer Umwelt weiterhin an die 'Güte und Menschenliebe Gottes' (*Tit* 3, 4)" (§38).

Dieses päpstliche "Glauben trotz aller Unbegreiflichkeit", ja geradezu *wegen* aller Unbegreiflichkeit, entspricht dem *Credo, quia absurdum* und ist nicht eigentlich eine sinnvolle Antwort auf die gestellte Frage – eine Antwort auf das Theodizeeproblem – , sondern ein Übertrumpfen (oder besser ein Erschlagen) der Frage mit Hilfe einer Paradoxie. Mit der Begründung *Credo, quia absurdum* könnte man auch für die Existenz von Bertrand Russells Teekanne plädieren, dh für die Wahrheit der Behauptung, zwischen

Mars und Erde gebe es noch einen Mini-Planeten in Gestalt einer Teekanne aus Porzellan, die mit unseren irdischen Mitteln nicht auszumachen sei.[34] Die Paradoxie ist die ultimative Argumentationstaktik der Theologen! Ihre Bedeutung kann kaum überschätzt werden. Schon der Evangelist Johannes beginnt sein Evangelium mit einer Paradoxie: "Im Anfang war das Wort, und das Wort war bei Gott; und Gott war das Wort." Ist Gott identisch mit dem 'Wort', dann kann dasselbe logischerweise nicht 'bei ihm' sein und umgekehrt.[35] Man beachte jedoch noch die unauffällige Abmilderung der päpstlichen Argumentation, wonach nicht deshalb an Gottes Liebe geglaubt werden muss, weil er sich so zynisch gebärdet, sondern wonach – ein objektiver Befund als scheinbarer Beweis – Christen eben aus diesem Grunde an Gott *glauben*. Das ist natürlich eine Relativierung, bei der die Logik auf der Strecke bleibt.[36]

18.5. Die reinigende Kraft des Glaubens

Im Zusammenhang mit der Gerechtigkeit kommt der Papst sodann auf die Rolle des Glaubens zu sprechen (§28a) – vielleicht die bedeutendste Stelle der Enzyklika. Der Glaube, so hören wir, sei die Begegnung mit dem lebendigen Gott:

> "Aber er ist zugleich auch eine reinigende Kraft für die Vernunft selbst. Er befreit sie von ihren Verblendungen und hilft ihr deshalb, besser sie selbst zu sein. Er ermöglicht der Vernunft, ihr eigenes Werk besser zu tun und das ihr Eigene besser zu sehen. Genau hier ist der Ort der Katholischen Soziallehre anzusetzen. […] Sie will schlicht zur Reinigung der Vernunft beitragen und dazu helfen, daß das, was recht ist, jetzt und hier erkannt und dann auch durchgeführt werden kann" (§28a).

Das sind erstaunliche Sätze! Hier zeigt sich zunächst, dass der Papst keineswegs NOMA-Anhänger[37] sein möchte (er wird den Terminus wahrscheinlich nicht einmal kennen), sondern Integrationalist ist. Er will die Vernunft nicht nur in den Glauben einbeziehen, er geht sie frontal an, indem er sie *per* Glauben sogar reinigen möchte! Natürlich läge es weit näher zu sagen, der Glaube müsse durch die Vernunft gereinigt werden, um die absurden Glaubensinhalte zu beseitigen oder zu erklären (der Theologe Rudolf Bultmann hat es versucht, auch – auf seine Weise – der englische Philologe C.S. Lewis), aber die Vernunft durch den Glauben? Jedem einsichtigen Menschen muss doch wohl klar sein, dass die im Neuen Testament geschilderten Ereignisse um Geburt, Leben und Sterben Jesu keine Tatsachenberichte sind, sondern von vornherein

---

[34] Bertrand Russell wollte mit dem berühmt gewordenen Teekannenbeispiel sagen, dass es nicht Sache der Zweifler sei, zu beweisen, dass es eine solche Teekanne nicht gebe, sondern Sache derjenigen, die eben dies behaupteten, dafür den Beweis zu liefern.

[35] Die Identifizierung Gottes mit 'dem Wort', dem *logos*, ist rätselhaft und sollte es wohl auch sein. Das Rätsel bezüglich der philosophischen Herkunft des Evangelisten verliert seine Bedeutung, sobald man ihn auch als Poeten betrachtet.

[36] Die Taktik ist nicht so selten, wie man meinen sollte. Ein gläubiger Intellektueller sagte mir einmal, er sei deswegen gläubig geworden, weil er von so vielen vorbildlichen Heiligen tief beeindruckt worden sei, was mit dem Glaubensinhalt natürlich nichts zu tun hat.

[37] Zu dem Akronym NOMA – für *non-overlapping magisteria* siehe Teil 2.

einen starken mythischen Einschlag haben, selbst wenn es, was wahrscheinlich ist, den Menschen Jesus gegeben haben mag. Niemand kann ernstlich an die Jungfrauengeburt glauben, an die Verkündigung durch Engel (Gottesboten) gegenüber den Hirten, an weitere Wundergeschichten, schließlich an eine Auferstehung oder gar – noch absurder – eine 'Himmelfahrt'. All dies ist religiöse Mythologie einer vorwissenschaftlichen Zeit. Die katholische Kirche hat all dem noch Maria als eine Art Göttin hinzugefügt (natürlich gibt man sich empört, wenn man sie als Göttin bezeichnet), die 'unbefleckt', dh ohne 'Erbsünde' empfangen wurde (Dogma seit 1854), was selbst von braven Gläubigen in der Regel missverstanden und auf die Empfängnis Jesu bezogen wird (wobei auch die Erbsünde selbst zu den abstrusen Erfindungen der Christen gehört) und die leiblich – unter Vorwegnahme der Auferstehung – in den Himmel aufgenommen worden sein soll (Dogma seit 1950).

Ich stelle der päpstlichen Reinigungsforderung die These gegenüber, dass die Vernunft allenfalls sich selbst reinigen kann – durch noch mehr Vernunft-Anstrengung, und das auch nur, soweit es da überhaupt etwas zu 'reinigen' gibt; denn schließlich ist der Ausdruck *reinigen* in diesem Zusammenhang wenig glücklich. Die Vernunft ist nicht zu reinigen, sondern zu vervollkommnen! Die päpstliche Vernunftreinigung ist nichts als eine wohlklingende theologische Erfindung ohne Sinn und Bedeutung.

18.6.   Der Schluss der Enzyklika: das Magnifikat

Der offizielle 'Schluss' der Enzyklika (§§40–42) ist den Heiligen gewidmet, "welche die [Nächsten-]Liebe in beispielloser Weise verwirklicht haben" (§40), vor allem aber der "Mutter des Herrn, Spiegel aller Heiligkeit" (*ib.*). Der Papst erinnert an die Schilderung des Lukas, wonach Maria, bekanntlich selber schwanger, ihre schwangere Kusine Elisabeth besucht, bei der sie drei Monate bleibt – eine merkwürdige Geschichte mit zwei gleichzeitigen Schwangerschaften, deren Entstehung und Sinn im Dunkeln liegt. Der Papst hierzu:

> " 'Magnificat anima mea Dominum,' sagt sie bei diesem Besuch – 'Meine Seele macht den Herrn groß' – (Lk l, 46) und drückt damit das ganze Programm ihres Lebens aus. [...] Maria ist groß eben deshalb, weil sie nicht sich, sondern Gott groß machen will. [...] Das Magnifikat – gleichsam ein Portrait ihrer Seele – ist ganz gewoben aus Fäden der Heiligen Schrift, aus den Fäden von Gottes Wort. So wird sichtbar, daß sie im Wort Gottes wirklich zu Hause ist, darin aus- und eingeht. Sie redet und denkt mit dem Wort Gottes; das Wort Gottes wird zu ihrem Wort, und ihr Wort kommt vom Wort Gottes her" (§41).

Die 'Heilige Schrift' scheint hier für den Papst im wörtlichen Sinne das Wort Gottes zu sein. Die Sätze klingen so, als ob er an eine Verbalinspiration ihrer Verfasser glaube. Das Aus- und Eingehen aber impliziert eine merkwürdige und gewagte Metapher: die Bibel, in diesem Falle das AT, als Haus! Die Wendung 'meine Seele macht den Herrn groß' ist natürlich eine wörtlich-etymologische Wiedergabe des lateinischen *magnificat*, das zwar etymologisch 'groß machen' bedeutet, aber an dieser Stelle wie schon der ähnlich gebildete griechische Ausdruck ganz einfach '(lob)preisen' oder 'loben', 'rühmen' bedeutet. Das

Ganze ist eine etymologisch begründete Argumentation, die generell bei Laien großen Anklang findet und insbesondere bei Martin Heidegger und ähnlich argumentierenden Philosophen vorkommt. Sie wird von Hörern und Lesern ohne Weiteres akzeptiert und ist wohl deswegen so beliebt, weil sie bei Laien ein Aha-Erlebnis auslöst: man erfährt etwas Neues, was unmittelbar einleuchtet, obwohl es in der Regel falsch ist:[38] Auch *magnificare* bedeutet hier keineswegs 'groß machen,' sondern eben 'preisen,' 'verherrlichen'. Die etymologisierende Argumentation ist letztlich von geringer Bedeutung, wenn auch als Argumentationstaktik erwähnenswert.

Es bleibt noch zu fragen, warum es heißt, das Magnifikat sei "ganz gewoben aus Fäden der Heiligen Schrift." Die Antwort besteht in dem Umstand, dass der Evangelist (wie auch seine Kollegen) hier wie an zahlreichen anderen Stellen seines Evangeliums aus dem Alten Testament schöpft. Der Papst macht einen stilistischen Usus zu einem Charakterzug Marias – als ob sie wirklich so gesprochen habe, was kaum denkbar ist. Das ganze Magnifikat ist religiöse Dichtung, ein Panegyrikus (Lobpreis), wie im Judentum üblich. Die Evangelisten wollten natürlich ihre 'gute Botschaft' auf das AT zurückführen; das Zitieren aus dem AT gehörte zu ihrem stilistischen Habitus. Sie wollten sagen: Christus wurde angekündigt und ist dann auch tatsächlich gekommen. Der Papst benutzt eine literarische Eigentümlichkeit des Textes, um daraus geheimnisvolle "Fäden der Heiligen Schrift" zu spinnen, ohne den tatsächlichen Grund für diese Formulierung zu nennen: es ist ein Fall von theologischer Poesie. Eine geradezu poetische Ausdrucksweise kann sich mit anderen Taktiken verbinden, um überzeugend zu wirken. Sie hat insgesamt mehr Beachtung bei der Analyse der päpstlichen Texte verdient, als man gemeinhin annehmen sollte, auch wenn der Papst das Poetische seines Stils wohl nicht bestätigen würde.

18.7. Fazit

Das Ergebnis unserer Untersuchung lässt sich etwa folgendermaßen beschreiben: Wir haben gesehen, dass der Papst die verschiedensten taktischen Stilistika benutzt, insbesondre Allegorie, Metapher, Paradoxie, Etymologie und poetischen Wohlklang, wobei der poetische Wohlklang mit allen fünf anderen Stilistika zusammen auftreten kann. Hinzu kommen verschiedene Argumentationshilfen: die theologische Argumentation, die einfach hinzunehmen ist (zB die merkwürdige Behauptung, dass die Vernunft durch den Glauben 'gereinigt' werden müsse), die ungerechtfertigte Relativierung (man glaubt nicht aus eigener Überzeugung – der Inhalte wegen –, sondern weil andere ebenfalls glauben) und das Verschweigen unpassender oder widriger Umstände. Die päpstliche Enzyklika ist letztlich eine Mischung aus Dichtung und einer Pseudo-Wissenschaftlichkeit, die stets dabei ist, ins Poetische hinüberzugleiten. Ich wage die Vermutung, dass das Bedürfnis

---

[38] Ein bekanntes Beispiel ist die Deutung des Wortes *radikal* als 'von der Wurzel her', weil es auf lat. *radix* 'Wurzel' zurückgehe. Doch die etymologische Herkunft besagt nichts für die heutige Bedeutung und Verwendungsweise eines Wortes. *Radikal* bedeutet exakt das, was wir allgemein darunter verstehen, nicht mehr und nicht weniger.

des *homo religiosus* nicht nur durch Mythen und Riten seine Befriedigung findet, sondern – auf höherem Niveau – auch durch eine wissenschaftlich klingende Exegese in Gestalt poetischer Prosa. Der echte *homo religiosus* will gar nicht ernstlich belehrt werden und verstehen, sondern sich nur bestätigt sehen und unter dem Deckmantel einer theologischen Exegese irgendwie feierlich erhoben fühlen: "*Erhebung* without motion" – um eine Ausdruckweise T.S. Eliots aus "Burnt Norton" in meinem Sinne umzudeuten.

19.   Die Enzyklika *Spe salvi* (30.11.2007)

19.1.   Zur Einleitung (§1)

Die Enzyklika beginnt folgendermaßen: " '*Spe salvi facti sumus* – Auf Hoffnung hin sind wir gerettet,' sagt Paulus den Römern und uns (*Röm* 8.24)." Kein Wort darüber, dass der lateinische Text eine Übersetzungen des griechischen Originals ist, auch wenn dies im gegenwärtigen Falle nicht sehr bedeutsam ist (das Griechische hat ein Verbum für 'retten'). Im Verlauf der Enzyklika wird jedoch eine weitere Stelle eine bedeutsame Rolle spielen: *Est autem fides sperandarum substantia rerum, argumentum non apparentium* – 'Der Glaube ist die Substanz der Dinge, die man erhofft, Beweis für nicht Sichtbares' (*Hebr* 11:1). In beiden Fällen wird dem Glauben *qua* Glauben so etwas wie eine verwirklichende Kraft zugeschrieben, was naturgemäß vor dem Forum der Vernunft keinen Bestand haben kann. Die Enzyklika thematisiert somit das alte theologische Problem von Glauben und Vernunft. Das macht sie insgesamt bedeutsam.

    Das Zitat aus dem Römerbrief ist sehr typisch für eine alte Auffassung. Zweifel bezüglich der Inhalte des Glaubens werden beiseitegeschoben, indem man den Glauben als solchen (den Glauben an Unwahrscheinliches, Spirituelles, an Gott usw.) für verdienstvoll, ja für entscheidend erklärt. Die Wissenschaft muss natürlich solche Ideen als Verirrungen des Denkens ansehen – ebenso wie die umfassende Variante dieser Geisteshaltung: das *Credo quia absurdum*. Der Papst unterstützt jedoch genau dieses Prinzip der 'Rettung' durch den Glauben. Bedenkt man, wie oft gerade dies diskutiert worden ist, erscheint die Enzyklika in neuem Licht: sie ist eine Station in der Geschichte des 'Glaubens an den Glauben' – hier jedoch nicht, weil der Glaube vielleicht nützlich oder ohnehin natürlich sei, sondern weil der Glaube *qua* Glaube an und für sich etwas Verdienstvolles und Großes sei. Schließlich meinte schon Luther, man komme in den Himmel *sola fide* – allein durch den Glauben (nicht durch die guten Werke). Das ist denn auch in der Tat die Botschaft des Neuen Testaments. Sie kann natürlich vor dem Forum der Vernunft keinen Bestand haben.

19.2.   Abschnitte 2 und 3: "Glaube ist Hoffnung"

§2 macht zwei Aussagen über Glauben und Hoffnung: (1) Es gilt die Gleichung 'Ohne Gott = ohne Hoffnung' (gemäß *Eph* 2:12). Trotz ihrer Götter, so der Papst, waren die Römer zur Zeit Jesu " 'ohne Gott' und daher in einer dunklen Welt." (man beachte die Metaphorik) – (2) Die Christen "haben Zukunft" [man beachte die Ausdrucksweise], weil sie wissen, "dass ihr Leben nicht ins Leere läuft [eine Metapher]. Erst wenn Zukunft [ohne Artikel] als positive Realität gewiss ist, wird auch die Gegenwart lebbar. [...] Die dunkle Tür der Zeit, der Zukunft, ist aufgesprengt." Diese ganze Aussage ist schwer verständlich. Was heißt, "dass ihr Leben nicht ins Leere läuft"? Inwiefern kann die Zukunft als positive Realität gewiss sein? Wie hat man sich das Aufsprengen der dunklen Tür der Zeit vorzustellen? Wird hier behauptet, dass wir plötzlich in die Zukunft blicken könnten, die uns normalerweise verschlossen ist? Zukünftiges wird offenbar zur Realität. Die christliche Botschaft, so hören wir, war nicht nur 'informativ, sondern auch 'performativ' (da hat der Papst offenbar einen neuen Terminus gelernt, den er verwenden möchte.) Das heißt: "Das Evangelium ist nicht nur Mitteilung von Wißbarem, es ist Mitteilung, die Tatsachen [be] wirkt und das Leben ändert." Eine Mitteilung, die Tatsachen bewirkt? Da hätte man gern ein Beispiel, wie das zugehen soll. Wir erkennen jedoch, dass die Forderung nach Logik hier nicht am Platze ist: der Papst benutzt einen deutlich metaphorischen, ja raunenden Stil, der über Unstimmigkeiten und Unklarheiten hinwegtäuscht und die konkrete Deutung der Aussagen dem Leser überlässt. Die absolut gebrauchten Abstrakta – ohne Artikel – sind dabei ein Stilistikum päpstlichen Sprechens. Somit ist dies von vornherein keine logische Argumentation, sondern wieder einmal Poesie in Prosa. Offenbar handelt es sich jedoch um Umschreibungen für ein ewiges Leben, und es ist signifikant, dass der Papst zunächst einmal eine direkte Aussage darüber vermeidet. (Immerhin kommt er in §10 dann doch noch konkret auf das ewige Leben zu sprechen.)

§3 fragt zwar zu Beginn, worin die Hoffnung bestehe, "die als Hoffnung 'Erlösung' ist". Man fragt sich: 'Erlösung wovon?' Erneut ist von der Hoffnungslosigkeit der Menschen die Rede: "ohne Hoffnung, weil ohne Gott" (Hoffnung worauf?). Dies wird einige Male wiederholt und am Beispiel der Bekehrung einer afrikanischen Sklavin zum Christentum erläutert. Man sieht, das alles läuft darauf hinaus, dass man es nicht akzeptieren will, dass die Evolution den einzelnen Menschen nur als Wegwerf-Verpackung für die Gene benutzt.

19.3. Abschnitte 4–9: "Das Verständnis der Hoffnung des Glaubens im Neuen Testament und in der frühen Kirche"

Gegen Ende von §4 beruft sich der Papst auf *Hebr* 13:14, wonach die Christen hier keine bleibende Stätte haben, sondern die zukünftige suchen: "Die gegenwärtige Gesellschaft wird von den Christen als uneigentliche Gesellschaft erkannt, sie gehören einer neuen Gesellschaft zu, zu der sie miteinander unterwegs sind und die in ihrer Wanderschaft antizipiert wird." Wieder wird eine direkte Aussage zu der 'Wanderschaft' und zu der 'neuen' Gesellschaft vermieden, was hier sogar zu einer unlogischen Aussage führt. Zu der Gesellschaft, der die Christen angehören (der christlichen Gemeinde), können sie schlecht 'unterwegs' sein; sie kann auch nicht, wenn sie erst erwartet wird, antizipiert zu werden. Man kann sie sich allenfalls – als Idee – vorstellen. Die Wanderschaft aber ist eine verschleiernde Metapher für den Weg zum Tode. Doch genau das möchte der Papst offenbar so deutlich nicht sagen.

§5 wiederholt, dass der Mythos der römischen Staatsreligion seine Glaubwürdigkeit verloren gehabt habe: man war "ohne Hoffnung und ohne Gott." Es folgt ein Bekenntnis zum Kreationismus: "Nicht die Gesetze der Materie und der Evolution sind die letzte

Instanz, sondern Verstand, Wille, Liebe – eine Person. […] Der Himmel ist nicht leer. Das Leben ist nicht bloßes Produkt der [Natur-] Gesetze und des Zufalls der Materie, sondern in allem und zugleich über allem steht ein persönlicher Wille, steht Geist, der sich in Jesus als Liebe gezeigt hat." Warum wird das Wort *Gott* im letzten Satz gemieden und stattdessen die hier gänzlich irrelevante Liebe ins Treffen geführt? Auf einen einfacheren Nenner gebracht lautet die Botschaft des Papstes: Es gibt einen Gott, der die Welt geschaffen hat und sie regiert. Er ist identisch mit Jesus Christus. Dieser Lehre gemäß ist der Mensch mehr als eine 'Überlebensmaschine für die Gene', wie es Richard Dawkins ausgedrückt hat. Letztlich geht es stets um die Überwindung des Todes, und es gibt sicher viele, die einen solchen Trost durch Wortverschleierungen brauchen.

§6 deutet das auf Sarkophagen erscheinende Bild von Christus als Philosophen (mit Wanderstab und Evangelienbuch): "Er zeigt uns den Weg, und dieser Weg ist die Wahrheit. Er selbst ist beides, und daher auch das Leben, nach dem wir alle Ausschau halten. Er zeigt auch den Weg über den Tod hinaus; erst wer das kann, ist ein wirklicher Meister des Lebens." So der deutsche Text, was in der heutigen Sprache kaum an 'Lehrmeister', sondern an das 'Meistern des Lebens' erinnert. Derartig schillernde Ausdrücke sind offenbar dem Papst nicht unlieb. Im Übrigen spielt er hier auf eine Bibelstelle an: *Joh* 14:6: Ἐγώ εἰμί ἡ ὁδὸς καὶ ἡ ἀλήθεια καὶ ἡ ζωή 'Ich bin der Weg und die Wahrheit und das Leben.' Das alles ist eine Spielerei mit Worten; denn derjenige, der uns einen Weg über den Tod hinaus zeigen kann (eine letztlich leere metaphorische Formulierung), ist natürlich auch ein Lehrmeister fürs Leben. (Lässt man in dem Johannes-Zitat das erste *und* weg, ergibt sich ein jambischer fünfhebiger Vers: "Ich bin der Weg, die Wahrheit und das Leben".) Die Überwindung des Todes wird immer nur verbrämt ausgedrückt. Solches Reden zeigt zweierlei: erstens die simple Angst des Menschen vor dem Tode und die damit verbundene Scheu (auch die Scheu des Papstes), davon zu sprechen, zweitens die Sehnsucht nach der Überwindung des Todes. Man sieht hier, wie die Einsicht in den Tod, ein Nebenprodukt der Evolution, zur Entstehung von Religionen beiträgt, im Falle der Christen genau zu dem, was der Papst hier letztlich sagen möchte: Da gab es jemanden, der wusste, wie man den Tod vermeidet oder überwindet. Wer würde da nicht begierig aufhorchen? Nur – so zeigt es der Stil des Papstes – ist das wenig glaubwürdig, und folglich muss es eher metaphorisch-blumig als direkt und logisch-klar ausgedrückt werden. So ist auch die nachfolgende Argumentation im Anschluss an das Bild des Hirten in *Ps* 23 [22]:1–4 wieder merkwürdig verbrämt, insofern von 'einen Weg hindurch' die Rede ist, auf dem uns der Hirte begleitet. "Dies war die neue 'Hoffnung', die über dem Leben der Glaubenden aufging." Immer wieder geht es schlicht um die menschliche Angst vor dem Tode, für die der *homo sapiens* einen Ausweg sucht, den es nicht gibt.

Spe Salvi §7 bietet ein Stück Theologie anhand einer Exegese von *Hebr* 11:1, wo Ähnliches wie im Römerbrief zur Sprache kommt: Ἔστιν δὲ ἡ πίστις ἐλπιζομένων ὑπόστασις. Vulgata: *Est autem fides sperandarum substantia rerum, argumentum non apparentium.* "Glaube aber ist: Feststehen in dem, was man erhofft, Überzeugtsein von dem, was man nicht sieht" (vom Papst zitierte Einheitsübersetzung). Auch dies ist die alte Vorstellung vom Wert des Glaubens an sich – *qua* Glaube –, die immer wieder im NT aufleuchtet. (Martin Luther vertrat sie vehement.) Sie ist *innerhalb* einer Glaubensgemeinschaft einleuchtend, sobald man jedoch die schützende Glocke, die das intrinsische Denken und Reden umhüllt, entfernt und die theologische Argumentation unter das Licht der *Ratio* stellt, ist sie absurd.

Der Papst bezieht sich in §7 auf Thomas von Aquin, wodurch die Argumentation in eine neue Richtung gelenkt wird und worin man den historischen Beitrag der Enzyklika zur Theorie des Glaubens sehen kann. Thomas nahm offenbar an (ein hübscher Schlenker theologischen Denkens), dass das Geglaubte in uns etwas anlegt, was bereits Teil des Geglaubten ist (oder so ähnlich). Dazu der Papst:

> "*Est autem fides sperandarum substantia rerum, argumentum non apparentium* – der Glaube ist die 'Substanz' der Dinge, die man erhofft, Beweis für nicht Sichtbares. Thomas von Aquin erklärt das [...] so: Der Glaube ist ein 'habitus,' das heißt eine dauernde Verfaßtheit des Geistes, durch die das ewige Leben in uns beginnt und der [> die?] den Verstand [!] dahin bringt, solchem beizustimmen, was er nicht sieht. Der Begriff der 'Substanz' [aus der Vulgata] ist also dahin modifiziert, daß in uns durch den Glauben anfanghaft – im Keim, könnten wir sagen, also der 'Substanz' nach [!] – das schon da ist, worauf wir hoffen, das ganze, das wirkliche Leben. Und eben darum, weil die Sache selbst schon da ist, schafft diese Gegenwart des Kommenden auch Gewißheit: Dies Kommende ist noch nicht in der äußeren Welt zu sehen, (es 'erscheint' nicht), aber dadurch, daß wir es in uns als beginnende und dynamische Wirklichkeit tragen, entsteht schon jetzt Einsicht" (§7).

Das ist reine Gedankenakrobatik. Man beachte insbesondere das merkwürdige Ausweichen zum Schluss, wonach nicht mehr 'Substanz im Keim' in uns angelegt wird, wonach auch nicht mehr eine 'dynamische Wirklichkeit' (was immer das ist) das letzte Ziel des in uns Angelegten ist, sondern nur noch 'Einsicht'. Dies ist ein interessantes Beispiel dafür, dass nicht die Sache, das Auszudrückende, den Stil prägt, sondern der Einfall – hier die im Grunde nebensächliche Idee von der Einsicht, zu der es kommt, weil schon vorher durch das *dadurch, daß* eine falsche Weiche gestellt wurde.

Das Entscheidende in dieser Diskussion ist der Substanz-Begriff. *Sub-stantia* ist die absolut wörtliche Übersetzung von gr. ὑπό-στασις, die uns damit so klug lässt wie der griechische Text. Nun kann zwar ὑπόστασις auch so etwas wie 'Substanz' bedeuten, dies ergibt jedoch an der Hebräerbrief-Stelle wenig Sinn – es sei denn die Exegeten heißen Thomas à Kempis oder Benedictus XVI. Sie gewinnen aus der lateinischen *substantia* sozusagen echte 'Substanz': wie es der Papst ausdrückt, den Keim dessen, was erhofft wird. Das ist neben dem Wert des Glaubens *qua* Glaube und dem *Credo quia absurdum* eine dritte Variante der Bemühung, aus theologischer Sicht dem Glauben mehr an Qualität zuzuschreiben als ihm objektiv zukommt. Man kann fragen, ob dies eine theologische Meisterleistung ist oder *just bending over backwards* (wie man auf Englisch sagen würde; wörtlich 'sich rückwärts verneigen')?

Was heißt tatsächlich 'Hypostase des Erhofften?' Der Begriff der Hypostase ist schon im Griechischen schillernd. Wörtlich ist es eine Art *underpinning* (Untermauerung). Die Bedeutungsentwicklung geht offenbar aus von 'Unter-Stand' (im Sinne von 'Stütze') > 'Unterbau, Fundament' > Grundlage, das Eigentliche, das wahre Wesen, der Stoff oder die 'Substanz' einer Sache (also ihre wesentliche Qualität im Gegensatz zu ihren weiteren Attributen). In der Mythologie versteht man darunter die Personifizierung menschlicher oder göttlicher Attribute in Gestalt einer Gottheit, zB *Eros,* Gott der Liebe. In der christlichen Theologie ist die hypostatische Union (die *Unio hypostatica*) die Einheit der menschlichen und göttlichen Natur in Christus (zwei 'Naturen' in einer Person), die Trinität eine 'Dreiheit', die dennoch als Einheit begriffen werden soll.

Da die 'ὑπόστασις' im Hebräerbrief dem Inhalt des ἔλεγχος ähnlich sein muss, nimmt man als Bedeutung am besten 'Verdinglichung' an, dh durch den Glauben – so meint der Autor des Briefes (der nicht Paulus ist) – wird das Erhoffte in gewisser Weise ("ay, there's the rub"[39]) Wirklichkeit. Denn Glaube als 'Beweis' (!) für die Existenz (noch) nicht sichtbarer, aber erhoffter Dinge weist recht eindeutig in diese Richtung. Und eben in diese Richtung rudern Hebräerbrief-Autor und Papst gemeinsam. Die Vernunft bleibt auf der Strecke.

19.4.   Abschnitte 10–12: "Ewiges Leben – was ist das?"

In §11 sucht der Papst eine Antwort auf die Frage, was denn das Leben und was das Ewige Leben sei:

> "Einerseits wollen wir nicht sterben [...]. Aber andererseits möchten wir doch auch nicht endlos so weiterexistieren [*ach?*] [...]. Was wollen wir also eigentlich? Diese Paradoxie unserer eigenen Haltung löst eine tiefere Frage aus: Was ist das eigentlich[,] 'Leben'. Und was bedeutet das eigentlich[,] 'Ewigkeit'?

Dies klingt wieder einmal eher poetisch als wissenschaftlich. Die Fragen des Papstes sind jedoch leicht zu beantworten. Jedes Lebewesen ist *per evolutionem* darauf angelegt, auf jeden Fall weiterleben zu wollen, unter welchen Bedingungen auch immer (es könnte ja vielleicht noch eine Vermehrungschance geben)! Auch der Mensch möchte durchaus endlos so weiterleben (die Angst vor dem Tode ist unser steter Begleiter, und die Bemerkung des Papstes ist eine törichte Floskel). Der Selbstmord ist absolut unnatürlich. Reiße ich im Sommer blühenden Löwenzahn auf meinem Blumenbeet aus der Erde und werfe ihn achtlos beiseite, so hebt er nach ein paar Stunden die Blüte in Richtung Sonne in der Hoffnung (wenn er denken könnte), seinen Samen dennoch zur Reife zu bringen. Alles Leben ist zum Überlebenwollen verurteilt, der Mensch umso stärker, insofern er mit Hilfe seines Gehirns sogar die Einsicht in das unabänderliche Faktum des Todes gewonnen hat. Punkt! Daher sind etwa Selbstmordattentate absolut pervers. Der Papst hingegen handelt mit Paradoxien und behauptet kurzerhand, wir wollten zwar nicht sterben aber auch nicht ewig so weiterleben. (Für mich spricht er nicht; denn ich möchte durchaus so weiterleben.) Um diese von ihm erfundene Paradoxie zu untermauern, bezieht er sich auf Augustinus' Oxymoron von der *docta ignorantia:*

> "[Mit dem Satz] 'Wir wissen nicht, um was wir bitten sollen' wiederholt er [Augustinus] ein Wort des heiligen Paulus (*Röm* 8,26). Wir wissen nur: Das [was?] ist

---

[39] 'Da ist der Haken' – sagt Hamlet in seinem Monolog "To be or not to be", *Ham* 3.1.64.

es nicht. Im Nichtwissen wissen wir doch, daß es sein muß [dass was sein muss?]. 'Es gibt da, um es so auszudrücken, eine gewisse wissende Unwissenheit (*docta ignorantia*),' schreibt er. Wir wissen nicht, was wir wirklich möchten, wir kennen dieses 'eigentliche Leben' nicht, und dennoch wissen wir, daß es etwas geben muß, das wir nicht kennen und auf das hin es uns drängt" (§11).

Das ist in metaphorische Paradoxien gekleideter Tiefsinn. Er wird in §12 weiter ausgekleidet: "Dies Unbekannte ist die eigentliche 'Hoffnung' [was bedeuten die Anführungszeichen? Wahrscheinlich gar nichts], die uns treibt, und ihr Unbekanntsein ist zugleich der Grund aller Verzweiflung wie aller positiven und zerstörerischen [wieso *das*?]Anläufe auf die richtige Welt, den richtigen Menschen zu. Das Wort 'ewiges Leben' versucht, diesem unbekannt Bekannten [!] einen Namen zu geben" (§12). Schließlich heißt es:

> "Wir können nur versuchen, aus der Zeitlichkeit, in der wir gefangen sind, herauszudenken und zu ahnen, daß Ewigkeit nicht eine immer weitergehende Abfolge von Kalendertagen ist, sondern etwas wie der erfüllte Augenblick, in dem uns das Ganze [was für ein Ganzes?] umfängt und wir das Ganze umfangen" (§12).

Das heißt nichts, sobald man es logisch betrachtet, ja der Papst tappt hier in eine intellektuelle Falle! Er glaubt Tiefsinniges zu sagen und bemerkt nicht, dass er in totalen Widerspruch zur eigentlichen christlichen Lehre gerät. Ereignet sich dieser erfüllte Augenblick sogleich nach der Auferstehung oder zugleich mit ihr? Die christliche Lehre, so muss sich der Papst belehren lassen, meint mit *ewig* in der Tat 'ewig' und nicht einen Augenblick – ob erfüllt oder nicht! Und das 'Umfangen des Ganzen' ist eine päpstliche Zugabe, auf die der Christ verzichten kann, wenn die Auferstehungstheorie mit ewigem Weiterleben im Himmel oder wo auch immer stimmt. Doch für den Papst lautet die Parole: 'Metaphorik und Paradoxien um jeden Preis!'

Dass man den 'erfüllten Augenblick' auch negativ sehen kann, bringt Goethe zum Ausdruck, wenn Faust zu Mephisto sagt

> Werd ich zum Augenblicke sagen:
> 'Verweile doch! du bist so schön'!
> Dann magst du mich in Fesseln schlagen,
> Dann will ich gern zugrunde gehn! (*Faust* I:1699-1702)

Am besten hat Martin Gardner diesen Stil charakterisiert. ▸ Verbale Fingerfertigkeit [wie sie der Zauberer ausübt] nennt er all die Formen einer von den Philosophen meist in pompösen frommen Worten vorgebrachten Pseudounsterblichkeit ◂ (S. 281) (54).

Besonders unsinnig ist dabei – als Krönung dieser abstrusen Poesie vom erfüllten Augenblick – das bedeutsam klingende Oxymoron von der *docta ignorantia*, das zu Beginn von §13 wiederholt wird, wenn dort als krönende Begründung für die totale Mystifizierung durch Wortgeklingel erneut vom 'nichtwissenden Wissen' die Rede ist. [40]

---

[40] Daniel Dennett sprich von "an arms race of paradoxology (when relgions confront waning allegiance)" (2006:230) – einem Wettlauf an Paradoxologie (wenn die Religionen sich mit schwindender Anhängerschaft konfrontiert sehen).

19.5.　Abschnitte 13–15: Ist die christliche Hoffnung individualistisch?

Mit §§13–15 gelangen wir auf ein Nebengleis: der Papst wehrt den Vorwurf des Individualismus bezüglich der christlichen Hoffnung ab. Das ewige Leben sei nicht individualistisch, sondern gemeinschaftsorientiert:

> "Dieses wirkliche Leben, auf das wir immer irgendwie auszugreifen suchen, ist an das Mitsein mit einem 'Volk' gebunden und kann nur in diesem Wir für jeden Einzelnen Ereignis werden. Es setzt gerade den Exodus aus dem Gefängnis des eigenen Ich voraus, weil nur in der Offenheit dieses universalen Subjekts [was ist das?] sich auch der Blick auf den Quell der Freude, auf die Liebe selbst – auf Gott – eröffnet" (§14).

Bernhard von Clairvaux wird angeführt, der die Klosterleute nicht nur als *contemplantes*, sondern auch als *laborantes* sehen wollte, und es ist vom Adel der Arbeit die Rede (§15). (Man hat das Gefühl, es ließe sich mit gleichem Elan vom Gegenteil sprechen.) Man fragt sich, wozu dieses Insistieren auf Gemeinsamkeit der christlichen 'Rettung' eigentlich dienen soll. Gibt es da Christen, die dem Nachbarn die Rettung nicht gönnen? Tatsächlich wird erst in den nachfolgenden Abschnitten der Sinn dieser Argumentation deutlich: der Papst versucht, die seit der Aufklärung geltende Überzeugung zu bekämpfen, dass Religion Privatsache sei. Er hätte Friedrich den Großen zitieren sollen, der gesagt haben soll, dass in seinem Staate jeder nach seiner Fasson selig werden könne. Dieser Satz enthält das ganze Problem *in a nutshell*. Für sich genommen, ist die Frage, ob die christliche Hoffnung individualistisch sei, ein Pseudoproblem. Ich kann schlecht für mich auf ein ewiges Leben (oder was auch immer) hoffen, ohne die gleiche Hoffnung nicht auch jedem anderen zuzubilligen.

19.6.　Abschnitte 16–23: Die Umwandlung des christlichen Hoffnungsglaubens in der Neuzeit

In den Abschnitten 16–23 fragt der Papst, wie es in der Neuzeit dazu gekommen sei, dass die 'Rettung der Seele' als individualistisch angesehen werden konnte. Es ist der Sieg der 'Kunst' (dh der Wissenschaft und Technik) über die Natur (*victoria cursus artis super naturam*, wie es Francis Bacon im *Novum Organum* 1.11 ausdrücke – §16). Der Glaube werde dabei nicht einfach geleugnet, sondern auf die Ebene des Nur-Privaten und Jenseitigen verlagert, und er werde dabei für die Welt, also für die *vita activa*, unwichtig. Die Hoffnung erhalte eine neue Gestalt: "Sie heißt nun: Glaube an den Fortschritt" (§17).

> "Zugleich treten zwei Kategorien immer stärker ins Zentrum der Fortschrittsidee: Vernunft und Freiheit. [...] In den beiden Leitbegriffen 'Vernunft' und 'Freiheit' ist freilich im stillen [*sic*] immer der Gegensatz zu den Bindungen des Glaubens und der Kirche wie zu den Bindungen der damaligen Staatsordnungen mitgedacht. Beide Begriffe tragen so ein revolutionäres Potential von gewaltiger Sprengkraft in sich" (§18).

Das "revolutionäre Potential" kann jedoch kaum auf dem Gegensatz zu den Bindungen an die Kirche beruhen: die Zeit der Glaubenskriege ist vorüber. Doch ich lasse dies als Seitenlinie der Argumentation auf sich beruhen. Die historischen Stationen, die der Papst behandelt, sind (ohne Anspruch auf Genauigkeit) etwa die folgenden: Francis Bacon (§§16–17), die französische Revolution (§19), Immanuel Kant (§19), Friedrich Engels und Karl Marx ("Nach der bürgerlichen Revolution von 1789 war eine neue, die proletarische Revolution fällig" – §20.) Ich zitiere hier erneut die Formulierung des Ergebnisses aus §23:

"Wenn der Fortschritt, um Fortschritt zu sein, des moralischen Wachsens der Menschheit bedarf, dann muß die Vernunft des Könnens und des Machens ebenso dringend durch die Öffnung der Vernunft für die rettenden Kräfte des Glaubens, für die Unterscheidung von Gut und Böse ergänzt werden. Nur so wird sie wahrhaft menschliche Vernunft." – "Der Mensch braucht Gott, sonst ist er hoffnungslos […] (vgl. Eph 2, 12)." – "Darum braucht die Vernunft den Glauben, um ganz zu sich selbst zu kommen. Vernunft und Glaube brauchen sich gegenseitig, um ihr wahres Wesen und ihre Sendung zu erfüllen."

Diese Bemerkungen enthalten die entscheidenden Worte der ganzen Enzyklika: es geht um die "Öffnung der Vernunft für die rettenden Kräfte des Glaubens" – kurz: für den Glauben. Natürlich ist es zunächst einmal nur eine wohlklingende Behauptung, dass die Vernunft des Glaubens bedürfe. Auch die hier wie anderswo auftauchende Verknüpfung von Glaube und Ethik ist abwegig. Weder wird der Mensch ohne Glauben – oder mit dem falschen Glauben – schon dadurch böse noch garantiert der in den Augen des Papstes 'rechte' Glaube seine moralische Besserung. Ich bezeichne das vom Papst beschriebene Verhältnis von Vernunft und Glaube als Integrationalismus, weil der Glaube in die Vernunft integriert, mit der Vernunft in Einklang gebracht werden soll. Er entspricht den Auffassungen und Vorstellungen einer vorwissenschaftlichen Epoche. Bezüglich Glaube und Vernunft würden Papst und Kirche mit der Annahme von NOMA besser fahren (siehe Einleitung oben); weil der Integrationalismus wenig plausibel und in Wirklichkeit schieres Wunschdenken ist.

Der mythologische Charakter solcher Geschichten wie der im NT überlieferten ist so offenkundig, dass man sich fragt, wie es denn sein kann, dass ein Gelehrter wie der Papst unbekümmert seinen Glauben an solche Geschichten verkünden kann. Ich habe darauf keine Antwort, sehe jedoch in der Fragestellung einen wesentlichen Forschungsgegenstand für den neutralen Historiker und Psychologen.

19.7. Abschnitte 24–31: Die wahre Gestalt der christlichen Hoffnung

Der Abschnitt 24 bleibt vage und sehr theoretisch, zB

"Freiheit braucht Überzeugung, Überzeugung ist nicht von selbst da, sondern muss immer wieder gemeinschaftlich errungen werden." – "Die Freiheit muß immer wieder neu für das Gute gewonnen werden. Die freie Zustimmung zum Guten ist nie einfach von selbst da. Gäbe es Strukturen, die unwiderruflich eine bestimmte – gute – Weltverfassung herstellen [lies herstellten], so wäre die Freiheit des Menschen negiert, und darum wären dies letztlich auch keine guten Strukturen."

Mit der zweiten Bemerkung ist wahrscheinlich die Utopie einer proletarischen Revolution gemeint. Doch das Gemeinte bleibt wohl nicht ohne Absicht nebulös. Gemäß §25 scheint das Anliegen des Papstes eher der Fortschrittsglaube allgemein zu sein, wenn er zB das Folgende sagt:

"Francis Bacon und die ihm folgende Strömung der Neuzeit irrten, wenn sie glaubten, der Mensch werde durch die Wissenschaft erlöst. Mit einer solchen Erwartung ist die Wissenschaft überfordert; diese Art von Hoffnung ist trügerisch. Die Wissenschaft kann vieles zu Vermenschlichung der Welt und der Menschheit beitragen. Sie kann den Menschen und die Welt aber auch zerstören, wenn sie nicht von Kräften geordnet wird, die außerhalb ihrer selbst liegen" (§25).

Zunächst einmal dies: *Erlösung* ist ein religiöser Begriff, der von der Wissenschaft getrennt gehalten werden sollte: wovon will man mich denn 'erlösen'? Zum anderen: Auch die Religion, welche es auch sei, garantiert noch keine annehmbare Ethik. Die Atombombe wurde im christlichen Teil der Welt erfunden und von dort aus eingesetzt. Selbstmordattentate sind absolut pervers, aber religiös motiviert. Mit abstraktem Reden (um nicht zu sagen Gerede) ist niemandem gedient. Es ist objektiv nicht erkennbar, was die Wissenschaft von der Religion an Einsichten gewinnen könnte. Sie wird auch weiterhin ihre eigenen Wege gehen.

In §26 taucht plötzlich – fast kurzschlussartig – eine sog. "unbedingte Liebe" auf. Erlöst wird der Mensch durch die Liebe (§26, Anfang). Wessen Liebe zu wem oder zu was? "Wenn jemand in seinem Leben die große Liebe erfährt, ist dies ein Augenblick der 'Erlösung', die seinem Leben einen neuen Sinn gibt." Da setzt der Papst voraus, dass jeder Leser weiß, was mit 'Erlösung' gemeint ist. Doch was ist mit dem Leser, der sich sagt, er sitze ja nicht im Gefängnis, wovon solle er dann 'erlöst' werden? Darüber hinaus stellt sich auch noch heraus, dass keineswegs eine abstrakte Liebe *als solche* gemeint ist, wie zunächst suggeriert (warum eigentlich?), sondern die Liebe Gottes im christlichen Sinne. Da erfährt der Leser, dass die christliche Erlösung gemeint ist, ohne dass natürlich gesagt würde, worin *die* nun im Einzelnen bestehe. Am Ende heißt es:

"Wenn es diese unbedingte Liebe gibt mit ihrer unbedingten Gewißheit, dann – erst dann – ist der Mensch 'erlöst', was immer ihm auch im einzelnen zustoßen mag. Das ist gemeint, wenn wir sagen: Jesus Christus hat uns 'erlöst – durch ihn sind wir Gottes gewiss geworden – eines Gottes, der nicht eine ferne 'Erstursache' der Welt darstellt, denn sein eingeborener Sohn ist Mensch geworden, und von ihm kann jeder sagen: 'Ich lebe im Glauben an den Sohn Gottes, der mich geliebt und sich für mich hingegeben hat' (*Gal* 2,20)" (§26, Ende).

Dies wird in §27 vertieft:

"Die wahre, die große und durch alle Brüche hindurch tragende Hoffnung des Menschen kann nur Gott sein – der Gott, der uns 'bis ans Ende', 'bis zur Vollendung' (vgl. Eph2, 12) geliebt hat und liebt. Wer von der Liebe berührt wird, fängt an zu ahnen, was dies eigentlich wäre [lies *sei* oder *ist*[41]], 'Leben'."

Kurz darauf wird *Joh* 17:3 zitiert: "Das ist das ewige Leben: dich erkennen, den einzigen wahren Gott und den du gesandt hast, Jesus Christus." Mit den Ausführungen in

---

[41] Der Irrealis – was das wäre, wenn es das (tatsächlich) gäbe – kann natürlich nicht gemeint sein, allenfalls 'was das eigentlich wäre, könnten wir es uns vorstellen'.

§§26–27 hört die theologische Argumentation auf. Wir stehen auf der Seite des Glaubens, der höher ist als alle Vernunft – πάντα νοῦν![42] Hier gilt nur noch NOMA. Die Paragrafen 28–29 kommen auf die merkwürdige Sorge um den 'Heilsindividualismus' (§28, Anfang) zurück und preisen als Musterchristen, der sich für alle einsetzt, Augustinus an. §§30–31 fassen zusammen: Der Mensch braucht gemäß Papst eine über alles hinausgehende Hoffnung, die nicht identisch ist mit der Hoffnung auf eine bessere Welt im Diesseits, aber auch nicht mit einem imaginären Jenseits:

> "So ist zwar der stete Einsatz dafür nötig, daß die Welt besser wird, aber die bessere Welt von morgen kann nicht der eigentliche und genügende Inhalt unserer Hoffnung sein" (§30). – "Diese große Hoffnung kann nur Gott sein, der das Ganze [?] umfaßt und der uns geben und schenken kann, was wir allein nicht vermögen [*lies* nicht zu erlangen vermögen] [...] – nicht irgendein Gott, sondern der Gott, der ein menschliches Angesicht hat und der uns geliebt hat bis ans Ende [welches Ende?[43]]: jeden einzelnen und die Menschheit als ganze. Sein Reich ist kein imaginäres Jenseits einer nie herbeikommenden Zukunft [*hear, hear!*]; sein Reich ist da, wo er geliebt wird und wo seine Liebe bei uns ankommt" (§31).

Ohne es offenbar zu ahnen oder gar zu wollen, zerschlägt der Papst mit dem letzten Satz jede christliche Hoffnung, für die er sich eigentlich einsetzen möchte. Da ist offenbar eine plötzliche Idee während des Schreibens zu einer Fallgrube geworden. Zwar taucht der Gedanke, dass alles nur Metapher für etwas Ungewisses sei, schon früher auf – etwa in der Bemerkung, das Ewige Leben sei so etwas wie der erfüllte Augenblick (in diesem Leben!), "in dem uns das Ganze umfängt und wir das Ganze umfangen" in §12 (was der Leser jedoch nicht ernst nimmt), aber nirgendwo in dieser Schärfe und Klarheit. Der Papst verkünde: Es gibt kein Jenseits; also – so ist zu folgern – muss mit dem Tode alles zu Ende sein. Erstaunlich! Allerdings fährt er dann in gleichem Atemzug fort: "Und seine [Gottes] Liebe ist uns zugleich Gewähr dafür, daß es das gibt, was wir nur dunkel ahnen und doch im tiefsten erwarten: das Leben, das 'wirklich' Leben ist" (§31)[44]. Es ist charakteristisch, dass der Papst den eklatanten Widerspruch in diesen Ausführungen gar nicht bemerkt haben kann und wohl auch die meisten seiner Leser das alles als gut-christliches und wohlklingendes Geraune einfach hinzunehmen bereit sind. Wenn das "wirkliche Leben", das der Christ und Katholik erwarten darf, kein Jenseits voraussetzt – und das heißt, ein Sein jenseits des Todes – , vielleicht nur den erfüllten Augenblick (diesseits des Todes), wozu dann noch über die christliche Hoffnung – *spes salvi* – viele Worte verlieren? Sagen wir es als Ergebnis unserer Analyse mit einem Wort: Die Methode, sich in Metaphern ('der erfüllt Augenblick'), Oxymora ('die wissende Unwissenheit') und wohlklingenden

---

[42] Ich spiele an auf ἡ εἰρήνη τοῦ θεοῦ, ἡ ὑπερέχουσα πάντα νοῦν φρουρήει τὰς καρδίας ὑμῶν καὶ τὰ νοήματα ὑμῶν ἐν Χριστῷ Ἰησοῦ (*Phil* 4:7). 'Und der Friede Gottes, welcher *höher ist denn alle Vernunft*, bewahre eure Herzen und Sinne in Christo Jesu' (Luther).

[43] Erneut ein Beispiel für den absoluten Gebrauch von abstrakten Begriffen, auf den verschiedentlich hinzuweisen war, zB auf 'Liebe an sich' zu Beginn von §26.

[44] Das Wort *wirklich* sollte natürlich keineswegs in Anführungszeichen stehen. Sie besagen, dass das erwartete Leben nicht ein wirkliches ist, sondern nur so genannt wird.

Gemeinplätzen ('Gott, der das Ganze umfasst')[45] zu ergehen, widerspricht jedem logischen und rationalen Argumentieren; sie ist vielmehr eine besondere Art von Poesie in Prosa,[46] in der Tat eine Kunst, die nicht jeder beherrscht. Dass dabei nicht die Logik, sondern der Wohlklang den Ausschlag gibt, wird besonders deutlich an dem Widerspruch zwischen dem erfüllten Augenblick, "in dem uns das Ganze umfängt und wir das Ganze umfangen" (§12) und "Gott, der das Ganze umfasst" (das dann wiederum uns umfängt und das wir zugleich umfangen?). Dass dann in dem Bemühen, etwas Besonderes zu sagen, der Papst sogar die christliche Lehre selbst untergräbt (wie mit dem erfüllten Augenblick), ist amüsant zu sehen; doch wen kümmert's!

19.8. Abschnitte 32–48: Lern- und Übungsorte der Hoffnung

19.8.1. Abschnitte 32–34: Das Gebet als Schule der Hoffnung

Auch im Zusammenhang mit dem Gebet verwickelt sich der Papst in Widersprüche. Da ist zunächst die Einschärfung, dass man Gott nicht um Kleinigkeiten bitten darf, nicht um "die oberflächlichen und bequemen Dinge," die man sich im Augenblick gerade wünscht, sondern nur um das, was "Gottes würdig ist" (§33). Aber wer sagt uns, was Kleinigkeiten sind und was nicht? Dem Kind kann etwas, was in unseren Augen eine Kleinigkeit ist, sehr wichtig sein. Und warum sollte dieser Gott, der sich offenbar um alles und um jeden kümmert, nicht großzügig auch die Bagatellen berücksichtigen, die uns am Herzen liegen? Da glaubt der Papst wieder einmal etwas Bedeutsames zu sagen, was sich dann bei einigem Nachdenken als wenig christlich entpuppt. Warum schrieb der Papst nicht etwa dies: "Beim Gebet kann es sich sogar um nebensächliche Dinge handeln, die wir von Gott erbitten, weil sie uns bedeutsam sind. Gottes Gnade kennt keine Grenzen – weder nach oben noch nach unten." (In der Tat kann man sicher sein, dass auch dies dem Papst sachlich durchaus recht wäre, wenn auch vielleicht stilistisch zu karg.) Stattdessen gibt es weitere Einschränkungen, die der Betende zu beachten hat. Wehe, man sucht seine Schuld zu vertuschen! "[Der Betende] muß sich von seinen stillen Lügen befreien, mit denen er sich selbst betrügt. Gott durchschaut sie." Da wird zwar zunächst der Psalmist zitiert, der da tröstlich betet "Who can understand his errors? Cleanse thou me from secret faults" ('Wer versteht seine Fehler? Reinige mich von den geheimen Vergehen.' – *Authorized Version*, *Psalm* 19:12; man könnte auch an die ähnliche Stelle im Vaterunser *Matth* 6:12 denken), doch der Papst sieht das anders, ohne es zu bemerken: "Das Nichterkennen von

---

[45] Gemeinplätze waren in der klassischen Rhetorik Thesen (zB 'Besser, man ist nicht geboren') oder deren Antithesen, die man sich an festen Stellen im Gehirn gespeichert vorstellte.

[46] Es gibt auch philologische Abhandlungen (oder die sich zum mindesten philologisch geben), die eher in diese Richtung gehen. Ich habe es mir zur Aufgabe gemacht, auch Fälle dieser Art anzuprangern, wo sie mir aufgefallen sind.

Schuld, der Unschuldswahn, rechtfertigt und rettet mich nicht [!], denn ich bin selber schuld an der Abstumpfung meines Gewissens, an meiner Unfähigkeit, das Böse in mir als solches zu erkennen" (§33). Nun, ob schuldhaft oder nicht, wenn ich das Böse nicht zu erkennen *vermag*, kann mir das Nichterkennen selbst nicht zur Last gelegt werden. Der Papst stellt sich offenbar einen betenden Bösewicht vor. Doch welcher arme Dieb, der einen Reichen bestiehlt, wird anschließend, Unschuld heuchelnd, Gott um Vergebung bitten? Er wird sich im Recht fühlen und allenfalls beten, dass er nicht gefasst werde. Doch da bleibt der päpstliche Gott hart. "Nur wenn es Gott nicht gibt [*der Papst will sagen:* nur wenn ich meine, dass es Gott nicht gebe], muss ich mich vielleicht in solche Lügen flüchten, weil es niemanden gibt, der mir vergeben könnte" (*ib.*). – Der ganze Abschnitt über dass Beten ist merkwürdig unrealistisch und setzt einen kleinlichen Gott voraus, der fatal an den Gott des Alten Testaments erinnert.[47]

19.8.2. Die Abschnitte 35–40:
Tun und Leiden als Lernorte der Hoffnung

Abschnitt 35 über das Tun argumentiert, dass unsere alltäglichen Hoffnungen auf alles Mögliche für den Christen nicht ausreichen:

> "Wenn wir nicht auf mehr hoffen dürfen als auf das jeweils gerade Erreichbare und auf das, was die herrschenden politischen und wirtschaftlichen Mächte zu hoffen geben, wird unser Leben bald hoffnungslos. Es ist wichtig zu wissen: Ich darf immer noch hoffen, auch wenn ich für mein Leben oder für meine Geschichtsstunde [dh für den Augenblick] augenscheinlich nichts mehr zu erwarten habe" Nur die große Hoffnungsgewissheit, daß trotz allen Scheiterns mein eigenes Leben und die Geschichte im ganzen in einer unzerstörbaren Macht der Liebe geborgen ist [lies: sind] und von ihr her für sie Sinn und Bedeutung hat, kann dann noch Mut zum Wirken und zum Weitergehen schenken" (§35).

Das ist wieder einmal päpstliche Poesie, die mit der Paradoxie beginnt, wer nur das Übliche erhofft, ist hoffnungslos, und mit deren Umkehrung fortfährt: ich darf auch noch hoffen, wenn alles hoffnungslos erscheint. Sie ist ferner dadurch gekennzeichnet, dass sie den Leser mit Abstraktionen traktiert. Warum wird die "große Hoffnungsgewissheit" nicht beim Namen genannt, und was heißt es, dass ich "in einer unzerstörbaren Macht der Liebe" geborgen sein soll? Was ist das für eine Macht, und was hat die Liebe mit Hoffnung zu tun?[48] Auch das Ende des Abschnitts lässt uns so klug wie zuvor; "Zugleich aber ist es die große Hoffnung auf die Verheißung Gottes, die uns Mut und Richtung des Handelns gibt in guten wie in bösen Stunden." Worin genau besteht die göttliche Verheißung? Und wie werden sich diejenigen verhalten, die eine solche Verheißung nicht kennen oder an

---

[47] Man lese nach, was Richard Dawkins über den Gott des AT gesagt hat (2006:31). Sein "capriciously malevolent" ('launenhaft böswillig') trifft auch auf den Gott des Papstes zu.

[48] Der Papst pflegt einen durch eine besondere Art von 'Abstraktitis' gekennzeichneten Stil, der, wie geschildert, sich oft auf Abstrakta wie *Liebe, Hoffnung, Leere* bezieht, ohne dass gesagt würde, worum es sich dabei genau handelt. Der Ausdruck *Abstraktitis* stammt von Sir Ernest Gowers, dem Herausgeber der zweiten Auflage des Fowler'sche *Dictionary of Modern English Usage*.

sie nicht zu glauben vermögen? Namhafte und bekennende Atheisten sind kaum geneigt, aus schierer Verzweiflung Selbstmord zu begehen.

Die Abschnitte 36–40 sind dem Theodizee-Problem gewidmet, der Frage, welchen Sinn – bei einem allmächtigen und liebenden Gott – Leid und Unglück in der Welt haben (siehe Anhang 5). Das hat seit eh und je den Theologen viel Mühe und Scharfsinn abverlangt – aus dem einfachen Grunde, dass es dafür gar keinen Sinn gibt, insofern es sich um ein Nebenprodukt der Evolution handelt: Das größere Gehirn des Menschen ist in der Lage, das Leiden nicht nur zu erdulden, sondern es als solches wahrzunehmen und darüber zu sinnieren. In §36 wird zunächst ausführlich aus einem Brief "des vietnamesischen Märtyrers Paul Le-Bao-Thin (†1857)" zitiert. "Es ist ein Brief aus der 'Hölle' [*Hölle, metaphorisch gebraucht, zu Recht in Anführungszeichen*]. [...] Christus ist in die 'Hölle' hinabgestiegen [*Hölle wörtlich zu verstehen, Anführungszeichen zu Unrecht*], und so ist er bei dem, der dorthin geworfen wird, da und macht ihm die Finsternis zum Licht" (§37). So redet der Papst menschliches Elend schön.

Das Theodizee-Problem muss jedem Theologen Kopfschmerzen bereiten. Das Gerede von der Liebe Gottes wird angesichts des Leids in der Welt zu einem Ärgernis. Die Wahrheit ist, dass dieser Gott der Liebe (wenn es ihn denn gäbe) ein teuflischer Zyniker und Sadist ist. Da braucht man gar keinen zusätzlichen Teufel. Das Schicksal des Le-Bao-Thin ruft den viel näher liegenden Fall des protestantischen Theologen Dietrich Bonhoeffer (1906–1945) in Erinnerung, der, wie nachgelassene Schriften und Gedichte zeigen, sich gläubig und sicher in Gottes Hand wähnte, aber am 4.2.1945 im Konzentrationslager Flossenbürg hingerichtet wurde. Der gute Christ müsste annehmen, dass selbst die Naziherrschaft einschließlich Weltkrieg 2 aus der Sicht Gottes einen tieferen Sinn im Rahmen der Menschheitsgeschichte gehabt habe – eine Idee, an Absurdität nicht zu überbieten. Doch diese Dinge sind so oft diskutiert worden, dass ich an dieser Stelle nicht weiter darauf eingehe.[49] Bemerkenswert ist, dass der Ausdruck Theodizee vom Papst nicht benutzt wird.

Der Papst hält sich in Bezug auf die Geschichte bedeckt und denkt nur an privates Leiden (das letztlich auch in Kriegen und ähnlichen Unbilden das einzig Greifbare ist). In §38 wird weiter nach einem Sinn solchen Leidens gesucht: Die Gesellschaft muss sich des Leides der Menschen annehmen (man ist sozial gesonnen), doch da gibt es Einschränkungen:

"Die Gesellschaft kann die Leidenden nicht annehmen [...], wenn die einzelnen dies nicht können, und wiederum der einzelne kann das Leid des anderen nicht annehmen, wenn er nicht selbst im Leiden Sinn, einen Weg der Reinigung und der Reifung, einen Weg der Hoffnung zu finden vermag. Denn Annehmen des anderen, der leidet, bedeutet, daß ich mir sein Leid selbst zueigne, daß es auch mein Leiden wird. [...] Das lateinische Wort *consolatio*, Tröstung, drückt dies sehr schön aus, indem es die Vorstellung eines Mitseins in der Einsamkeit weckt, die dann keine Einsamkeit mehr ist" (§38). An dt. *Mitleid* scheint der Papst nicht gedacht zu haben.

---

[49] Eine kurze und prägnante Darstellung der Sachverhalte hat neuerdings Peter Singer gegeben (Singer 2008). Eine ausführlichere Darstellung findet man als Anhang 5.

Angesichts des privaten Elends, das durch die Natur (Krankheit und Tod) und durch den Menschen selbst (Krieg und Attentate) angerichtet wird, richtet sich auch das ernsthafte Theodizee-Bemühen der Theologen selbst und macht das beschönigende Reden darüber zu einem peinlichen Geschwätz. Ich möchte dies nicht weiter kommentieren und nur noch auf die schöne volksetymologische Deutung des lateinischen Wortes *consolatio* hinweisen. Wenn der Papst meint, das Wort wecke "die Vorstellung eines Mitseins in der Einsamkeit", denkt er offenbar an *com-* = *cum* = 'mit' und an eine Ableitung des Nomens *solatio* von *solus* 'allein'; tatsächlich liegt dem Wort (und dem Deponens *solari* 'trösten') eine Wurzel **sol-* zugrunde, die in lat. *salvus* und dt. *selig* erscheint, während das *con-* reine Verstärkung ist (ähnlich wie in *con-cedere* im Verhältnis zu *cedere*); es gibt so gut wie keinen Bedeutungsunterschied zwischen *solari* und *consolari*).[50]

Auch die Idee, dass sogar "das Ja zur Liebe" eine Quelle des Leids sei, weil die Liebe (gemeint ist hier wohl die Liebe zwischen den Geschlechtern) "Selbstenteignungen" verlange, "in denen ich mich beschneiden und verwunden lasse " (§38), ist natürlich abwegig. Sicher spricht man von der Liebe Freud und Leid, doch selbst wenn das Leid oft oder gar meistens mit der Liebe verbunden ist, geht es nicht an, es zur *Bedingung* für die Liebe zu machen oder gar zu ihrem Bestandteil.

Im nächsten Abschnitt kommt der Papst auf das Mitleiden Gottes:

"[Der christliche Glaube] hat uns gezeigt, daß Wahrheit, Gerechtigkeit, Liebe nicht bloß Ideale, sondern Wirklichkeit dichtester Art sind. Denn er hat uns gezeigt, daß Gott, die Wahrheit und die Liebe in Person, für uns und mit uns leiden wollte. Bernhard von Clairvaux hat das großartige Wort geprägt: *Impassibilis est Deus, sed non incompassibilis* – Gott kann nicht leiden, aber er kann mitleiden. Der Mensch ist Gott so viel wert, daß er selbst Mensch wurde, um mit dem Menschen mit- leiden zu können, ganz real in Fleisch und Blut, wie es uns in der Passionsgeschichte Jesu gezeigt wird" (§39).

Im Falle Bernhards von Clairvaux ist der Papst selber Opfer eines poetischen, aber gänzlich unlogischen Einfalls; denn das Mitleiden ist natürlich ebenfalls ein Leiden, wie es ja der Papst selber am Falle Jesu erläutert. Die Jesus-Geschichte, ein eindrucksvoller religiöser Mythos aus vorwissenschaftlicher Zeit, ist das Fundament des christlichen Glaubens, aber in der modernen Welt letztlich auch seine Schwachstelle. Dass diese Geschichte sogar von Gelehrten wie dem Papst offenbar wörtlich genommen und als reine Wahrheit verkauft wird, ist ein Phänomen, das – auf dem Hintergrund der Evolution – selbst einer wissenschaftlichen Untersuchung bedürfte.

In §40 kommt der Papst – nebensächlich– auf den früher oft vertretenen Glauben, dass man das erfahrene Leid auch 'aufopfern' könne. Er fragt selbst "Was kann das heißen: 'aufopfern'?" und antwortet: "Diese Menschen waren überzeugt, dass sie ihre kleinen Mühen [= ihr Leid?] in das große Mitleiden Christi hineinlegen konnten, so daß sie irgendwie zum Schatz des Mitleids gehörten, dessen die Menschheit bedarf" (§40). Ob die Motive so hehr waren, bleibe dahingestellt. Der Papst findet das Aufopfern, wie er

---

[50] Ohne es wahrscheinlich zu ahnen, hat der Papst mit seinem Etymologisieren einen berühmten Vorgänger: den Philosophen Martin Heidegger (1889–1976).

sagt, gar nicht so abwegig. Tatsächlich war aber wohl eher an ein Tauschgeschäft gedacht, wonach das erfahrene Leid als Kompensation für begangenes Unrecht dienen sollte oder gar für erbetene Wünsche.

19.8.3. Die Abschnitte 41–48: Das Gericht als Lern- und Übungsort der Hoffnung

Im Glaubensbekenntnis ist davon die Rede, dass Christus wiederkommen werde "zu richten die Lebenden und die Toten." Diese Wiederkunft erwarteten die Apostel schon in naher Zukunft, für die meisten noch zu ihren Lebzeiten (die sog 'Naherwartung'), was sich dann als peinlicher Irrtum herausstellte, über den man besser nicht spricht. Auch die Vorstellung, dass dann keineswegs alles nur himmlische Herrlichkeit sei, dass vielmehr jeder Einzelne sich für seine Taten zu verantworten habe, um entweder in den Himmel oder in die Hölle zu gelangen, ist nicht gerade vernünftig oder gar barmherzig. Da staunt man nicht wenig, dass der Papst gerade das Gericht als in höchstem Grade christlich und bedeutsam ansieht, ja sogar als eine Quelle der Hoffnung.

Da nun erneut von Gericht und Rechtsprechung die Rede ist, wird in §42 auch erneut das Theodizee-Problem aufgenommen. Ähnlich wie schon zuvor die tatsächliche und die metaphorische Hölle vertauscht wurden, so jetzt das Jüngste Gericht und das Problem der Gerechtigkeit in der Welt, was den zentralen Aspekt des Theodizee-Problems bildet (δίκη = 'Gerechtigkeit'). Der moderne Atheismus, so der Papst, sei von seinem Wurzeln her ein Moralismus, insofern er gegen die Ungerechtigkeiten der Welt protestiere, "daß nun der Mensch selber gerufen ist [*lies:* sei], diese Gerechtigkeit herzustellen" (§42). Der Atheismus der Neuzeit halte den Theologen entgegen: "Eine Welt, in der ein solches Ausmaß an Ungerechtigkeit, an Leid der Unschuldigen und an Zynismus der Macht besteht, kann nicht Werk eines guten Gottes sein. Der Gott, der diese Welt zu verantworten hätte, wäre kein gerechter und schon gar nicht ein guter Gott. Um der Moral willen muß man diesen Gott bestreiten."

Die Antwort des Papstes hierauf – seine Lösung des Theodizee-Problems – ist verblüffend. Es sei anmaßend und "von innen heraus unwahr" zu meinen, der Mensch könne und müsse das tun, "was kein Gott tut und tun kann," und aus eben dieser Anmaßung, aus der "inneren Unwahrheit dieses Anspruchs," entstünden "die größten Grausamkeiten und Zerstörungen des Rechts." Da staunt man nicht schlecht. Man sollte meinen, Gott sei allmächtig, dass er somit wohl Gerechtigkeit und Leidlosigkeit in der Welt hätte schaffen können, es aber offensichtlich nicht *wollte*. Da hätte jemand dem Theologen Ratzinger behilflich sein sollen. Er hätte im eigenen Interesse besser sagen sollen, der Mensch bleibe aufgerufen, das an Gutem zu erstreben, was Gott ihm, der Krönung seiner unvollkommenen Schöpfung, aufgetragen habe, auch wenn er nie Vollkommenheit erreichen könne.[51] Andererseits wäre er vielleicht noch besser beraten gewesen, ein Beispiel der Ehrlichkeit zu geben und die grundsätzliche Unlösbarkeit des Theodizee-Problems aus theologischer Sicht einzuräumen. Aus neutraler, dh wissenschaftlicher Sicht folgt gerade aus der Unlösbarkeit des Problems, dass es logischerweise keinen Gott geben kann; denn gäbe es ihn, wäre er ein Zyniker und Sadist ersten Ranges. Auch sein "intelligent design" kann die in seiner Schöpfung mitgelieferte Boshaftigkeit in Gestalt des Leidens und aller möglichen Perversionen wie Krieg und Selbstmordattentate nicht kompensieren. Die schlimmste aller Bosheiten ist die Zulassung des Todes. Shakespeare wusste es besser als der Papst:

> ▸ Was Fliegen für mutwillige Kinder sind, sind wir für die Götter:
> Sie töten uns zum Spaß ◂ (53a)   (*King Lear* 4.1.37)

Abschnitt 43, möglicherweise der wichtigste und zugleich der erstaunlichste Abschnitt der En-zyklika, enthält zweierlei: ein bemerkenswertes Glaubensbekenntnis des Papstes und den Lobpreis der Gerechtigkeit, wobei im Zusammenhang mit der Gerechtigkeit, die nach christlicher Lehre der wiederkehrende Christus ausüben wird (nennen wir sie Gerechtigkeit 1), verschwiegen wird, dass diese ja wohl auch Strafe, vielleicht sogar in Gestalt von Hölle und Fegefeuer implizieren könnte. Man beachte, dass hier argumentativ getrickst wird, indem unauffällig eine zweite, die irdische Gerechtigkeit (Gerechtigkeit 2) ins Spiel gebracht wird. Hier die entscheidenden Worte des Papstes:

"Gott gibt es, und Gott weiß Gerechtigkeit zu schaffen auf eine Weise, die wir nicht entdecken können [soll heißen, Gerechtigkeit für die Welt, in der wir leben (G2), was etwas anderes ist als das Gericht am Weltende, wovon das Glaubensbekenntnis spricht (G1)] und die wir doch im Glauben ahnen dürfen. Ja, es gibt die Auferstehung des Fleisches [!]. Es gibt Gerechtigkeit [G1 oder G2 oder beides?]. Es gibt den 'Widerruf' des vergangenen Leidens [also wohl eine Art Kompensation], die Gutmachung, die das Recht herstellt [zu G1 gehörig]. Daher ist der Glaube an das Letzte Gericht zuallererst und zuallermeist Hoffnung – die Hoffnung, deren Notwendigkeit gerade im Streit der letzten Jahrhunderte deutlich geworden ist [gemeint ist wahrscheinlich der Streit um die Herstellung von G2]" (§43).

Dies alles ist kaum verständlich. Man beachte, dass nur von der 'Gutmachung' die Rede ist; jegliche Strafe ("zu richten die Lebenden und die Toten") sowie "das Drohende und Unheimliche des Gerichts", wovon noch in §41 die Rede war, hat sich in Wohlgefallen aufgelöst und ist einem vagen 'Himmel auf Erden' gewichen (denn genau das ist G2; das drohende Gericht wird allerdings in §48 noch einmal angesprochen.) Vielleicht noch bedeutsamer als dies ist jedoch das Glaubensbekenntnis, insbesondere der Glaube an die "Auferstehung des Fleisches" – soll heißen an eine tatsächlich, wörtlich, nicht

---

[51] Der Papst diskutiert in diesem Zusammenhang "die großen Denker der Frankfurter Schule, Max Horkheimer und Theodor W. Adorno" (§42). Ich übergehe diese Ausführungen, weil sie mir zum größten Teil unverständlich sind. Wie ist zB die Bemerkung zu verstehen, Adorno habe entschieden an dem alttestamentlichen Bilderverbot (also am Ersten Gebot, 2. Mose 20:4,) festgehalten, das eben auch das 'Bild' eines liebenden Gottes ausschließe? Mit Recht deuten die Anführungszeichen darauf hin, dass 'ein Bild des liebenden Gottes' ja wohl nicht ein Bild im Sinne von 2. Mose 20:4 sein kann. Ich habe den Verdacht, dass hier der Papst nur seine philosophischen Kenntnisse zur Schau stellen wollte.

als Metapher zu verstehende Auferstehung, so wie sie etwa vom Evangelisten Johannes geschildert wird (*Joh* 20:11–18).

19.8.4.E. Exkurs: Shakespeare

Ich darf hier ein Wort zu Shakespeare einflechten und erläutern, warum ich ihn für einen Atheisten halte – erstaunlich für seine Zeit, aber ein Zeichen für seine Größe. Seine Skepsis folgt daraus, dass er selbst an Stellen, an denen ein leiser Hinweis auf Christliches nahegelegen hätte, entweder schweigt oder deutlich eine Welt ohne Gott – und ohne Hoffnung! – suggeriert. Man nimmt an, dass *The Tempest* ein Spätwerk ist. Wie verabschiedet sich der große Zauberer Prospero (meine Übersetzung)?

> ▸ Unsere Feier ist beendet. Unsere Spieler,
> wie ich schon sagte, waren alle Geister
> und haben sich in Luft aufgelöst, in schiere Luft:
> Und wie das substanzlose Gewebe dieser Vision
> So werden alle Wolkenkratzer, die üppigen Paläste,
> die hehren Tempel, ja der Globus selbst
> und alle, die ihn beleben, sich in Nichts auflösen,
> und – so wie diese substanzlose Vorführung verblasste –
> nicht ein Jota davon wird bleiben. Wir sind von solchem Stoff
> wie's auch die Träume sind, und unser kleines Leben
> ist vom Schlaf umgeben. ◂ (53b)   (*Tempest* 4.1.148–158)

Und so reagiert Macbeth auf die Nachricht vom Tode seiner Frau (meine Übersetzung):

> ▸ Morgen und morgen und dann wieder morgen:
> So kriecht die Zeit von Tag zu Tag dahin in kleinen Schritten
> bis hin zur letzten Silbe einer dokumentierten Zeit.
> Und alle unsere 'Gestern' haben Toren den Weg beleuchtet
> hin zum miesen Tod. Aus, aus, du kleine Kerze!
> Das Leben ist nur ein wandelnder Schatten, ein armer Schauspieler,
> der eine Stunde lang auf der Bühne herumagiert
> und dann verstummt. Es ist eine Sage,
> von einem Irren erzählt, voller Klang und Getöse,
> bedeutend gar nichts. ◂ (53c)   (*Macb* 5.5.19–28)

"Bedeutend gar nichts" – das ist Nihilismus pur! In seinem Monolog "To be or not to be" (*Ham* 3.1.56–88) spricht Hamlet zwar von den Träumen, die wir nach dem Tode vielleicht haben würden, aber mit keiner Silbe erwähnt er etwas, was man als christliche Reminiszenz deuten könnte.[52]

19.9.   Abschnitte 49–50: Maria, Stern der Hoffnung

Schon die Überschrift spielt an auf 'Maria, stella maris' (Maria, Meeresstern), und der Text deutet dies ausdrücklich aus: "[Das Leben] erscheint wie eine Fahrt auf dem oft

---

[52] Eine solche Reminiszenz haben wir in *Hamlet* 1.1.164, wo von "that season" die Rede ist, "wherein our Saviour's birth is celebrated," also von Weihnachten, doch das widerspricht nicht dem grundsätzlich Unchristlichen bei Shakespeare.

dunklen und stürmischen Meer der Geschichte, in der wir Ausschau halten nach den Gestirnen, die uns den Weg zeigen" (§49). Jesus ist das Licht selbst, so hören wir, aber Maria, seine Mutter, schenkt uns Licht von seinem Licht und ist ein 'Stern der Hoffnung'. Der Meeresstern hätte indessen eine Anmerkung verdient gehabt. Die merkwürdige, wenn auch gefällige Bezeichnung für Maria ist mit ziemlicher Sicherheit aus einem Irrtum entstanden. Die geläufige Deutung ist die, dass der jüdische Name für Maria, *Mirjam,* als 'Meerestropfen' zu deuten sei, lat. *stilla maris,* woraus dann, wie man annimmt, durch einen Lesefehler *stella maris* entstanden sei (wenn nicht gar einfach eine Verwechselung von *maria* und *maris* vorliegt, die an irgendeiner Manuskriptstelle möglich gewesen sein mag). Doch poetisch und die Fantasie anregend ist der Meeresstern allemal.[53]

Der Abschnitt 50, der letzte der Enzyklika, enthält eine Apostrophe Marias, die somit hier direkt angesprochen wird ("Du lebtest in den heiligen Schriften Israels, die von der Hoffnung sprachen" [woran mag hier gedacht sein?]). Der Papst geht die Erwähnungen Marias im NT durch, wenn auch nicht in dessen Reihenfolge und erwähnt ihren Besuch (im Zustand der Schwangerschaft) bei ihrer Base Elisabeth (*Lk 1*), die Geburtsgeschichte (*Lk* 2:1–19), ihren Besuch im Tempel einschließlich ihrer Begegnung mit Simeon (dessen ominöse Prophezeiung erwähnt wird: "Es wird ein Schwert dein Herz durchdringen"), ihren Besuch bei Anna (so der Papst gemäß Vulgata), die eigentlich Hanna hieß, sowie schließlich ihre Rolle unter dem Kreuz gemäß *Johannes* 19. Nicht erwähnt wird, dass Johannes drei Frauen namens Maria unter dem Kreuz versammelt: die Mutter Jesu (Name nicht genannt), eine Maria "die des Klopas" (wie der Evangelist Johannes sich ausdrückt, *Joh.* 19:25, also Frau oder Tochter des Klopas) sowie Maria aus Magdala, die auch Markus und Lukas kennen (*Lk* 8:2, *Mk* 16:3) und die in der Literatur zu allerlei hübschen Vermutungen Anlass gegeben hat (zuletzt in Dan Browns Roman *The Da Vinci Code*). Der ganze Abschnitt 50 ist reine Poesie in Prosa. Hier ein kurzes Beispiel:

> "Vom Kreuz her wurdest du auf neue Weise Mutter: Mutter für alle, die deinem Sohn Jesus glauben und ihm folgen wollen. Das Schwert des Schmerzes durchbohrte dein Herz. War die Hoffnung gestorben? War die Welt endgültig ohne Licht, das Leben ohne Ziel? In jener Stunde [unter dem Kreuz] hast du gewiß neu in deinem Innern auf das Wort des Engels gehört, mit dem er auf dein Erschrecken beim Augenblick der Verheißung geantwortet hatte: 'Fürchte dich nicht, Maria' (*Lk* 1, 30)."

---

[53] Die Deutung des Namens *Mirjam* geht auf den (Heiligen) Eusebius Hieronymus ([?]347–[?]420) zurück. Unter welchen Umständen aus *Stilla Maris* 'Stella Maris' wurde, ist nicht bekannt. Eine originelle Bezeichnung Marias als Meeresstern, wie sie von Theologen gern angenommen wird und auch dem Enzyklikatext zugrunde liegt, ist aus wissenschaftlicher Sicht höcht unwahrscheinlich.

Man sieht, wie der Papst seiner Fantasie freien Lauf lässt. Eine Argumentation findet nicht mehr statt. Die letzten beiden Sätze dieses Abschnitts und damit der gesamten Enzyklika lauten: "Heilige Maria, Mutter Gottes, unsere Mutter, lehre uns mit dir [zu] glauben und hoffen und lieben. Zeige den Weg zu seinem Reich. Stern des Meeres, leuchte uns und führe uns auf unserem Weg!" Das ist Seelenmassage pur. Was der Papst nicht bedacht hat: dass seine Worte ein herrlicher Beweis für Maria als tatsächliche Göttin sind, was Papst und Katholiken heftigst bestreiten würden, aber nicht deutlicher als in §50 der Enzyklika *Spe Salvi* zum Ausdruck kommen könnte. Sie ist die katholische Hera-Juno, die man – ihrem leider namenlosen Göttergatten (nennen wir in Jahwe oder Yahweh) sei's geklagt – mit der Metapher *Stella Maris* abspeist und der man zu Unrecht die Bezeichnung 'Göttin' vorenthält. Für ihre poetische Apotheose in §50 seiner Enzyklika sollten alle Gläubigen und Ungläubigen dem Papst dennoch dankbar sein. Schön wäre es, der Papst und seine Kardinäle verkündeten ein neues Dogma, wonach Maria nicht nur unbefleckt empfangen wurde, nicht nur in den Himmel aufgenommen wurde, sondern auch 'wahre Göttin und wahrer Mensch' gewesen sei. Das wäre doch einmal wieder ein bemerkenswertes Ereignis. Nach der Unbefleckten Empfängnis und der Aufnahme in den Himmel sollte es doch auf noch etwas mehr an Göttlichkeit nicht ankommen.

19.10. Schluss

Die beim Papst immer wieder zum Ausdruck kommende Bedeutung der christlichen Religion für die Moral gibt es *de facto* nicht. Man sieht nicht, dass Atheisten plötzlich zu Mördern oder zu Außenseitern der Gesellschaft würden oder, wie der Papst immer wieder andeutet, bei Aufgabe christlicher Religiosität einen generellen Verfall moralischer Werte zu befürchten sei.

Fragt man, um welche Art von literarischem Genre es sich bei der Enzyklika handle, so wird man eine Mischung aus *Exposition* und *Diskussion* annehmen müssen – *Exposition*, insofern zugunsten einer bestimmten These oder Überzeugung argumentiert wird, speziell zugunsten der These, dass allein der Glaube an ein ewiges Leben (oder was auch immer) bereits eine Art Verwirklichung solchen Glaubens bedeute, *Diskussion*, insofern der Autor ein Problem aus unterschiedlichen Perspektiven beleuchtet.

20.   Philologische Anmerkungen zur Papst-Rede in Regensburg 2006

Die folgenden Ausführungen entstanden aufgrund der internationalen Aufregungen über ein Zitat des Papstes im Rahmen seiner Vorlesung in Regensburg am 12. September 2006 (als Vorlesung wollte der Papst diese Rede offenbar verstanden wissen). Da wurden alle möglichen Theorien laut, ob der Papst sich nun mit dem Zitat identifiziert habe oder nicht, und Politiker, die ihm beispringen wollten, waren sicher, dass aus dem Text der Rede hervorgehe, dass eben dies nicht der Fall gewesen sei (so z.B. der deutsche Innenminister), was leider gänzlich falsch war. Nur Fachleute meldeten sich kaum zu Wort und wurden auch nicht gefragt. Die Philologen betreiben offenbar ihre Kunst abseits vom Alltagsgeschehen. Es ist an der Zeit, diesem Tatbestand den einen oder Gedanken zu widmen. Meine "Anmerkungen" wollen zu einem solchen Nachdenken beitragen.

20.1.   Anmerkungen zum Manuel-Zitat

Der Papst berichtet zu Beginn seiner Rede von einer Diskussion zwischen dem byzantinischen Kaiser Manuel II und einem islamischen Kontrahenten und sagt dann Folgendes:

> "Ohne sich auf Einzelheiten wie die unterschiedliche Behandlung von „Schriftbesitzern" und „Ungläubigen" einzulassen, wendet er [Kaiser Manuel II] sich in erstaunlich schroffer, uns überraschend schroffer Form[54] ganz einfach mit der zentralen Frage nach dem Verhältnis von Religion und Gewalt überhaupt an seinen Gesprächspartner. Er sagt: 'Zeig mir doch, was Mohammed Neues gebracht hat und da wirst du nur Schlechtes und Inhumanes finden wie dies, daß er vorgeschrieben hat, den Glauben, den er predige, durch das Schwert zu verbreiten'. Der Kaiser begründet, nachdem er so zugeschlagen hat,[55] dann eingehend, warum Glaubensverbreitung durch Gewalt widersinnig ist."

Wozu das Manuel-Zitat? Es ist im Grunde überflüssig, weil es zur Argumentation nichts beiträgt, sondern nur die Einleitung abgibt für das Problem 'Gott und Vernunft'. Es hätte genügt zu sagen: "Kaiser Manuel wendet sich gegen den von Mohammed im Koran geforderten Heiligen Krieg, und zwar mit der folgenden Begründung ...". Zitiert der Papst dies aber, wie er es getan hat, so spricht gerade die Unnötigkeit für die Absichtlichkeit (was natürlich keineswegs heißen muss, dass dies auf jeden Fall *de facto* absichtlich geschah). Im Übrigen muss der Leser annehmen, der Autor identifiziere sich mit dem Zitat, wenn seine Worte dies nicht ausdrücklich ausschließen. In dem "in schroffen Form" und "nachdem er so zugeschlagen hat", kann man allenfalls eine milde

---

[54] Die Bayern-Fassung ("Papst Benedikt XVI. in Bayern") hat nur "in erstaunlich schroffer", die Vatikan-Fassung II (mit Anmerkungen; 'Fassung II' ist meine Bezeichnung) hat "in erstaunlich schroffer, für uns unannehmbar schroffer Form." Aus mehreren Indizien geht hervor, dass die Vatikan-Fassungen der gesprochenen Version näher stehen als die 'Bayern-Fassung'. Die Unterschiede zwischen den Fassungen sind im Ganzen jedoch unerheblich.

[55] Der Nebensatz "nachdem er so zugeschlagen hat" fehlt in der Bayern-Fassung.

Kritik am Wortlaut, also am Stil des Kaisers sehen, aber keine Distanzierung vom Inhalt. Hinzu kommt, dass der Papst ja der kurz darauf zitierten Verdammung von Gewalt durch Manuel zustimmt und der Leser nicht annehmen kann, dass der Anfang des Zitierten von dieser Zustimmung ausgenommen werden soll. Ein Autor hat nur die Möglichkeit, entweder zustimmend (schweigend oder ausdrücklich) oder ablehnend (nur ausdrücklich) zu zitieren; er kann sich auf keinen Fall damit herausreden, er habe ja nur zitiert und schon *damit* nicht ohne Weiteres dem Inhalt des Zitats zugestimmt!

Die Kritik meines Würzburger Kollegen Norbert Richard Wolf zielt in die gleiche Richtung. "Zudem muss sich ein wissenschaftlicher Autor immer die Frage stellen, warum er ein Zitat bringt: Zitiert er eine Autorität? Will er kundtun, dass man etwas schon seit langem weiß? Oder will er eine falsche Meinung zitieren, um sie dann zu widerlegen? Das alles trifft für den Papst nicht zu. Wenn man böswillig wäre, möchte man mutmaßen, der Redner wolle nur seine Belesenheit, seine Gelehrsamkeit demonstrieren" (*Mainpost*, Würzburg, 2006-09-26, S. 2).

Die Wolf'sche Mutmaßung am Ende seiner Bemerkungen ist so abwegig nicht. Der Papst nennt zweimal den Namen des Herausgebers der Papiere, aus denen er zitiert, einmal mit Titel und Vornamen. Wozu die Verbeugung gegenüber dem ehemaligen Kollegen? Es hätte genügt, dass er die gedruckte Quelle seines Zitats in eine spätere Anmerkung verwiesen hätte.

Das Zitat vorausgesetzt – wie hätte eine Distanzierung *von vornherein* lauten können?[56] Etwa das Folgende hätte genügt: "Der Kaiser argumentiert hier einseitig und voreingenommen christlich, ohne zu bedenken, dass sein Vorwurf gegenüber dem Islam auch die Christenheit trifft (man denke zB an die späteren Kreuzzüge). Auch kann man natürlich keineswegs sagen, Mohammed habe nur Schlechtes und Inhumanes bewirkt. Von solchen Ausfällen muss man sich entschieden distanzieren. Worauf es mir jedoch ankommt; ist die Begründung des Kaisers …". Eine *nachträgliche* Korrektur hätte zusätzlich das Eingeständnis einer misslichen Formulierung sowie eine Entschuldigung für das verursachte Missverständnis enthalten sollen.

20.2. Anmerkungen zur Verlautbarung des Kardinal-Staatssekretärs vom 16. September 2006

Am 16.9.2006 erließ der Staatssekretär des Vatikans Kardinal Tarcisio Bertone eine Verlautbarung, die wohl eher eine Klarstellung als eine Entschuldigung sein sollte. Die das Manuel-Zitat betreffende Stelle in den umständlichen Ausführungen des Kardinals lautet:

> ▸ Was die Meinung des byzantinischen Kaisers Manuel II angeht, die der Papst in seiner Regensburg-Rede zitierte, so wollte sich der Heilige Vater dies nicht zu eigen machen – noch will er dies überhaupt. Er benutzte sie nur (in einem akademischen Kontext und wie es bei aufmerksamer

---

[56] Die folgenden Bemerkungen datieren vom 2006-09-15. Man kann sie nunmehr mit den tatsächlichen Korrekturen vergleichen.

Lektüre des Textes auch ersichtlich ist) – , um gewisse Reflexionen anzustellen über das Thema der Beziehung zwischen Religion und Gewaltanwendung ganz allgemein und um eine klare und radikale Ablehnung einer religiös motivierten Gewaltanwendung zum Ausdruck zu bringen, von welcher Seite sie auch immer kommen möge. ◀ (55)

Was hier fehlt, ist das klare Eingeständnis einer falschen Formulierung, die dem Papst unterlaufen sei. Der erste Satz der zitierten Stelle wäre etwa wie folgt zu ergänzen:

▶ Was die Meinung des byzantinischen Kaisers Manuel II angeht, die der Papst in seiner Regensburg-Rede zitierte, so wollte (und will) sich der Heilige Vater dies nicht zu eigen machen, obwohl er zugeben muss, dass seine Formulierungen unglücklich waren, weil er sich nicht von den zitierten Worten distanzierte. ◀ (56)

Der zweite Satz ("He simply used it …") ist einfach falsch und hätte etwa lauten sollen: ▶ Er beabsichtigte, den Text für gewisse Überlegungen zum Thema der Zurückweisung von Gewalt aus rationalen Gründen zu benutzen. (Die Stelle hätte ohne Sinnverlust im Rahmen der Argumentation gestrichen werden können.) ◀ (57)

Der Kontext macht deutlich, dass es dem Papst weniger um die Zurückweisung der Gewalt ging (wie es der Kardinal suggeriert), als um die Hervorhebung der Vernunft als Begründung für eine solche Zurückweisung.

Wozu dient die Parenthese "in an academic context …"? Der "akademische Kontext" ist keine Rechtfertigung für das irreführende Zitat; die Parenthese (einschließlich des "aufmerksamen Lesens") suggeriert vielmehr unterschwellig, dass die Leser/Hörer womöglich zu dumm oder zu unaufmerksam waren, den Papst richtig zu verstehen. Die Schuld des Missverstehens wird auf die Leser/Hörer abgewälzt – ethisch nicht gerade christlich! Die Streichung der Parenthese wäre dringend zu empfehlen gewesen.

20.3. Anmerkungen zu den nachträglichen Anmerkungen des Papstes zum Manuel-Zitat

Die offizielle Vatikan-Version der Papstrede (Vatikan-Fassung II) hat zu den diskutierten Stellen den neuen Wortlaut "in erstaunlich schroffer, *für uns unannehmbar* schroffer Form" sowie die beiden folgenden Anmerkungen:

[Anm. 3] "Controverse VII 2c; bei Khoury S. 142/143; Förstel Bd. I, VII. Dialog 1.5 S. 240/241. Dieses Zitat ist in der muslimischen Welt leider als Ausdruck meiner eigenen Position aufgefaßt worden und hat so begreiflicherweise Empörung hervorgerufen. Ich hoffe, daß der Leser meines Textes sofort erkennen kann, daß dieser Satz nicht meine eigene Haltung dem Koran gegenüber ausdrückt, dem gegenüber ich die Ehrfurcht empfinde, die dem heiligen Buch einer großen Religion gebührt. Bei der Zitation des Texts von Kaiser Manuel II. ging es mir einzig darum, auf den wesentlichen Zusammenhang zwischen Glaube und Vernunft hinzuführen. In diesem Punkt stimme ich Manuel zu, ohne mir deshalb seine Polemik zuzueignen."

[Anm. 5] "Controverse VII 3b – c; bei Khoury S. 144/145; Förstel Bd. I, VII. Dialog 1.6 S. 240–243. Einzig um dieses Gedankens willen habe ich den zwischen Manuel und seinem persischen Gesprächspartner geführten Dialog zitiert. Er gibt das Thema der folgenden Überlegungen vor."

Was den neuen Wortlaut angeht, so bessert er nicht viel, weil er nur die Form betrifft: Muss man die schroffe *Form* ablehnen, so bleibt nach wie vor die implizierte Zustimmung zum Inhalt der kaiserlichen Aussage.

Der erste Satz der Anmerkung [3] beschönigt den Tatbestand. Es hätte – als stilistisches Sündenbekenntnis – heißen sollen: "Es war leider so formuliert, dass es als Ausdruck meiner eigenen Position aufgefasst werden musste (vielleicht wäre *konnte* noch akzeptabel gewesen). Der zweite Satz führt auf ein Nebengleis; er betrifft die Haltung des Papstes zum Koran, während die tatsächliche Frage darin besteht, ob der Papst annimmt, Mohammed habe nur Schlechtes und Inhumanes gebracht (ein zu heißes Eisen, das man besser nur über den Koran berührt?). Das "Ich hoffe, dass der Leser meines Textes sofort erkennen kann ..." mag – vielleicht – für den Koran zutreffen, für das Schlechte und Inhumane Mohammeds ist das nicht der Fall! – Die beiden letzten Sätze der Anmerkung [3] sind klar und eindeutig. Das Gleiche gilt für die Anmerkung [5].

20.4. Anmerkungen zum Inhalt der Papst-Rede[57]

Die Papst-Rede ist ein neuer Versuch, den Glauben mit der Vernunft in Einklang zu bringen (oder sollte man sagen 'mit der Vernunft zu versöhnen' oder gar 'aus der Vernunft zu erklären'?). In der Geschichte der Dogmatik gipfelten solche Versuche in dem Satz *Credo quia absurdum*,[58] über den man nicht hinausgelangen kann, der aber natürlich von Vertretern einer unvoreingenommenen Wissenschaft selbst als Gipfel des Absurden abgetan werden muss. Aus der Sicht der Wissenschaft kann man nicht im Absurden und im logischen Widerspruch höchste Wahrheiten erkennen. Bemerkenswerterweise knüpft der Papst auch nicht an diese Tradition an; allerdings verurteilt er sie auch nicht explizit.

Wie oben dargelegt, beginnt der Papst mit einem Ausspruch des byzantinischen Kaisers Emanuel II Palaeologus[59] aus dem Jahre 1391, in dem sich der Kaiser aus Vernunftgründen gegen die Anwendung von Gewalt zur Verbreitung des Glaubens wendet. Der Papst fährt dann fort: "Der entscheidende Satz in dieser Argumentation gegen Bekehrung durch Gewalt lautet: Nicht vernunftgemäß handeln, ist dem Wesen Gottes zuwider [d.h. widerspricht dem Wesen Gottes]." Es sei falsch anzunehmen, dass der Wille Gottes nicht an die Kategorie der Vernünftigkeit gebunden sei, sondern – gemäß islamischer Lehre 'absolut transzendent'.

---

[57] Auch im Folgenden kommt es mir nur auf die Logik und Verständlichkeit der Argumentation an, nicht auf die Frage, ob der Glaube nun richtig oder gut für den Menschen sei.

[58] Er stammt sicher aus dem 17. Jahrhundert und wird oft Pascal zugeschrieben, der in der Tat eine solche Position vertreten hat.

[59] Die 'Paläologen' (eigentlich Altertumskundige) bildeten die letzte der byzantinischen Dynastien (1259–1435).

Man könnte einwenden, dass allerdings die totale Freiheit Gottes das Geschehen in dieser Welt besser erkläre als die Annahme einer Analogie zwischen göttlicher und menschlicher Vernunft; man denke an Thomas Hobbes' "Homo homini lupus" oder an die Worte Mephistos im Prolog zum *Faust:*

> Der kleine Gott von dieser Welt bleibt stets vom gleichen Schlag
> Und ist so wunderlich als wie am ersten Tag.
> Ein wenig besser würd er leben,
> Hätt'st du ihm nicht den Geist des Himmelslichts gegeben:
> Er nennt's Vernunft und braucht's allein,
> Nur tierischer als jedes Tier zu sein.

Doch der Papst wendet sich ausdrücklich gegen den theologischen Voluntarismus (den Primat des göttlichen Willens vor der Vernunft), wie er etwa von Duns Scotus (?1265–1308) vertreten wurde und besteht auf dem Analogie-Gedanken.

Die Vernunft in Bezug auf die Gottesvorstellung sieht Benedikt im Griechentum verkörpert, das sich mit dem "auf der Bibel gründenden Gottesglauben" verbunden habe. Der Evangelist Johannes beginne den Prolog seines Evangeliums mit dem Satz "Im Anfang war der Logos".

Der Papst ist an diese Stelle ungenau, insofern das Johannes-Evangelium natürlich *Teil* der Bibel ist. Er meinte wahrscheinlich die Verbindung des Griechischen mit dem auf dem Alten Testament gegründeten Gottesglauben. Schließlich sagt er selbst: "Johannes hat uns damit das abschließende Wort des biblischen [!] Gottesbegriffs geschenkt."

Schon die griechische *Septuaginta* (3. Jh. *ante*) gilt Papst Benedikt als "eigener wichtiger Schritt der Offenbarungsgeschichte." Er sieht in der Tat das Aufeinanderzugehen von Bibel und Griechentum bereits in der Szene vom brennenden Dornbusch des AT angelegt.[60] Die Quintessenz seiner Überlegungen lautet: "Der wahrhaft göttliche Gott ist der Gott, der sich als Logos gezeigt und als Logos liebend für uns gehandelt hat und handelt."

Die Identifizierung der Vernunft – speziell der bei Manuel II – mit dem Logos bei Johannes ist höchst fragwürdig.[61] Das Wort *logos* (λόγος) hat im Griechischen drei Bedeutungen: (1) 'Wort', (2) 'Vernunft', (3) 'WORT' (= 'Logos' im Sinne des Johannes). Die dritte Bedeutung entstammt sehr wahrscheinlich der Gnosis, in deren Schriften

---

[60] Der Papst sagt: "Schon der geheimnisvolle Gottesname vom brennenden Dornbusch, der diesen Gott aus den Göttern mit den vielen Namen herausnimmt und von ihm einfach das 'Ich bin', das Dasein, aussagt, ist eine Bestreitung des Mythos." Frau Dr. Margret Popp teilt mir hierzu mit: "Dass in *Ex* 3:15 tatsächlich nur das Sein von diesem Gott ausgesagt wird, nebst Abweisung eines Mythos, ist angesichts der komplexen Bedeutungsgeschichte des aramäischen 'Tetragramms' JHWH (für *Jahwe* 'Gott' = 'Ich bin, der ich bin') nicht gesichert. So abstrakt war die ursprüngliche Bedeutung der Form nicht angelegt."

[61] Meine weiteren Bemerkungen zur Gnosis und zur Wortbedeutung von *logos* folgen im Wesentlichen einer Darstellung von Frau Dr. Popp, der mein Dank für die Benutzung dieser Einsichten gebührt.

Logos u.a. den Demiurgen im Sinne Platons bezeichnet;[62] ein Wesen zwischen Gott und Welt, den Offenbarer, durch den nach Johannes alles entsteht. Sie erklärt sich über die Metonymie Symbol > Symbolisiertes (ähnlich Krone > Herrscher) und steht im Gebrauch möglicherweise einem Titel oder einem als bekannt vorausgesetzten Eigennamen nahe; siehe Bultmann 1968, S. 7; 18f.

Wie der Ursprung des Logos-Begriffs im Sinne des *Johannes*-Prologs *letztlich* zu erklären ist, bleibt dunkel. Es liegt nahe, ihn aus dem Machtwort eines Schöpfergottes zu erklären, was nicht notwendigerweise auf *Genesis* 1 zurückgehen muss. Genau das lehnt Bultmann jedoch ab, da er nur an das Alte Testament denkt: "Ein paradoxer [mit dem Offenbarungsgedanken gegebener] Sachverhalt soll Ausdruck finden [...], daß im Offenbarer wirklich Gott begegnet und daß Gott doch nicht direkt, sondern nur im Offenbarer begegnet" (S. 17). Immerhin wird der Schöpfer-Logos in Vers 3 von Johannes sehr nachdrücklich erwähnt ("Alle Dinge sind durch dasselbe ['Wort'] gemacht, und ohne dasselbe ist nichts gemacht, was gemacht worden ist").

Papst Benedikt möchte, wie er ausführt, allen Forderungen nach einer 'Enthellenisierung' des Christentums' entgegentreten. Auch sein Enthellenisierungsbegriff ist jedoch fragwürdig. Er scheint ihn im Sinne von 'Verlust der Vernunft' zu gebrauchen und gewinnt diesen Sinn über Johannes' 'Logos', der – fälschlich – im Sinne von 'Vernunft' verstanden wird. (Man möchte fragen, ob denn somit das Neue Testament außerhalb des Johannes-Evangeliums weniger vernünftig ist. Was sonst bedeutet "das Zusammentreffen der biblischen Botschaft und des griechischen Denkens", die "kein Zufall" gewesen sei?)

Die 'Enthellenisierung' vollzieht sich nach Benedikt in drei Wellen.

(1) Die erste Welle ist identisch mit der Reformation, die in dem Motto *Sola Scriptura* zu einer Urgestalt des Christlichen zurückfinden möchte. (Also bedeutet *Sola Scriptura* einen Verlust an Vernunft?) Sie findet nach Benedikt ihren späten Höhepunkt in der radikalen Aussage eines Immanuel Kant, er habe das Denken beiseiteschaffen müssen, um dem Glauben Platz zu machen.

(2) Die zweite Welle verbindet Benedikt mit dem Namen des evangelischen Theologen Adolf von Harnack (1851–1930). Von Harnack habe das Christentum "etwa von dem Glauben an die Gottheit Christi und die Dreieinheit Gottes" befreien wollen mit dem Ziel, die Theologie auf der Grundlage einer historisch-kritischen Auslegung des Neuen Testaments wieder als strikte Wissenschaft in den Kosmos der modernen Universität einzuordnen.[63]

---

[62] Der Demiurg ist bei Platon der Weltbaumeister, also der Schöpfer (δημιουργός zu δῆμος 'Volk' und ἔργον 'Werk'; also ursprünglich, wie wir heute sagen würden, 'Arbeiter im öffentlichen Dienst'). Zum Einfluss der Gnosis auf Johannes 1 siehe ausführlich Bultmanns Kommentar.

[63] Merkwürdig ist, dass der Papst hier Rudolf Bultmann (1884–1976) und dessen "Entmythologisierung" des Neuen Testaments unerwähnt lässt. Bultmann schrieb immerhin ein Geleitwort für die 15. Auflage des Buches von A. von Harnack mit dem Titel *Das Wesen des Christentums* (1950; zuerst 1900). Allerdings taucht Bultmann im *Jesus*-Buch des Papstes auf.

(3) Während Benedikt die dritte Welle – die der 'Inkulturation' – nur beiläufig erwähnt (ihr Tenor: die Hellenisierung des NT ist für andere Kulturen nicht verbindlich), nehmen seine Ausführungen zu von Harnack eine unerwartet Wende.

Der Versuch, Theologie gemäß von Harnack als Wissenschaft zu erhalten, so der Papst, lasse vom Christentum nur ein armseliges Fragmentstück übrig (Recht hat er). Dann folgt die Überraschung, die wieder eher beiläufig als betont vorgebracht wird: "Wichtig für unsere Überlegungen ist aber noch, daß die Methode als solche [gemeint ist Wissenschaft als ein Zusammenspiel von Mathematik und Empirie] die Gottesfrage ausschließt und sie als unwissenschaftliche oder vorwissenschaftliche Frage erscheinen lässt. Damit aber stehen wir vor einer Verkürzung des Radius von Wissenschaft und Vernunft, die in Frage gestellt werden muß." Die 'Gottesfrage' ist die Frage nach der *Existenz* eines Gottes, während ein Gott bisher vorausgesetzt wurde, wenn von seinen Eigenschaften in Sachen Vernunft die Rede war. Theologen wie v. Harnack und Bultmann sind natürlich nicht so weit gegangen, dass sie die 'Gottesfrage' stellten und dass sie diese dann sogar negativ beantwortet hätten; sie blieben brave Theisten. Der Papst behauptet dies auch nicht, aber die Beiläufigkeit seiner Bemerkung ist in diesem Zusammenhang irritierend.

Im Rahmen dieser Diskussion nimmt man gern zur Kenntnis, dass der Glaube kein Zurückgehen hinter die Errungenschaften der modernen Wissenschaft bedeute: "Das Ethos der Wissenschaftlichkeit ist im übrigen Wille zum Gehorsam gegenüber der Wahrheit und insofern Ausdruck einer Grundhaltung, die zu den Grundentscheiden des Christlichen gehört." Das soll wohl heißen, dass Benedikt weit davon entfernt ist, einem biederen Kreationismus das Wort zu reden. Benedikts Gott schließt Urknall und Evolution nicht aus.[64] "Nicht Rücknahme, nicht negative Kritik ist gemeint, sondern um Ausweitung des Vernunftbegriffs und Vernunftgebrauchs geht es." Er möchte "die selbstverfügte Beschränkung der Vernunft auf das im Experiment Falsifizierbare[65] überwinden und der Vernunft ihre ganze Weite wieder eröffnen." Was aber heißt das? Man möchte sagen: *Ay, there's the rub!*[66] Letztlich bleibt uns der Papst eine Antwort auf die 'Gottesfrage' (wie er es nennt) schuldig, auch wenn er im Rahmen seiner zT abstrusen Schlussbemerkungen[67] u.a. betont, dass "der Ausschluß des Göttlichen aus der Universalität der Vernunft als Verstoß gegen die innersten Überzeugungen" tief religiöser Kulturen der Welt verstoße. (Ein Verstoß gegen irgendwelche Überzeugungen kann nichts beweisen.)

Die 'Gottesfrage' ist letztlich verhältnismäßig einfach zu beantworten. Sie ist,

---

[64] Hermann Volk (1903–1988), der spätere Kardinal und Bischof von Mainz, hielt 1954 an der Universität Münster seine Rektoratsrede über Schöpfung und Evolution (Volk 1956). Einer seiner späteren Nachfolger in Münster war Joseph Ratzinger. Inzwischen ist die Anerkennung der Evolution durch die Kirchen zu einer Selbstverständlichkeit geworden.

[65] An einer anderen Stelle ist von der "Verifizierung oder Falsifizierung im Experiment" die Rede. Karl Popper (1902–1994) ist auch beim Papst angekommen.

[66] *Hamlet*, 3.1.64: 'Da ist das Problem.'

[67] Ich belasse es trotz einiger Bedenken bei diesem kritischen Ausdruck. Tatsächlich ist der *ganze* Essay nicht gerade darauf angelegt, leicht verstanden zu werden.

wissenschaftlich gesehen, sinnlos,[68] weil weder eine positive noch eine negative Antwort bezüglich einer Existenz Gottes beweisbar bzw. falsifizierbar ist. Der Papst möchte natürlich, wie er ausdrücklich sagt, das Falsifizierbare keineswegs zum entscheidenden Kriterium der auf Vernunft gegründeten Wissenschaft machen. Damit wird die Gottesfrage zu einem Problem der Logik.

Die beiden möglichen Antworten sind allerdings nur logisch gleichwertig. Dawkins weist nachdrücklich darauf hin, dass die Wahrscheinlichkeiten keineswegs gleichwertig seien und erinnert an Bertrand Russells Teekanne (S. 52f). Auch die Behauptung, um die Sonne kreise irgendwo ein Planet von Form und Größe einer Teekanne, sei weder beweisbar noch widerlegbar, aber doch für jeden als absurd zu erkennen: "We should all be teapot agnostics" Die Beweislast liege bei den Gläubigen, nicht bei den Dissidenten (S. 53). Doch die Gläubigen werden zwischen Teekanne und Gottesfrage einen großen Unterschied erkennen. Der einzige Ausweg aus der logischen Aporie besteht wohl am Ende darin, an *Ockham's razor* zu erinnern: "Entia non sunt multiplicanda praeter necessitatem, sed solum secundum cognitionem"[69]. Damit ginge der Agnostizismus, der alles offen lässt, in einen Atheismus über.

Die Gottesfrage ähnelt der Frage, was vor dem Urknall war, einer Frage, die Stephen Hawking nicht zulassen möchte: ▶ Das Konzept von Zeit hat keinerlei Bedeutung vor Beginn des Universums ◀ (58).[70]

Wie wir seit Kant wissen, ist unsere Vernunft an die Kategorie der Zeit gebunden, sodass es das menschliche Vorstellungsvermögen übersteigt, dass per Urknall die Welt aus dem Nichts entstanden sein soll. Neuerlich hat Stephen Hawking dazu dies zu sagen:

▶ Soweit es um uns (als menschliche Wesen) geht, können Ereignisse vor dem *big bang* für uns keinerlei Folgen haben und sollten somit nicht Teil eines wissenschaftlichen Weltmodells sein. […] Das bedeutet, dass Fragen wie die, wer die Bedingungen für den *big bang* aufstellte, keine Fragen sind, welche die Wissenschaft ins Auge fasst ◀ (59).[71]

Hinter "who set up the conditions" (wer die Bedingungen aufstellte) verbirgt sich natürlich die Frage nach einem Gott. Die Analogie zum Problem der Zeit vor dem Urknall liegt darin, dass ebenso wie wir nicht umhin können, einen Zeitverlauf vor dem Urknall zu *denken und zu postulieren*, wir uns auch keinen Urknall vorstellen können, ohne dass

---

[68] Ein Leser dieser Stelle moniert, dass ich die Gottesfrage, die doch für den Menschen sehr wichtig sei, als sinnlos bezeichne. Natürlich ist sie, so wie sie dieser Leser versteht, nicht schlechthin sinnlos; sie ist nur im wissenschaftlichen Sinne – vor dem Forum der Vernunft – sinnlos, wie ich im Nachfolgenden zu verdeutlichen suche. Allerdings kann ich auch wissenschaftlich den Gottesglauben der Menschen als positiv ins Auge fassen; das aber ist dann nicht die Frage nach der Existenz eines Gottes, sondern die nach der psychologischen Bedeutung eines Gottesglaubens; so gesehen, wäre die Gottesfrage natürlich nicht sinnlos; sie wäre jedoch anders definiert.

[69] "Die existierenden Dinge (die 'Entien') sind nicht über das Notwendige hinaus zu vermehren, sondern nur gemäß unserer Erkenntnis."

[70] *A Brief History of Time,* [10]1998:8.

[71] *A Briefer History of Time,* 2005:69.

es dafür einen *Grund* gegeben hätte.[72] Was liegt näher, als dafür kurzerhand einen Gott anzunehmen. (Man beachte, dass sich interessanterweise Hawking nicht zwischen den beiden Möglichkeiten 'Gott' oder 'Nicht-Gott' entscheidet. Er lässt die *Frage* nicht zu; ließe er sie offen, so wäre das eine typisch agnostische Entscheidung.)

Eine Ausweitung der Vernunft in einer Weise, dass die Existenz eines Gottes zwingend angenommen werden muss, ist gänzlich irrational; eine Rückkehr zu alten "Gottesbeweisen" ist nicht möglich. Doch vielleicht ist Benedikts "Ausweitung der Vernunft" so zu verstehen, dass er es als vernunftgemäß ansieht, die Bedeutung des Religiösen (und damit auch Gottes) für den Menschen anzuerkennen. Das aber ist etwas ganz anderes, als die Glaubensinhalte (wie etwa einen Gott) als der Vernunft zugänglich anzusehen (siehe auch Anmerkungen 68 und 72).

Im englischen *Spectator* vom 2006-09-30 (S. 22f) berichtete Matt Ridley über Francis Crick, der einer der Entdecker der Doppelhelix (Nobelpreis 1962) und überzeugter Atheist war, und teilt die folgenden Bemerkungen von Crick mit: ▸ Die einfachen Fabeln der Weltreligionen sehen am Ende aus wie Geschichten, die man Kindern erzählt ◂ (60). – ▸ Ich sollte vielleicht den folgenden Punkt hervorheben, weil es zum guten Stil gehört, das Gegenteil vorzutäuschen: Ich respektiere keine christlichen Glaubenssätze. Ich meine, dass sie lächerlich sind ◂ (61). Dem fügt Ridley mit Recht hinzu: ▸ Aus der 40 Jahre weiteren Entwicklung wird klar, das die Entdeckung des genetischen Code buchstäblich keine Wirkung auf religiösen Glauben oder irgendeine andere Form von Aberglauben hatte ◂ (62).

Ein etwas anderes Problem schneidet Daniel Dennett an, wenn er sagt: ▸ Es ist durchaus möglich, ein Atheist zu sein und an den Glauben an Gott zu glauben. So jemand glaubt nicht an Gott, meint aber trotzdem, das das Glauben an Gott ein wunderbarer Geisteszustand sei, wenn es sich machen ließe ◂ (63) (Dennett, S. 221). Doch dies macht den Glauben zu einem Instrument: auf das Persönliche bezogen, zu einem Grund des Wohlergehens, auch vielleicht eines positiven Gemeinschaftserlebnisses, auf andere bezogen, zu einer nützlichen Droge (z.B. Opium fürs Volk). Auf keinen Fall hilft uns der 'Glaube an den Glauben' (wenn es ihn denn gibt), zu einem vernunftgemäßen Verständnis der Glaubensinhalte. Dennetts Glaube des Atheisten an den Glauben grenzt ans Zynische. Die Gründe für diesen Tatbestand sind durchaus der Vernunft zugänglich und bedürfen der Erhellung durch Religionswissenschaft und Soziologie.

Indem der Papst Theologen wie Bultmann hier nicht erwähnt, meidet er die Frage, wie die Theologie auf die märchenhaften Komplexe des Christlichen (die Wunder

---

[72] Der in Anmerkung 68 erwähnte Leser möchte den Satz vom Grunde auch auf den Urknall ausgedehnt wissen: "Wenn wir dahinter, heuristisch, einmal einen Schöpfer vermuten wollen, der jedoch so transzendent ist, dass er nicht einmal die Existenz in einem trivialen Sinn mit dem Geschaffenen teilt, dann kann dieser noch immer als das *primum movens* angesehen bzw. geglaubt werden, ohne dass dies widervernünftig wäre." Dies ist richtig (es ist der deistische Standpunkt). Die positive Beantwortung der 'Gottesfrage' ist für Deisten (die einen intelligenten Designer annehmen) wie für Theisten (die einem eher persönlichen Gott huldigen) sinnvoller als die negative.

einschließlich Auferstehung) reagiert hat. Sehr einfach: Sie sucht Zuflucht zu einem *scheinbar* vernunftgemäßen Intellektualismus und versucht, sie hinwegzudiskutieren. Ein junger Theologe schreibt mir zum Beispiel, dass die Wunder des NT (einschließlich Auferstehung) keineswegs Menschen überzeugen und für den Glauben gewinnen sollen, sondern den Glauben bereits voraussetzen. Die Worte seien erneut zitiert:

"Würde man nun die verschiedenen Ostergeschichten der Evangelien exegetisch genau betrachten, käme man zu der Feststellung; dass diese keineswegs den Glauben an die Gottheit Christi wecken oder [diese] beweisen wollen. Sondern dass ihre Intention darin liegt, Sendungsgeschichten zu sein (sie enden alle: "Geht nun und sagt den anderen …"). Der Glaube an Jesus Christus liegt nicht – wie man oft meint – in seinen Wundern, und auch nicht im größten seiner Wunder, in seiner Auferstehung begründet [*hear, hear!*], sondern die Wunder setzen den Glauben an ihn schon voraus. […] Sie sind Zeichen (vgl. Johannesevangelium), nicht Beweise."

Einer solchen Auffassung widerspricht die Paulusstelle 1*Kor* 15:14[73] diametral. Sie ist auch im Kern unehrlich, und es ist vielleicht bezeichnend, dass der Papst auf derartige Rettungsversuche des Glaubens vor der Vernunft gar nicht eingegangen ist.

Schließlich noch eine Bemerkung zum Stil der Papstrede. Wollte man die rhetorischen Kategorien auf den Stil des Papstes anwenden, so müsste man von einer mittleren Stillage sprechen (*genus medium*). Dafür sollte man dankbar sein. Doch Vorsicht! Der Stil des Papstes wirkt zwar erfreulich unprätentiös und geradlinig (man *glaubt*, die Einzelheiten im Wesentlichen verstehen zu können), doch da unterliegt man an vielen Stellen einer Täuschung. Mit dem Stil sind auch die faktischen Illogizismen unauffällig. Dafür ein Beispiel. Kurz vor Schluss seines Vortrags wendet sich Benedikt gegen ein subjektives 'Gewissen' als letzte ethische Instanz:

"So aber verlieren Ethos und Religion ihre gemeinschaftsbildende Kraft und verfallen der Beliebigkeit. Dieser Zustand ist für die Menschheit gefährlich: Wir sehen es an den uns bedrohenden Pathologien der Religion und der Vernunft, die notwendig ausbrechen müssen, wo Vernunft so verengt wird, dass ihr die Fragen der Religion und des Ethos nicht mehr zugehören. Was an ethischen Versuchen von den Regeln der Evolution oder von Psychologie und Soziologie her bleibt, reicht einfach nicht aus."

Wenn das richtig wäre, müssten Religionsanhänger besser sein als die Rationalisten und Agnostiker. Wie kann es dann aber Pathologien der Religion geben, die doch gerade die Beliebigkeit der Ethik[74] verhindern soll? Auch kann mit "Pathologien" kaum ein teilweiser Verfall des Religiösen gemeint sein. Die großen 'Pathologien' des Christentums

---

[73] "Ist aber Christus nicht auferstanden, so ist unsere Verkündigung leer und unser Glaube leer" (meine Übersetzung).

[74] Dennett 2006 widmet dem Problem 'Ethik und Religion' ein ganzes Kapitel und sagt u.a.: (S. 55). ▶ Ich habe keinen Beweis für die Behauptung entdecken können, dass Menschen, ob religiös oder nicht, die nicht an eine Belohnung im Himmel und/oder an eine Bestrafung in der Hölle glauben, eher töten, vergewaltigen, rauben oder ihre Versprechen brechen als Menschen, die an so etwas glauben ◀ (S. 279) (63a). – ▶ Vielleicht würde eine Statistik zeigen, dass Atheisten und Agnostiker als Gruppe die Gesetze mehr respektieren, mehr Mitgefühl aufbringen, ethischer sind als die Religiösen ◀ (S. 55) (63b).

wie Kreuzzüge[75] und Galileo-Verurteilung beruhen doch – wie auch der Dschihad im Islam – gerade auf religiöser Überzeugung. Die Wahrheit ist: Weder Vernunft noch Glaube – auch nicht das religiös begründete Gewissen – schützen uns vor menschlichen Torheiten und Bosheiten.

Es ist nicht uninteressant, dass schon Rudolf Augstein den "Kurienkardinal Joseph Ratzinger" (wie er 1999 sagt) zu dem Problem 'Ethik und Religion' zitiert, der gesagt habe, "Wenn plötzlich die sittliche Macht [!], die der christliche Glaube darstellt, aus der Menschheit weggerissen würde, dann würde sie wie ein an einen Eisberg gerammtes Schiff taumeln und dann bestünde höchste Gefahr für das Überleben der Menschheit. Wir müssen damit rechnen, daß die Abwesenheit Gottes so stark [so *stark?*] wird, daß der Mensch ins moralische Trudeln kommt und daß Weltzerstörung, Apokalypse, Untergang vor uns steht." Augstein kommentiert dies so: "An diesen Sätzen stimmt so gut wie nichts. Längst stellt der christliche Glaube keine sittliche Macht mehr dar, und das ist gut so" (1999:425; eckige Klammern von mir). Auch Dennett 2006 sieht keine ethische Apokalypse am Horizont, wenn die Ethik ihre religiöse Basis verlöre (s. Anmerkung 74).

Man sieht, wie auch ein 'mittlerer' Stil Ungereimtheiten transportieren kann. Dennoch sollte man dem Papst dankbar sein, dass er den Weg eines stilistischen Intellektualismus, der in der Regel mit unnötigen Abstraktionen gepflastert ist, nicht gegangen ist.

Schlussbemerkungen. Es bleibt auch nach der Papst-Rede dabei, dass der Inhalt eines letztlich irrationalen Glaubens nicht durch Vernunft begründet werden kann, was den menschlichen *Wert* eines solchen Glaubens nicht unbedingt schmälern muss. Vor dem Forum der *ratio* kann jedoch die Frage nach der *existenziellen Bedeutung* des Glaubens (unabhängig von seinen Inhalten), dh nach seinem emotionalen Wert für den einzelnen Gläubigen sehr wohl positiv beantwortet werden, obwohl dies natürlich nicht zwingend ist. Was dem Papst offenbar vorschwebt, ist jedoch eine Erweiterung des Vernunftbegriffs derart, dass auch der Glaube darunter Platz findet. Dies ist schon aus Gründen der Logik nicht möglich – jedenfalls nicht in Bezug auf die Glaubensinhalte.

Leider ist es dem Papst nicht gelungen, die verschiedenen Ebenen der Argumentation klar auseinanderzuhalten. Dies zeigt sich besonders deutlich im Falle der "Gottesfrage". Die Frage, ob es einen Gott gibt, ist zu trennen von der Nützlichkeitsfrage, ob der Glaube an einen Gott für den Menschen vorteilhaft oder segensreich sein könne, selbst wenn es einen solchen Gott gar nicht geben sollte. Glaube (einschließlich jeder Art von Spiritualität) und Vernunft (einschließlich Wissenschaft) müssen notgedrungen nebeneinander bestehen. Sie sind, wie man es ausgedrückt hat, sich nicht überschneidende 'Magisterien'.[76] Das Magisterium des Glaubens hat dabei den großen Vorteil, die größere Akzeptanz in der Öffentlichkeit zu genießen. Wer 'outet' sich schon gern als Atheist? (Atheist zu sein wird

---

[75] Der Althistoriker Egon Flaig weiß auch den Kreuzzügen positive Seiten abzugewinnen und zitiert Jacob Burkhardt: "Ein Glück, dass Europa sich im ganzen des Islam erwehrte" (*FAZ* 2006-09-06, S. 35–37).

[76] Nach Dawkins 2006:55. *Magisterium* ist die Bezeichnung für die Lehrautorität der katholischen Kirche. Am besten übersetzt man das Wort durch 'Lehramt'. Das Lehramt einer Kirche wacht über die Reinhaltung der kirchlichen Lehren. Es würde genügen, im Englischen schlicht von 'non-overlapping provinces' zu sprechen. Näheres siehe oben in Teil II.

in unserer Gesellschaft als Makel empfunden.) Auch könnte es sein, dass aus der Sicht eines katholischen Kirchenoberhaupts rein pragmatische Gründe nicht unbedingt dafür sprächen, die letzten Dinge im gleißenden Licht einer unbeirrbaren wissenschaftlichen Vernunft abzuhandeln.

21. Reden des Papstes beim Deutschlandbesuch im September 2011[77]

21.1. Die Rede vor dem deutschen Bundestag am 22. September 2011

Im Mittelpunkt der Rede steht die Erläuterung des päpstlichen Standpunkts, dass Recht und Gerechtigkeit die Basis allen politischen Handels zu sein habe. Gerade wir Deutschen hätten es ja erlebt, dass – unter den Nazis – Macht von Recht getrennt worden sei, dass Macht gegen Recht gestanden habe. "Dem Recht zu dienen und der Herrschaft des Unrechts zu wehren ist und bleibt die grundlegende Aufgabe des Politikers."

Dieser Argumentation liegt eine stark verengende, wenn nicht gar gänzlich falsche Vorstellung von Hitler und dem nazistischen Deutschland-Staat zugrunde: Hitler und die Nazis als Verkörperung des Bösen 'an sich' – das entspricht dem Denken, das wir in klassischer (und naiver) Weise bei Shakespeare dargestellt finden. In *Richard III* tritt der König gleich in der ersten Szene auf und verkündet, dass er, eine Frühgeburt und ein Krüppel, den die Hunde auf der Sraße wegen seiner Hässlichkeit anbellten, beschlossen habe (!), ein Bösewicht zu werden: "I am determined to prove a villain" (1.1.30). Das ist Pseudo-Psychologie! Niemand 'beschließt,' ein Bösewicht zu werden. Die Frage ist, warum *wir* uns für die Klügeren halten und sicher sind, dass die Ideen der Nazis abwegig und aus unserer (der vernünftigeren Sicht) falsch und verbrecherisch gewesen seien. Die fanatischen Nazis glaubten, der Menschheit einen Dienst zu erweisen, wenn sie die Juden 'vernichteten' (wie sie sagten). Sie glaubten an ihre Sendung in einem pseudo-religiösen Sinne wie der Papst in religiösem Sinne an die seinige, ob wir das wahrhaben wollen oder nicht. *Das* ist die menschliche Tragödie! Dies ist keineswegs als eine Entschuldigung der Nazis zu verstehen, sondern als eine Erklärung für deren Fanatismus und Gefährlichkeit![78] Alle Verbrecher haben natürlich eine Erklärung dafür, wie es zu ihrem Verbrechen gekommen ist. Das mindert nicht ihre Schuld! Die dargestellte Sicht der Nazis durch den Papst ist auf jeden Fall vereinfachend, das Thema aber in der Tat bedeutsam.

Der Papst fragt mit Recht: "Wie erkennt man, was recht ist?" Er weist darauf hin, dass die Natur – auch die menschliche – von Hause aus nur Ursache und Wirkung

---

[77] Ich danke Frau Dr. Margret Popp für die Erstellung der Texte aus verschiedenen Quellen.

[78] Ähnlich verdanken wir die u selige Verlängerung des Krieges Hitlers nahezu religösem Glauben, dass die 'Vorsehung' ihn zum Sieger bestimmt habe und er nur durchzuhalten brauche, um am Ende allem zum Trotze und wie ein Wunder als Sieger dazustehen. Eine – sagen wir – nicht sehr kluge Bemerkung, die man immer wieder hören kann, ist auch die, dass all dies nie wieder geschehen dürfe. Man kann beruhigt sein: die Geschichte kann sich nicht wiederholen, aber andererseits wiederholt sie sich insofern ununterbrochen, als Ähnliches, wenn auch meist in geringerem Grade oder auf andere Weise, ununterbrochen erneut geschieht! Alle idealistischen Verbrecher fühlen sich im Recht und haben nie beschlossen, böse zu werden!

kennt, aber keine Ethik. "Da sind die klassischen Erkenntnisquellen für Ethos und Recht außer Kraft gesetzt." Nichts ist hier außer Kraft gesetzt. Wir erleben es tagtäglich: Der Mensch verteidigt von Natur aus seinen Stammesbereich, vermehrt sich munter drauf los, wehrt Fremde ab, indem er sie notfalls auch tötet. Zwar kann er aufgrund seines großen Gehirns ein "Du sollst nicht töten" in seine ethischen Gebote schreiben, doch das bezieht er zunächst einmal auf seinesgleichen: auf seine Stammesgenossen und seine Nachbarn, nicht auf die Feinde irgendwo da draußen. Der Gott des AT war nicht weniger fanatisch als Hitler, der an die Vorsehung glaubte. Auch islamische Gotteskrieger, die Flugzeuge in die Hochhäuser der vermeintlichen Feinde steuern, sind von solch künstlichen Geboten ausgenommen. Und die Christen sehen nichts darin, die Anführer solcher Krieger zu erschießen oder hinzurichten (auf der Basis ihrer Gesetze). Wie will der Papst dieses unlösbare Problem lösen? Er sieht 'Natur und Vernunft' als Lösung an, was von der Kirche gefördert und unterstützt werde. Da nur ein Wille zur Ethik führe, müsse es einen Schöpfergott geben, aus dem heraus der ethische Wille entwickelt worden sei: "Von der Überzeugung eines Schöpfergottes her ist die Idee der Menschenrechte, die Idee der Gleichheit aller Menschen vor dem Recht, die Erkenntnis der Unantastbarkeit der Menschenwürde in jedem einzelnen Menschen und das Wissen um die Verantwortung der Menschen für ihr Handeln entwickelt worden. Diese Erkenntnisse der Vernunft bilden unser kulturelles Gedächtnis." Dies ist eine Behauptung, die naturgemäß unbeweisbar ist und auch unbewiesen bleibt. Ich belasse sie ohne weiteren Kommentar.

21.2. Die Rede im Augustinerkloster in Erfurt am 23.9.2011

Der Papst beginnt mit einer Huldigung Luthers, der, wie der Papst ausführt, aus heutiger Sicht – in einer inzwischen säkularisierten Welt – auch von katholischer Seite als ein tief gläubiger Christ und als ein fanatisch um die christliche Botschaft ringender Theologe gewürdigt werden muss. Somit würde der Papst wohl auch sein Auftreten in Erfurt als ökumenische Errungenschaft sehen wollen. Aus der beobachtenden Sicht des Nichtchristen ist im 21.Jh. weniger das Zusammenfinden der beiden Konfessionen das Erstaunliche, auch wenn sie förmlich getrennt bleiben, sondern dass es sie überhaupt noch gibt und dass sie von einem Zusammenfinden überhaupt reden können, folglich auch, dass man sich in Erfurt überhaupt traf! Der Papst wehrt – aus seiner Sicht sicher zu Recht – die Erwartungen in Gestalt konkreter ökumenischer Schritte ab: "Das Notwendigste für die Ökumene ist zunächst einmal, daß wir nicht unter dem Säkularisierungsdruck die großen Gemeinsamkeiten fast unvermerkt [= unbemerkt] verlieren, die uns überhaupt zu Christen machen und die uns als Gabe und Auftrag geblieben sind. Es war der Fehler des konfessionellen Zeitalters, daß wir […] gar nicht existentiell wahrgenommen haben, was uns […] gemeinsam ist."

Die Gefahr, dass man die Gemeinsamkeit verliere, sei heute nicht mehr von der Hand zu weisen, sagt der Papst, "die Geographie des Christentums" habe sich verändert.

Es breite sich ein Christentum mit geringer institutioneller Dichte und mit wenig "dogmatischem Gepäck" aus – soll heißen, ein eher privates, kirchenfernes Christentum. (Dieses Ausbreiten scheint den Papst auf die Idee einer 'Geografie des Christentums' gebracht zu haben, obwohl dies mit Geografie nichts zu tun hat. Da schlägt wohl wieder das Streben nach stilistischer Eleganz durch – und führt ins Abseits.)

Der zweite Gesichtspunkt, so der Papst, bestehe darin, dass der 'Säkularisierungsdruck' immer größer werde:

"Die Abwesenheit Gottes in unserer Gesellschaft wird drückender, die Geschichte seiner Offenbarung, von der uns die Schrift erzählt, scheint in einer immer weiter sich entfernenden Vergangenheit angesiedelt. Muß man dem Säkularisierungsdruck nachgeben, modern werden durch Verdünnung des Glaubens?"

Wie sich der Papst eine Verdünnung des Glaubens vorstellt, bleibt unklar. Vielleicht meint er nur die Gleichgültigkeit dem Glauben gegenüber, ohne dass die Betreffenden sich sogleich als Atheisten fühlten oder sich als solche sogar erklärten. Doch was bedeutet es dann, dass die Geschichte Jesu in einer sich immer weiter entfernenden Vergangenheit angesiedelt werde? Es dürfte eine metaphorische Ausdrucksweise für den Umstand sein, dass Jesus immer mehr an Bedeutung verliert. Man sieht, das Sich-Verstecken hinter einer gewichtig klingenden Terminologie gehört zum stilistischen Habitus des Papstes.

21.3. Die Predigt beim ökumenischen Gottesdienst in der Augustinerkirche in Erfurt am 23.9.1011

Auch in seiner Predigt bringt der Papst seine ökumenische Idee zur Sprache, die darin besteht, dass man nicht das Trennende beklagen, sondern für das Verbindende dankbar sein sollte; nur *so* einfach spricht dieser Papst nicht. Er dreht zunächst einmal den ökumenischen Spieß von Forderungen um: mit der Dankbarkeit für das, was an Einheit vorhanden sei, müsse die Bereitschaft verbunden werden, diese Einheit nicht zu verlieren (da besteht allerdings kaum eine Gefahr, wenn man's genau bedenkt).

Dann fragt der Papst, ob denn der Mensch tatsächlich Gott brauche oder ob es nicht auch ohne Gott gehe. "Wenn in einer Ersten Phase der Abwesenheit Gottes sein Licht noch nachleuchtet und die Ordnungen des menschlichen Daseins zusammenhält, scheint es, dass es auch ohne Gott geht [*lies:* gehe]." Das Nachleuchten ist eine typische Fantasie des Papstes. Weder würde die nicht-christliche Welt diese 'Abwesenheit' bemerken noch würde sich politisch oder im täglichen Leben wahrscheinlich etwas ändern. Selbst auf Tannenbaum und Ostereier könnte man verzichten. Natürlich malt der Papst für diesen Zustand den Teufel an die Wand: "Der Mensch ist auf Gott hin erschaffen und braucht ihn." Daran ist sicher etwas Wahres; nur: der Papst meint, der Mensch brauche den christlichen Gott: "Zu diesem Grundzeugnis für Gott gehört dann natürlich ganz zentral das Zeugnis für Jesus Christus, wahrer Mensch und wahrer Gott, der mit uns gelebt hat, für uns gelitten hat und für uns gestorben ist und in der Auferstehung die Tür des Todes aufgerissen hat." Erstaunlich, dass der Papst gar nicht merkt, dass die menschliche

Einsicht in den Tod allerlei tröstenden Spuk produziert. Die Wahrheit, dass der Mensch einfach nur existiert wie das Unkraut am Wege, dass es eines Tages weder ihn persönlich noch – viel später – weder Menschen noch Erde noch Sonne geben wird, ist schwer zu ertragen. Dass auch die religiösen Sagas evolutionsbedingt sind und dass selbst das Auftreten von Päpsten zu solchen Erfindungen als Kompensationen menschlicher Einsicht in die schlichten Wahrheiten der Evolution gehört – das alles blendet der Papst, selber Teil solcher Kompensationsgebilde, aus.

Schließlich bringt der Papst dann noch – auch das nicht ungewöhnlich – die Ethik ins Spiel: die christliche Liebesverpflichtung dem Nächsten gegenüber, "sich ganz für Gott und von Gott her für die anderen zur Verfügung zu stellen." "Solche Menschen [die das tun] sind ein wichtiges Zeichen für die Wahrheit unseres Glaubens." Der letzte Satz ist leider – barer Unsinn. Die christlichen Wohltäter zeugen vom Einfluss, von der Wirkung des Glaubens auf Einzelne; die Wahrheit des Glaubensinhalts bleibt davon gänzlich unberührt.

21.4. Die Predigt bei der Messe auf dem Domplatz in Erfurt am 24.9. 2011

Im Mittelpunkt der Predigt stehen die lokalen Heiligen, die über ihre jeweilige Wirkungsstätte hinaus bekannt wurden: Elisabeth von Thüringen, Bonifatius und Kilian; später werden noch ein gewisser Adelar und ein gewisser Eoban erwähnt. "Die Gegenwart Gottes zeigt sich besonders deutlich in seinen Heiligen." – "Die Heiligen verdeutlichen uns die Tatsache, daß Gott sich uns zuerst zugewandt hat, sich uns in Jesus Christus gezeigt hat und zeigt. Christus kommt auf uns zu, er spricht jeden einzelnen an und lädt ihn ein, ihm nachzufolgen." Solche Sätze sind einfach päpstliches Gerede, das Sprechen eines Berufschristen – weit entfernt von jeglicher rationalen Denkweise. Die große Frage ist, wie es sein kann, dass es da in grauer Vorzeit nicht nur solche Bekenner wie Bonifatius und Kilian gibt, die alles daran setzen, auch andere zu bekehren, sondern dass es sie, wenn auch eher vereinzelt, auch heute noch gibt und dass der Papst so sprechen kann, wie er es tut, ohne auf den geringsten Widerspruch zu stoßen. Ja, man bedenke, dass man solches Sprechen von ihm geradezu erwartet und wir alle ihm zuhören und gelassen – oder erbaut – davongehen.

21.5. Die Rede des Papstes im Freiburger Konzerthaus am 24.9.2011

In seiner Rede im Freiburger Konzerthaus nimmt der Papst ausdrücklich Stellung zu der immer wieder aufkommenden Forderungen nach kirchlichen Fortschritten. Der Tenor ist, dass gewiss Änderungen erforderlich seien, aber, so impliziert der Papst, nicht die meist öffentlich gewünschten. Wir hören, zum Christusgeschehen gehöre das Unfassbare, dass es einen Tausch [?] zwischen Gott und den Menschen gebe. Und dann wieder die alte Leier: "Die Liebe ist nicht nur irgendwie *in* Gott, er selbst ist vom Wesen her die

Liebe." Und diese Liebe wolle sich verströmen, und das sei in besonderer Weise in der Menschwerdung und Hingabe des Sohnes zum Ausdruck gekommen. Worin der Tausch genau bestehe, wird nicht gesagt. Von Gott aus ist es Großmut und Liebe, "dem der Mensch nichts Gleichwertiges zu bieten vermag" (wieso dann Tausch?). Die Kirche neige dazu, sich in der Welt einzurichten, sich den Maßstäben der Welt anzugleichen. Aber sie müsse sich immer wieder von der Weltlichkeit der Welt lösen. Man sieht, worauf die Argumentation hinausläuft, ohne dass der Papst dies klar sagte. Gemeint ist: Die Weltoffenheit der Kirche kommt anders zum Ausdruck als in den üblichen Forderungen.

Und hier nun wagt sich der Papst so weit vor wie nie bisher auf seiner Reise; er wagt es, am Abgrund entlangzuwandern und sogar (wie man es ausdrücken muss) in den Abgrund zu schauen:

"Der christliche Glaube ist für den Menschen [...] ein Skandal. Dass der ewige Gott sich um uns Menschen kümmern, uns kennen [?] soll, dass das Unfassbare zu einer bestimmten Zeit fassbar geworden sein soll, dass der Unsterbliche am Kreuz gelitten haben und gestorben sein soll, dass uns Sterblichen Auferweckung und Ewiges Leben verheißen ist – das zu glauben ist nun einmal für uns Menschen eine Zumutung. Dieser Skandal, der unaufhebbar ist, wenn man nicht das Christentum selbst aufheben will, ist leider gerade in jüngster Zeit überdeckt worden von den anderen schmerzhaften Skandalen der Verkünder des Glaubens. Gefährlich wird es, wenn diese Skandale an die Stelle des primären *Skandalon* des Kreuzes treten und ihn dadurch unzugänglich machen, also den eigentlichen christlichen Anspruch hinter der Unbotmäßigkeit ihrer Boten verdecken."

Dies ist eine der interessantesten Aussprüche, die der Papst je gemacht hat. Das Skandalon der Kreuzigungslehre geht zurück auf *Galater* 5, wo Paulus gegen die jüdische Beschneidung zu Felde zieht und von dem Skandalon des Kreuzes spricht.

Paulus beklagt, dass da einige Gemeindemitglieder – offenbar Judenchristen – meinten, man müsse dem (jüdischen) 'Gesetz' folgen und folglich auch die Beschneidung der männlichen Kinder vollziehen. In *Gal* 5:11 ist das Präsens für uns schwer verständlich. Ich verstehe die Stelle so: 'Wenn ich noch [wie man fälschlich behauptet] die Beschneidung predige, warum werde ich dann verfolgt? Wenn das der Fall ist [> wäre], dann ist [> wäre] die Anstößigkeit des Kreuzes ['das Skandalon': τὸ σκάνδαλον τοῦ σταυροῦ] geschwunden [für die Juden nicht mehr gegeben]'.

Dies wird von den Theologen zunächst einmal verallgemeinert und ergibt dann eine wundervolle Paradoxie: die ganze Lehre wird zum 'Skandalon', insbesondere die Kreuzigung als Liebestat Gottes für den Menschen, aber auch die Lehre von der Auferstehung und Wiederkunft Christi, wogegen die Bestrafung eines Menschen mit dem Tode, indem er an ein Kreuz genagelt wird, nahezu verblasst. Anstatt dies zu erklären, bringt das pure Wort *Skandalon* den Papst auf die skandalösen sexuellen Übergriffe der katholischen Geistlichkeit, was natürlich mit dem Kreuzigungsskandalon gar nichts zu tun hat. Es ist in der Tat interessant zu sehen, mit welch stilistischem Geschick der Papst das eine mit dem anderen verbindet und es so einerseits vermeidet, etwa auf Neuerungsforderungen, die heutzutage erhoben werden, einzugehen, sich aber andererseits – so wahrscheinlich das unausgesprochene Kalkül – nicht scheut, auf neuerliche Skandale innerhalb der Kirche anzuspielen. Man staune gebührend.

Fazit der päpstlichen Äußerungen anlässlich des Deutschlandbesuchs: *Nothing to write home about,* wie man auf Englisch sagt ('nichts, um darüber nach Hause zu berichten').

22. Ratzingers *Jesus*-Werk

22.1 Einleitung

Zur Beurteilung des Papstbuches ist es nützlich, einen Hintergrund über die Sachlage im Zusammenhang mit den Jesus-Berichten im NT zu haben. Ich benutze hierfür einen Aufsatz von George A. Wells von 2011. Wells selbst beruft sich auf das Werk des amerikanischen Theologen Bart D. Ehrman, insbesondere auf *Jesus interrupted: revealing the hidden contradictions in the Bible (and why we don't know about them)* (Harper One). Über Jesu Leben, über das, was wir wissen und was wir vermuten können, gibt es Berge von Literatur. Was haben wir zunächst an weltlichen Berichten aus seiner Zeit? So gut wie nichts. Es gibt zwei bekannte historische Stellen, an denen die Christen erwähnt werden und die auch von Wells genüsslich diskutiert werden. Zunächst ist da die Tacitus-Stelle in seinen *Annalen* (ca. 112 *post*) im Zusammenhang mit Nero und der Feuersbrunst in Rom, die Nero den Christen in die Schuhe schob, was natürlich in Bezug auf das Leben Jesu belanglos ist. Da wird ferner auch von Wells ausführlich über Flavius Josephus berichtet, einem in Rom lebenden jüdischen Autor, der ca. 95 *post* wenigstens etwas über Jesus selbst zu sagen hat, über sein Wunderwirken ebenso wie über seine Auferstehung. Vieles spricht jedoch dafür, dass es sich gar nicht um einen Josephus-Bericht, sondern um eine spätere Interpolation handelt. Doch all dies, was die Historiker mit Genuss hin- und herdiskutieren, ist letztlich in Bezug auf den tatsächlichen Jesus ohne Bedeutung. Dass es da wahrscheinlich um die Zeitenwende herum einen jüdischen Wanderprediger gab, der mit den Römern aneinandergeriet und hingerichtet wurde, darf man annehmen. Wunder, Auferstehung und messianische Sendung sind offenkundige Zutaten, über die man nicht weiter zu rätseln braucht.

Für das, was Paulus zu berichten hat, ist es charakteristisch, dass bei ihm jegliche Einzelheiten fehlen. Er nennt weder Ort noch Zeit des Wirkens Jesu, sagt nichts über Wunder, nichts Näheres über die Kreuzigung, erwähnt Pilatus nicht, kennt nur den ihm erschienen gekreuzigten und auferstandenen Jesus, den von Gott entsandten Gottessohn, der – 'dem Fleische nach' (*Röm* 1:3) – von David abstammt (*Röm* 1:3), was natürlich einer Jungfrauengeburt (ohne Vater) widerspricht. Es gab sicher eine Reihe ähnlicher Verkünder, sagt Wells, die Belohnung für ihre Anhänger nach dem Tode versprachen. Wells: ▶ Paulus' 'Wir predigen den gekreuzigten Christus' scheint eine derartige sektiererische Parole gewesen zu sein ◀ (S. 22b) (64a). Selbst die Kreuzigung wird keineswegs den Römern zugeschrieben, sondern allgemein den bösen Regenten dieser Welt (denen, "die in der Finsternis dieser Welt herrschen" – *Ephes* 6:12); sie bleibt ein rein abstraktes Ereignis.

(Allerdings ist der Epheser-Brief, wie Wells anmerkt, wahrscheinlich nach-paulinisch.[79])

Wells bestätigt schließlich die bereits von Rudolf Bultmann in seiner *Geschichte der synoptischen Tradition* (zuerst 1928; Wells bezieht sich auf eine englische Fassung von 1968) dargestellte Unterscheidung zwischen einer Leben-Jesu-Tradition über einen galiläischen Propheten und Wanderprediger und dem, was er ▶ die Paulinische Saga über einen präexistenten Christus nennt, der vor seiner Inkarnation und vor seinem Erlösungstod im Himmel lebte, und erklärt, dass die beiden Überlieferungsstränge zuerst von Markus zusammengeführt wurden (allerdings nur halbwegs), dem frühesten der vier Evangelien. Bultmann sagte, 'das Anliegen des Autors ist die Vereinigung des hellenistischen Kerygmas [κήρυγμα 'Verkündigung'], wie wir es als Christus-Mythos im Wesentlichen von Paulus kennen, mit der Tradition der Jesus-Geschichte gewesen' ◀ (S. 23b) (45). – Die Unterscheidung wird uns beim Papst in etwas anderer Benennung wiederbegegnen.

Ich zitiere zum Schluss dieser Einleitung Rudolf Augstein (1922–2002), der ein nüchternes Jesus-Buch aus neutraler – oder eher atheistischer – Sicht geschrieben hat (dritte überarbeitete Auflage 1999[80]):

"Das Thema unseres [= meines] Buches, jene episodenhaft kurze Phase in der Menschheitsgeschichte, in der Gott sich anders verhalten haben soll als in den Milliarden Jahren zuvor und in den 2000 Jahren danach […]. Aber wir werden nicht länger zugeben [= man (oder ich) kann nicht länger zugeben?], daß ein Gott vor 2000 einmal und dann nicht wieder, daß er ein für allemal gehandelt hat. Das ist Mythos und Magie, den Kindertagen der Menschheit entwachsen, im Unbewußten aufzuspüren und dingfest zu machen. Es gibt keinen Gott, der […] erst Menschensöhne als Brandopfer annimmt und dann seinen 'Sohn' für uns 'opfert', der das Böse nicht will, es aber gleichwohl zulässt" (433f)."

"[…] Es gibt keinen Gott, den wir erkennen oder über den wir reden könnten" (434).

Dem ist kaum etwas hinzuzufügen. An der gleichen Stelle verneint Augstein mit Recht, dass Fragen nach dem Anfang und Ende des Alls beantwortbar oder überhaupt sinnvoll seien. All das ist, wie es der Evangelist Lukas ausdrücken würde, 'Leros' (ὁ λῆρος 'das [leere] Geschwätz', *Luk* 24:11). Das eigentliche, wahre Wunder besteht darin, dass heute jemand wie der Papst eine solche Mythologie als Wahrheit verkünden kann, ohne dafür öffentlich gerügt zu werden, ja, ohne dass darauf irgendeine Reaktion erfolgte.

---

[79] Als nach-paulinisch gelten die Briefe an die Epheser, Kolosser und 2 *Thessalonicher*, als möglicherweise nach-paulinisch 1 *Timotheus* und 2 *Petrus*. 2 *Petrus* ist der späteste Brief überhaupt; als frühhester (ca. 50 *post*) gilt 1 *Thessalonicher*. Selbst die soterologische Deutung des Kreuzestodes fehlt in den koptischen *Thomas*-Evangelien (gr. σωτήρ 'Retter', 'Heiland').

[80] Leider lässt die Form des Buches zu wünschen übrig. Es fehlt zB eine alphabetische Bibliografie (Literaturangaben in Anmerkungen; voller Titel nur bei erster Nennung, die natürlich schwer auffindbar ist). Ansonsten ist dies jedoch ein lesenswertes Werk. So fällt Augstein nicht auf eindrucksvoll klingende Sprüche der Theologen herein, zB nicht auf die Äußerung von Helmut Gollwitzer (1908–1999), wer gläubige und wissenschaftliche Haltung als nicht vereinbar erkläre, sei nicht auf der Höhe der geistigen Entwicklung der Zeit (Augstein, S. 435). – Es ist nicht gerade wissenschaftlich angemessen zu nennen, wenn der Papst dieses Buch einfach ignoriert.

22.2. Band I: Das Vorwort (S. 10–23)

Das Vorwort befasst sich bereits mit Sachlichem und Grundsätzlichem zum Thema, insbesondere mit dem, was der Papst "die **historisch-kritische Methode**" nennt, von der immer wieder die Rede ist. Das wissenschaftliche Jesusbild, so hören wir, biete wenig Sicheres.

"Eine solche Situation ist dramatisch für den Glauben, weil sein eigentlicher Bezugspunkt unsicher wird" (11). Der Papst zitiert dazu Rudolf Schnackenburg: "Ohne Verankerung in Gott bleibt die Person Jesu schemenhaft, unwirklich und unerklärlich" [und mit 'Verankerung' wird's besser?] (12). Der Glaube selbst verlange, sich der historischen Methode auszusetzen [als ob das nur eine Methode unter anderen sei] (14).

"Die historisch-kritische Methode – wiederholen wir es – bleibt von der Struktur des christlichen Glaubens her unverzichtbar [aha], aber zweierlei müssen wir hinzufügen. Sie ist eine der grundlegenden Dimensionen der Auslegung, aber sie schöpft den Auftrag der Auslegung für den nicht aus, der in den biblischen Schriften die eine Heilige Schrift sieht und sie als von Gott inspiriert glaubt. Darauf müssen wir gleich ausführlich zurückkommen. Zunächst ist – als Zweites – wichtig, dass die Grenzen der historisch-kritischen Methode selbst erkannt werden, Sie kann [alles Mögliche machen], aber 'heutig' machen kann sie es nicht [das Historische] - da überschritte sie ihr Maß [inwiefern das?]. Gerade die Genauigkeit in der Auslegung des Gewesenen ist ihre Stärke wie ihre Grenze" (14f).

Dies ist abstrus, aber natürlich auch charakteristisch. Zunächst darf sich natürlich ein Wissenschaftler nicht gegen die 'historisch-kritische Methode' stellen. Daher gibt selbst der Papst großzügig zu, sie sei unverzichtbar. Aber natürlich ist sie ihm als Theologe äußerst lästig. Also behauptet er einfach, sie müsse irgendwie 'ergänzt' werden. Man spürt die Anstrengung, die es kostet, das plausibel zu machen. Es ist die gleiche Anstrengung wie die, die erforderlich ist, um sogar die menschliche Vernunft als verbesserungsbedürftig darzustellen wie in der Enzyklika *Spe salvi*, §23. Ähnliche Anstrengungen hatte zB auch die Anerkennung der Evolution gekostet.

Die Bibel von Gott inspiriert? Die Annahme einer Verbalinspiration ist schlicht unsinnig, also bleibt nur so etwas wie 'irgendwie von Gott inspiriert'. Immer wieder ist dann auch im Weiteren von der historisch-kritische Methode die Rede, natürlich immer unter der Voraussetzung, als ob es eine unter vielen sei (*expressis verbis* so auf Seite 36; siehe weiter unten). Stattdessen sollte man besser von 'rücksichtslosem wissenschaftlichem Zugriff ohne Vorbehalt' sprechen. Die historisch-kritische Methode, so hören wir, müsse den biblischen Text "als Menschenworte behandeln" [als was sonst?]. Sie könne bei sorgfältigem Bedenken allenfalls den 'Mehrwert' erahnen lassen, der im Wort der Bibel stecke (Mehrwert, wirklich?), "eine höhere Dimension sozusagen durch das Menschenwort irgendwie hindurchhören [*sic*] und so die Selbsttranszendierung der Methode [*hear, hear!*] eröffnen, aber ihr eigentlicher Gegenstand ist das Menschenwort als menschliches" (15f). Fast krampfhaft sucht der Papst nach den vermeintlichen Grenzen der 'Methode', die es natürlich gar nicht gibt. Da schwebt einem sich wissenschaftlich Gebärdenden allen Ernstes so etwas wie das 'Wort Gottes' vor, das in der Bibel vorliege.

Kurz darauf ist von der "kanonischen Exegese" die Rede, identisch (wie wir hören) mit der theologischen Exegese des Zweiten vatikanischen Konzils (1962–65), wonach das

Verstehen "im Lesen der einzelnen Texte im Ganzen der einen Schrift" bestehe (17). AT und NT gehörten zusammen. Das Konzil habe festgestellt: Wer die Schrift in dem Geist verstehen wolle, in dem sie geschrieben sei, müsse auf Inhalt und Einheit der ganzen Schrift achten (17).

Diese immer wieder betonte Zusammengehörigkeit von AT und NT verschweigt, dass natürlich das NT das AT voraussetzt, aus dem die Evangelisten nur zu gerne zitieren, aber doch nicht umgekehrt!

Kurz darauf heißt es dann:

"Im Neulesen, Fortlassen, in stillen Korrekturen, Vertiefungen, Ausweitungen trägt sich die Schriftwerdung als ein Prozess des Wortes zu, das allmählich seine inneren Potentialitäten entfaltet, die irgendwie [!] wie Samen bereitliegen, aber erst in der Herausforderung neuer Situationen, in neuen Erfahrnissen [= Erfahrungen?] und Erleidnissen sich öffnet" (17).

Das ist tiefsinniges Gerede! Der Papst macht sich etwas vor! Theologisch mag diese Argumentation vielleicht eine interessante Idee sein, sie bleibt dennoch unsinnig! Man solle sich klarmachen, so heißt es weiter,

"dass schon jedes Menschenwort von einigem Gewicht mehr in sich trägt, als dem Autor in seinem Augenblick unmittelbar bewusst geworden sein möge [sicher richtig, doch das ist im Einzelfall entweder belanglos oder führt allenfalls zu Missverständnissen]. Erst recht gilt dieser innere **Mehrwert** des Wortes, das seinen Augenblick überschreitet, von den Worten, die im Prozess der Glaubensgeschichte gereift sind. Da spricht der Autor nicht einfach aus sich selbst und für sich selbst. Er redet aus einer gemeinsamen Geschichte heraus, die ihn trägt und in der zugleich die Möglichkeiten ihrer Zukunft, ihres weiteren Wortes schon im Stillen gegenwärtig sind" (18f)

Auf die Idee vom 'Mehrwert' des Wortes ist der Papst sichtlich stolz, ohne offenbar zu ahnen, dass sein Sprechen damit in einem stilistischen Einfall steckenbleibt, dem in der Realität nichts entspricht. Wie kann es zB sein, dass ein Autor nicht "aus sich selbst heraus" redet? Ist es denn möglich, *nicht* aus einer gemeinsamen Geschichte heraus zu sprechen? Statt solchen Geredes hätte man gern ein Beispiel gehabt, das den Unterschied zwischen den zwei Sprechweisen – normal und mit 'Mehrwert' – klar gemacht hätte! Eine spätere Bemerkung, rein theologischer Natur, fasst die geschilderten Überlegungen ausgezeichnet zusammen.

"Zugleich mit der Grenze [der historisch-kritischen Methode] wurde - wie ich hoffe - sichtbar, dass die Methode aus ihrem eigenen Wesen heraus über sich hinausweist [*wie das?*] und eine innere Offenheit auf ergänzende Methoden [man beachte den Plural!] in sich trägt. Im vergangenen Wort wird die Frage nach seinem Heute vernehmbar; im Menschenwort klingt Größeres auf" (36).

Insgesamt impliziert auch das Sprechen von *der* historisch-kritischen Methode bereits eine stilistische List, denn diese 'Methode' ist nichts anderes als einfach der historisch-wissenschaftliche Zugriff, der stets u.a. auch historisch und kritisch sein muss.

22.2.E. Exkurs: Gerd Lüdemanns Kritik

Gerd Lüdemann trennt für jedes Kapitel Referat und Kritik. Bezüglich des Vorworts sucht er ausführlich zu beweisen, dass die biblischen Texte sehr weltlicher Natur und keineswegs von Gott inspiriert seien. Wir hören, dass Matthäus und Lukas als Quellen das Markusevangelium und eine Quelle Q (oft als Spruch- oder Logienquelle bezeichnet) benutzten und natürlich keine Augenzeugen gewesen seien (S. 18). Da tauchen typische Lüdemann-Sätze wie der folgende auf (in mangelhaftem Deutsch, jedoch durchaus verständlich): " 'Johannes' ist das jüngste Evangelium und ebenfalls kein Augenzeuge" (18).

Zur textkritischen Beleuchtung der sich oft widersprechenden Evangelien diskutiert Lüdemann die Überlieferung der Jesus-Worte am Kreuz sowie den Johannes-Bericht über die drei Frauen unter dem Kreuz (+ Jünger, den er liebte) (*Joh* 19:25). Leider versäumt er es, etwas ausführlicher über die drei Frauen zu sprechen, die offenbar alle Maria hießen: die Mutter Jesu (Name nicht genannt), ihre Tante mit dem Namen Maria und Maria Magdalena – ein merkwürdiges Trio.

Lüdemann erwähnt auch die sog. Parusieverzögerung, dh die Tatsache, dass Jesu Anhänger glaubten, er werde noch zu ihren Lebzeiten auf die Erde zurückkehren, "zu richten die Lebendigen und die Toten," aber dann doch nicht kam. Seine Quintessenz im Lüdemann-Stil lautet: "Haupteinwand: Ratzingers Argumentationspunkt, dass man den Evangelien historisch trauen kann, ist ein Holzweg" (23).

22.3. Die Einführung: "Ein erster Blick auf das Geheimnis Jesu" (S. 26–33)

Dies ist im Grunde ein erstes Kapitel [=Kap. Ø]. Es wird sehr bald klar, dass der Verfasser die Pose des Wissenschaftlers einnimmt und dabei immer wieder in Gläubigkeitsbekundungen verfällt. Er bietet eine Verschränkung von scheinbarer Objektivität und Gläubigkeit.

Das Einführungskapitel beginnt mit der Verheißung eines neuen Propheten wie Moses (*Deut.* 18:18[81]). Dies sei für das Verständnis Jesu von entscheidender Bedeutung – soll offenbar heißen: generell für *unser* Verständnis. Aber wieso das, wenn doch von Moses und Israel die Rede ist? Die Verheißung werde aufs Schärfste abgehoben von Wahrsagerei usw. Das ist richtig, ob dies aber auch allgemein und *für uns* gültig ist, ist eine andere Frage. Mit der scheinbaren Objektivität des Religionswissenschaftlers heißt es dann:

"Zu allen Zeiten hat der Mensch nicht nur nach seinem letzten Woher gefragt, fast mehr noch als das Dunkel seines Ursprungs beschäftigt den Menschen die Verschlossenheit der Zukunft, auf die er zugeht. Er will den Vorhang aufreißen' er will wissen, was geschehen wird, um dem Unheil ausweichen und dem Heil entgegengehen zu können. Auch die Religionen [Plural!] sind nicht nur der Frage nach dem Woher zugeordnet, alle Religionen versuchen irgendwie, den Schleier der Zukunft zu heben" (I, 26).

Das klingt nach Religionswissenschaft. Aber etwas später heißt es dann folgendermaßen:

"Der Mose-Prophet ist mehr als die irrealistische Variante des Wahrsagers. Er zeigt uns [wieso uns?] das Gesicht Gottes, und damit zeigt er uns [!] den Weg, den wir [!] zu nehmen haben. Die Zukunft, um die es in seiner Weisung geht, reicht weiter als das, was man von Wahrsagern zu erfragen

---

[81] Die *Vulgata*-Bezeichnungen der fünf Bücher Mose (auch *Pentateuch* genannt) lauten, *Genesis, Exodus, Leviticus, Numeri, Deuteronomium.*

sucht [...]. Prophetie in diesem Sinne steht in strenger Entsprechung zum Ein-Gott-Glauben Israels [!], ist seine Umsetzung ins konkrete Leben einer Gemeinschaft vor Gott und zu Gott hin" (I, 29).

Hier wird die stete Mischung von Objektivität und Glauben besonders deutlich. Natürlich zeigt dieser Gott des AT, wenn überhaupt, keineswegs 'uns' etwas, sondern allenfalls den Israeliten. Aber nach diesem 'uns' sind wir – stilistisch unauffällig – dann plötzlich wieder bei Israel: der Papst spielt erneut den objektiven Historiker, indem er davon spricht, dass Prophetie in diesem Sinne in strenger Entsprechung zum Ein-Gott-Glauben Israels (!) stehe und dass seine Umsetzung ins konkrete Leben einer Gemeinschaft (dh einer Gemeinschaft wie der Israels) vor Gott und zu Gott hin sei.

Das Ganze mündet in die theologische Überzeugung von der Göttlichkeit Jesu. Das ist erst recht Glaubenslehre und Verkündigung in der Pose des Gelehrten, eine Scheinobjektivität implizierend, die typisch für Benedikt ist! Der Papst sitzt als katholischer Theologe sozusagen in einem Käfig, aus dem er nicht herauskann. Hier und da klopft er zum Schein an die Wände.

Auch in den folgenden Ausführungen liegt reine Apologetik und Exegese vor:

"Die Lehre Jesu kommt nicht aus menschlichem Lernen, welcher Art auch immer, sie kommt aus der unmittelbaren Berührung mit dem Vater, aus dem Dialog von Gesicht zu Gesicht - aus dem Sehen dessen heraus, der an der Brust des Vaters ruhte. Sie ist Sohneswort [*whatever that is*]. Ohne diesen inneren Grund wäre sie Vermessenheit. Als solche haben die Gelehrten zur Zeit Jesu sie beurteilt, eben weil sie den inneren Grund, das Sehen und Erkennen von Gesicht zu Gesicht nicht annehmen mochten" (31f).

Der Schluss des Eröffnungskapitels ist fast nur noch Exegese; der Papst verkündet seine Überzeugung von der Göttlichkeit Jesu. Stilistisch interessant ist die folgende Stelle:

"Für das Verständnis Jesu sind die immer wiederkehrenden Notizen [= Bemerkungen der Evangelisten] grundlegend, dass Jesus sich 'auf den Berg' zurückzog und dort nächtelang betete. [...] Dieses Beten Jesu ist das Reden des Sohnes mit dem Vater, in das das menschliche Bewusstsein und Wollen, die menschliche Seele Jesu hineingezogen wird, so dass menschliches 'Beten' Teilnahme an der Sohnesgemeinschaft mit dem Vater werden darf [was immer das heißt]" (32).[82]

Hier sieht man, wie die stete Mischung von Wissenschaft und Glauben zum stilistischen Missgeschick führt. Der Papst wollte offenbar zunächst sagen, in das Beten Jesu werde das menschliche Bewusstsein und Wollen hineingezogen, biegt dann aber ab, macht daraus das menschliche Bewusstsein und Wollen Jesu und fährt mit einem neuen Ansatz in Gestalt des *sodass* über das menschliche Beten fort, das jetzt – auch theologisch absurd –"Teilnahme an der Sohnesgemeinschaft mit dem Vater werden darf."

22.4. Kap. 1 über die Taufe Jesu

Was macht der Papst mit dem Stammbaum bis auf Josef (*Matth* 1:1–17; Josef: Vers 16) mit anschließender Jungfrauengeburt (1:18–19) bei Matthäus? Ganz einfach: nichts; das

---

[82] Ich gebe hier meine Randnotiz aus dem Buch wieder, welche die Unklarheit verdeutlicht, die beim Leser durch das Umdenken des Papstes während des Schreibens entsteht.

Problem wird ignoriert (S. 36)! Er paraphrasiert den Evangelienbericht, das ist alles. Da gibt es bei Lukas zB zwei Verkündigungen, einmal die die Geburt des Johannes betreffend, dann die die Geburt Jesu betreffend. Was soll eine solche Duplizierung? Keine Antwort vom Papst! Dieser kommt gar nicht auf den Gedanken zu fragen, wie es wohl zu der Doppelung des Geschehens kommen konnte. Dann hören wir zB, die Taufe sei die „Todesannahme für die Sünden der Menschheit" (S. 45) - eine theologische Formulierung ohne Inhalt, die nicht weiterführt.

22.5. Zu *Jesus* II, Kap. 4: *Joh* 17 (S. 93–119)

Der Papst beginnt mit Erläuterungen: Der Hintergrund des priesterlichen Gebets sei das jüdische Jom-Kippur-Fest. Aber dann, wie stets, biegt er übergangslos ab in Exegese: "[…] Insofern geht es um das, was die innerste Absicht der Schöpfung als Ganzes ist: einen Raum der Antwort auf Gottes Liebe, auf seinen heiligen Willen zu schaffen" (96). Das heißt, in verstehbares Deutsch übersetzt, es geht um die Absicht Gottes, die er mit der Schöpfung verband. Da wird also einfach die Weltschöpfung durch Gott vorausgesetzt. Die Welt, das Universum, Gottes Schöpfung, ist gemäß der göttlichen Absicht, die er damit verband, 'ein Raum der Antwort …' – in dem man also (wie etwa in einer Kirche) – antworten kann – auf seine (abstrakte) Liebe. Aber, verehrter Heiliger Vater, wie soll man sich das vorstellen? Wäre es so, wie der Papst es schildert, so wäre es doch wohl sehr egoistisch von diesem Schöpfergott, etwas zu schaffen, nur um sich dafür verehren zu lassen. Hätte Gott den Menschen geschaffen, um eine Antwort auf seine Liebe zu erhalten, das wäre immerhin verständlich. Doch machen wir's kurz: Das Ganze ist natürlich wohlklingendes theologisches Gerede; es heißt letztlich gar nichts!

Und dann tut der Autor plötzlich wieder so, als habe er nur den jüdischen Hintergrund geschildert: "Nach rabbinischer Theologie geht ja die Idee des Bundes […] der Idee der Weltschöpfung voraus, ist ihr innerer Grund" (96). Nähme man solche Sätze ernst, könnte man sagen, sie untergrüben – trotz guter Absicht – die Fundamente der eigenen Lehre. Denn hiernach hätten die Juden zunächst den Bund Gottes mit Israel erfunden und danach die Schöpfungsgeschichte, deren 'innerer Grund' ja gemäß Papst in der Idee des Bundes liegt und damit als eine Erfindung der rabbinische Lehrer zu gelten hat! – Etwas später lesen wir dann dies:

> "[Jesu] Kreuz und seine Erhöhung ist [*lies* sind] der Versöhnungstag [wieso *Tag*?] der Welt, in dem die ganze Weltgeschichte gegen alle menschliche Schuld und alle ihre Zerstörungen [worauf bezieht sich das *ihre*?] ihren Sinn findet, in ihr eigentliches Wozu und Wohin hineingetragen wird" (97). Etwas später dann: "Und ist es nicht wirklich so, dass das Unversöhntsein der Menschen mit Gott [was heißt das?], mit dem schweigenden, geheimnisvollen, scheinbar abwesenden und doch überall gegenwärtigen Gott [man beachte die Paradoxie!] das eigentliche Problem der ganzen Weltgeschichte ist?" (97).

Der Papst tut so, als verstehe natürlich jeder, was er sage. Dabei handelt es sich schlicht um abstruses Theoretisieren und geheimnisvoll klingendes theologisches Gerede (salopp gesagt, um Bla-Bla).

22.6.   Zu *Jesus* II, Kap. 20 (S. 265–302):
Über die Auferstehung

Der Papst beginnt mit der Paulus-Stelle aus 1 *Kor* 15:14, "Ist aber Christus nicht auferstanden ..." (S. 266), die in der Tat sehr bedeutsam ist, und die auch in diesem Buch des Öfteren zitiert wurde. Wie Paulus so meint auch der Papst, dass die Auferstehung Jesu das absolut Entscheidende des christlichen Glaubens sei:

"Der christliche Glaube steht und fällt mit der Wahrheit des Zeugnisses, dass Christus von den Toten auferstanden ist" (266). "Insofern ist bei unserer Suche nach der Gestalt Jesu die Auferstehung der entscheidende Punkt. Ob Jesus nur *war* oder ob er auch *ist* – das hängt an der Auferstehung. Im Ja oder Nein dazu geht es nicht um ein einzelnes Ergebnis neben anderen [was für ein Ergebnis und was für Ergebnisse?], sondern um die Gestalt Jesu als solche" (S. 267).

Die weitere Argumentation ist bemerkenswert. Wir lesen:

"Wer an die Auferstehungsberichte mit der Meinung herantritt, er wisse, was Auferstehung ist [*lies:* sei], der kann die Berichte nur falsch verstehen und muss sie dann als unsinnig beiseitelegen. Rudolf Bultmann hat gegen den Auferstehungsglauben eingewandt, selbst wenn Jesus aus dem Grab zurückgekommen wäre [*ach, ist er etwa nicht?*], so müsse man doch sagen, dass 'ein solches mirakulöses [!] Naturereignis wie die Lebendigmachung eines Toten' uns nichts [*sic*] helfe und existenziell belanglos sei" (S. 267f).

"Das Mirakel einer wiederbelebten Leiche würde besagen, dass Jesu Auferstehung dasselbe war wie die Erweckung des Jünglings von Naïn (*Lk* 7, 11–17), der Tochter des Jaïrus (*Mk* 5, 22ff. 35–45) oder des Lazarus (*Joh* 11, 1–44)" (S. 268), die alle in ihre menschliche Umgebung zurückkehrten (und dort blieben; was der Papst übersah; denn der auferstandene Jesus verweilt ja überall nur vorübergehend).

Der Papst identifiziert sich somit nicht nur mit Paulus, sondern auch mit Bultmann! Da klingt stolz die mutige Kritik des modernen theologischen Wissenschaftlers an. Er sieht nicht, dass ihn dies im Hinblick auf seinen Glauben in die totale Katastrophe führt. Der christliche Glaube steht und fällt mit dem Glauben an die Auferstehung, und zwar an die tatsächliche, an die von den Evangelisten geschilderte. War schon das Paulus-Wort waghalsig, so natürlich ist es erst recht das des Papstes in einer inzwischen wissenschaftlichen Welt. Man hat das Gefühl, es soll alles auf eine Karte gesetzt werden – sowohl von Paulus als auch vom Papst –, um glaubwürdig zu erscheinen; es geht um Kopf und Kragen, kurz: um zu retten, was nicht zu retten ist. Der Papst will modern sein, aber als Katholik hätte er sich niemals auf Bultmann einlassen sollen. Eine tatsächliche Auferstehung überflüssig, der Auferstandene zwar etwas anderes oder sogar mehr als nur eine wiederbelebte Leiche und, daraus folgend, die Auferstehung irgendwie und auf geheimnisvolle Weise ein nicht wörtlich zu nehmendes Ereignis im Interesse höherer Zwecke? Das steht in krassem Gegensatz zu dem auch vom Papst zitierten Paulus-Wort 1*Kor* 15:14. Paulus wollte natürlich durch seine ausdrückliche Hervorhebung der tatsächlichen Auferstehung seine 100-prozentige Gewissheit des Glaubens demonstrieren, was *de facto* natürlich einen Irrtum nicht ausschließt! – Wie versucht der Papst zu retten, was nicht zu retten ist? Folgendermaßen:

"Jesu Auferstehung war der Aufbruch in eine ganz neue Art des Lebens, in ein Leben, das nicht mehr dem Gesetz des Stirb und Werde unterworfen ist, sondern jenseits davon steht – ein Leben, das eine neue Dimension des Menschseins eröffnet hat" (II, 268) […]. "In Jesu Auferstehung ist eine neue Möglichkeit des Menschseins erreicht, die alle angeht, und Zukunft, eine neue Art von Zukunft, für die Menschen eröffnet [Zukunft eröffnet?]" (*ib.*).

"Jesus ist nicht in ein normales Menschenleben dieser Welt zurückgekehrt wie Lazarus und die anderen von Jesus auferweckten Toten [wir wissen es], er ist in ein anderes, neues Leben hinausgetreten [aha] – in die Weite Gottes [was ist das?], und von da aus zeigt er sich den Seinen" (269).

[Die Schlussfolgerung des Papstes daraus:] "So hat Paulus vollkommen zu Recht die Auferstehung der Christen und die Auferstehung Jesu unlöslich miteinander verknüpft; 'Wenn Tote nicht auferweckt werden, ist auch Christus nicht auferweckt worden ... Nun aber ist Christus von den Toten auferweckt worden als der Erste der Entschlafenen' (1 *Kor* 15, 16.20)" (269).

Wieder einmal geht hier die Logik zu Bruch, obwohl das kaum ein Leser merken dürfte. Die Verknüpfung der Auferstehung Christi und die des einzelnen Menschen stand gar nicht zur Debatte, sondern 'Wahrheit oder Mythos der Auferstehung Jesu'! Und da spricht gerade die Paulusstelle gegen den Papst, weil Paulus an die tatsächliche Auferstehung glaubte, während der Papst sich an den rettenden Anker Bultmanns klammert, der das Ganze nicht wörtlich verstehen möchte, sondern irgendwie (!!) als eine besondere Art von 'Auferstehung.'

Mutig fragt dann der Papst noch einmal: "Können wir – zumal als moderne Menschen – solchen Zeugnissen Glauben schenken?" (271) und zitiert – noch mutiger – Gerd Lüdemann, der gesagt habe, dass "infolge der Umwälzung des naturwissenschaftlichen Weltbildes … die traditionellen Vorstellungen von der Auferstehung Jesu als erledigt zu betrachten" seien (*ib.*). Kühn verkündet er: "Natürlich kann es [*lies: darf es*] keinen Widerspruch geben zu dem, was klare wissenschaftliche Gegebenheit ist." Man höre und staune! Wie windet er sich wohl aus dieser selber gestellten Falle heraus? In der Auferstehung Jesu habe sich eben etwas total Neues ereignet [sicher, aber nach 2000 Jahre alten Berichten]. Es gebe eben eine Dimension mehr, als wir bisher wussten; und da denkt er keineswegs an die mehrdimensionale Welt einer modernen Kosmologie. Und dann: "Wartete nicht eigentlich die Schöpfung auf diesen letzten 'Mutationssprung'? […] Auf die Vereinigung von Mensch und Gott, auf die Überwindung des Todes?" (*ib.*). Die sinnvolle Antwort lautet: Nein! Das ist theologisches Gerede, das im Widerspruch zu Wissenschaft steht, die keine Auferstehung kennt. Die Papst-Dimension ist reine Metaphorik, die mit Wissenschaft gar nichts zu tun hat! Er fragt jedoch ausdrücklich (natürlich für ihn eine rhetorische Frage): "Steht das im Widerspruch zur Wissenschaft? Kann es wirklich nur das geben, was es immer gab? Kann es nicht das Unerwartete, das Unvorstellbare, das Neue geben? [Natürlich, wird man sagen, kann es das geben, nur keine Widersprüche zur Wissenschaft, keine Wunder wie die Auferstehung!] Denn wenn es Gott gibt [*ja, wenn!*], kann er dann nicht auch eine neue Dimension des Menschseins, der Wirklichkeit überhaupt schaffen?" (S. 271). Sicher, nur leider gibt es ihn nicht, jedenfalls nicht in dem Sinne, dass er Naturgesetze außer Kraft setzen könnte!

Über die geschilderte Argumentation kann man nur staunen. Da wird ernstlich die Frage nach einem möglichen Widerspruch zur Wissenschaft im Zusammenhang mit der

Auferstehung gestellt und plötzlich so getan, als könnten wir die Existenz Gottes als eine wissenschaftliche Gegebenheit voraussetzen. Man schüttelt den Kopf über einen Versuch, noch im 21.Jh. die Auferstehung als wissenschaftlich möglich und denkbar darzustellen.

Der Papst kommt überhaupt nicht auf den Gedanken, dass das Ganze auch mythologischer Humbug sein könnte (inhaltlich gesehen; natürlich haben die Mythen ihren Eigenwert als Literatur). Die Auferstehung – das ist *im Grunde* nichts anderes als wenn in Grimms Märchen 'Frau Holle' ein Kind in den Brunnen fällt und auf einer wunderschönen Wiese landet. Denn ebenso wenig wie sich Gott je hat blicken lassen, so auch der auferstandene Jesus nicht, es sei denn in eben den Auferstehungsberichten ein paar Auserwählten als Geistererscheinung. Warum hat dieser Jesus nicht einfach weitergelebt in einem Schloss, etwa im Vatikan, ohne zu altern, aber immer mal wieder durchs Fenster schauend, vielleicht auch gelegentlich den Papst beratend?

Aber es gibt ein größeres Wunder als der Versuch des Papstes, die Auferstehung mit der Wissenschaft in Einklang zu bringen: das Schweigen der Hörer und Rezipienten des Jesus-Buches! Man könnte sich auch vorstellen, dass so etwas zwar in einer modernen Gesellschaft geduldet würde, dass aber auch die Bedenken kräftig propagiert würden. Doch vielleicht tut man solchen Schriften bereits zu viel Ehre an, wenn man sie, wie hier geschehen, ernsthaft diskutiert.[83]

22.6.E. Exkurs: Eine Auferstehungsumfrage

Im *Spectator* vom 14. April 2006, S. 18f, erschien zu Ostern 2006 eine interessante Umfrage unter dem Titel "Did Jesus really rise from the dead?" Es gab erstaunlich viele Ja-Antworten. Der Erzbischof von Oxford hält es mit Paulus: (1) Jesus wurde auferweckt: das Grab war leer (dh offenbar, der Körper, die Leiche war verschwunden), (2) Jesus wurde auferweckt als ein "spiritual body (I Corinthians xv, 44)," – offenbar seinem Auftreten nach der Auferstehung entsprechend. In ähnlicher Weise erinnert auch der Erzbischof von Westminster an 1 *Kor*15:44: "Ist aber Christus nicht auferstanden, so ist unser Glaube vergeblich." Die beiden interessantesten Antworten stammen jedoch von zwei *Spectator*-Redakteuren; ich setzte sie nebeneinander:

---

[83] Leider behandelt Augstein, dessen Buch man als Muster einer neutralen Darstellung eines Historikers ansehen kann, die Auferstehung nur kurz, dafür aber den Prozess Jesu und die Kreuzigung sehr ausführlich.

▶ Ja, er überwand den Tod, mit Leib und Seele. Das ist jedoch eine Glaubensaussage, nicht eine Aussage der Wissenschaft. Wenn Archäologen beweisen könnten, dass sie die Gebeine Jesu in Jerusalem gefunden hätten, wäre das Christentum immer noch wahr. Dies klingt wie ein Widerspruch, aber ich glaube nicht, dass es einer ist. (65a) *Charles Moore*	Das macht einen Christen aus: Glaube an einen fortgerollten Stein, Leiche verschwunden, der Tod besiegt, die Menschheit emanzipiert. Wenn die verifizierbaren Gebeine Christi entdeckt würden, müsste man zugeben, dass die Muslime Recht hatten: Jesus war [nur] ein Prophet, und das Christentum ein 2006 Jahre alter Scherz ◀ (65b). *Fraser Nelson*

Wer hat Recht? Eindeutig Fraser Nelson. Moores Auffassung ist eine paradoxe und poetische Denkweise, an die man allenfalls *glauben* kann – NOMA *par excellence!* Das Beispiel zeigt jedoch, dass es nicht nur den *homo credulus* gibt, sondern daneben den *homo scepticus;* beide leben friedlich nebeneinander. Der *homo credulus* ist wahrscheinlich in der Überzahl und muss sich notgedrungen eine Begründung für seinen Glauben zurechtzimmern, der ihn irgendwie rechtfertigt, und sei es durch abstruse Hintertüren. Man beachte: Seine psychische Konstitution zwingt den *homo credulus* zum Glauben und zum Erfinden von Scheingründen.

Interessanterweise hält es Benedikt XVI offenbar (indirekt) – mit wem wohl? Mit Fraser Nelson! Gerd Lüdemann zitiert aus dem *Jesus*-Buch: "Wenn die Geschichtlichkeit der wesentlichen Worte und Ereignisse wirklich wissenschaftlich als unmöglich erwiesen werden könnten, hätte der Glaube seinen Boden verloren."[84] Damit setzt der Papst wie schon Paulus (1*Kor*15:14) alles auf eine Karte, ohne zu bedenken, dass ein solcher Beweis längst 'wissenschaftlich' erbracht ist. In der Evolution – und generell unter dem Einsatz der Vernunft – hat eine Auferstehung keinen Platz!

22.7. Die zwei Überlieferungsstränge

Der Papst unterscheidet sodann bezüglich der Auferstehungsberichte des NT zwischen einer Bekenntnistradition und einer Erzähltradition, wobei mit der letzteren primär die Ausführungen des Paulus gemeint sind, insbesondre 1*Kor* 15:3–8, während die Evangelienberichte sich eher auf die Bekenntnistradition beziehen. Dabei lässt er gänzlich unerwähnt, dass die Unterscheidung natürlich seit langem bekannt ist (Näheres siehe §9.1).

Die Erzähltradition – das sind die Berichte über einen galiläischen Wanderprediger einschließlich Kreuzigung, eben die Spukgeschichten des NT: Jesus, der Auferstandene, tritt ein durch verschlossene Türen, ist aber dann körperlich anwesend und verschwindet dann *irgendwie*. Hier entsteht der Auferstehungsmythos. Die Unterscheidung dürfte insgesamt dem entsprechen, was schon Rudolf Bultmanan 1921 in seiner *Geschichte der synoptischen Tradition* dargelegt hat. Danach spiegelt sich in den drei Synoptikern eine Mischung aus einer Linie der 'Leben-Jesu-Berichte' über einen israelitischen

---

[84] Rezension des *Jesus*-Werkes, Band 2, im *Kölner Stadtanzeiger* vom11. März 2011, S. 28. Leider fehlt die Stellenangabe.

Wanderprediger mit der im Wesentlichen Paulinischen Lehre vom präexistenten Christus, mit dem hellenistischen Kerygma, wie es besonders deutlich zu Beginn des Johannes-Evangeliums hervortritt.[85]

Zur Bekenntnistradition, speziell zu 1 Kor 15:3–8, findet sich eine schöne Stelle auf Seite 277. Der Papst deutet das "gemäß der Schrift" so: "Dieser Tod ist kein Zufall. Er gehört in den Zusammenhang der Geschichte Gottes mit seinem Volk hinein. Er [der Tod] empfängt aus ihr heraus seine Logik und seine Bedeutung. Er ist ein Ereignis, in dem sich Worte der Schrift erfüllen, ein Geschehen, das Logos, Logik in sich trägt, das aus dem Wort hervorkommt und in das Wort eingeht, es deckt und erfüllt" (277). Dabei hat die Logik, auf die ihn der Logos bringt, mit dem Logos des Johannes, auf den er danach zu sprechen kommt, gar nichts zu tun.

Natürlich, so hören wir dann, kann das leere Grab kein Beweis für die Auferstehung sein [doch, es gehört gemäß den Evangelisten durchaus zu den Beweisen!]. "Maria Magdalena fand es nach Johannes leer vor und nahm an, dass jemand den Leichnam Jesu weggenommen habe [nämlich der Gärtner!]. "Das leere Grab als solches kann die Auferstehung nicht beweisen, das ist wahr." Was der Papst nicht sieht (er rennt, um modern zu klingen, ins offene Messer): 'Beweisen' kann sowieso nichts die Auferstehung, denn sie ist ein märchenhaftes Ereignis, und es gibt sie natürlich nicht. Im Erzählzusammenhang des NT aber soll das leere Grab jedoch sehr wohl ein Beweis für die Auferstehung sein.

Der Papst erkennt gar nicht, dass hier ein Mythos im Entstehen begriffen ist und dass die Geschichte zugleich auf eine poetisch-mythische Wirkung auf die Hörer abzielt, indem man dem leeren Grab auch noch ein oder zwei Engel hinzufügt, die da – sachlich völlig unnötig – herumsitzen – eine Art *science fiction* (besonders bei Johannes). Viel interessanter wäre es zu fragen, wie der Mythos entsteht, wie sich die Psyche der Erzählenden auf das Erzählte auswirkt. Ich kann von einem typischen Beispiel aus meiner Kindheit berichten. Da war ein Bekannter meiner Eltern, der erzählte nur zu gern, wie er als junger Mann im Zweiten Weltkrieg eines Nachts geträumt habe, ein Engel flöge durch sein Zimmerfenster; eine Woche später habe er die Nachricht vom Tode seiner Mutter erhalten. Dazu machte er dann eine ernste und gewichtige Mine, und seine Zuhörer schwiegen betreten. Nächste Station der Mythenentstehung: Der Todestag der Mutter habe genau mit dem Einflug des Engels übereingestimmt. Da wäre es, spielte die Geschichte vor tausend Jahren, naheliegend gewesen, wenn auf der dritten Stufe der Erzählung der Engel auch tatsächlich den Tod der Mutter verkündet hätte, zB mit den Worten 'Sie ist gestorben.' Vierte Stufe: Der Engel erschien nicht im Traum, sondern spätabends in der Wirklichkeit.

---

[85] An dieser Stelle fiel mein Komputer an der Universität Würzburg aus. Aber es gab Hoffnung: auch die Nachbarkomputer verweigerten nach dem Ausschalten das Booten. Das Rechenzentrum ließ wissen, man möge eine Kaffeepause einlegen; man arbeite an dem Problem, aber es könne eine Zeitlang dauern. Ich gab für diesen Tag auf. Am nächsten Morgen hatte ich das starke Bedürfnis, vor Einschalten des Computers ein Stoßgebet zum Himmel zu richten oder drei Kreuze zu schlagen und, nachdem mein Text dann tatsächlich hochgefahren war, weniger dem Rechenzentrum als irgendeinem 'lieben Gott' oder guten Geist zu danken. – Ein Beispiel aus der Praxis für das Glaubensbedürfnis des Menschen.

22.8. Paulus als Erzähler

"Die Erzähltradition berichtet von Begegnungen mit dem Auferstandenen und davon, was er dabei gesagt hat; die Bekenntnistradition hält nur die wichtigsten Fakten fest, die zur Bestätigung des Glaubens gehören" (287).

Ausführlich setzt sich der Papst mit den drei unterschiedlichen Berichten des Paulus-Erlebnisses auseinander (*Apg.* 9:3–7, 22:6–11, 26:12–20). Da sieht Paulus einmal ein Licht und hört eine Stimme, aber seine Begleiter hören nichts; ein anderes Mal ist es umgekehrt: auch die Begleiter hören eine Stimme, sehen aber nichts. Beobachtungen dieser Art sind vielleicht amüsant, aber wenig relevant. Doch man höre und staune:

> "Die Dialektik, die zum Wesen des Auferstandenen gehört, ist in den Erzählungen geradezu unbeholfen dargestellt, und eben so [> ebenso] erscheint ihre Wahrheit. […] Aber in der alle Texte kennzeichnenden Widersprüchlichkeit des Erfahrenen, in dem geheimnisvollen Zusammen von Andersheit und Identität spiegelt sich eine neue Weise des Begegnens, die apologetisch eher störend erscheint, aber umso mehr als Widergabe des Erlebten dasteht" (291f).

Man beachte die Umständlichkeit der Formulierungen. Gemeint ist: Gerade die Widersprüche der Schilderungen deuten auf die Wahrheit des Berichteten hin; aber so direkt wollte das der Heilige Vater wohl nun auch wieder nicht sagen. Immer wieder zeigt sich, dass es viel interessanter gewesen wäre zu fragen, wie solche Erzählungen zustande kommen.

Zu Beginn der Apostelgeschichte ist davon die Rede, dass Jesus (nach der Auferstehung), als er mit ihnen aß, sie anwies, Jerusalem nicht zu verlassen (*Apg.* 1:3–4). Wieder einmal gibt sich der Papst gelehrt und wichtigtuend, indem er erklärt, dass für das 'Mahlhalten' dasjenige griechische Wort gebraucht werde, das eigentlich 'Salz essend' bedeute (καὶ συναλιζόμενος …). Er sieht darin eine bedeutsame Anspielung auf das 'Brot und Salz' des AT und gelangt von dort schließlich auch zum letzten Abendmahl (295). Selbst wenn Letzteres dem Berichtenden vorgeschwebt haben sollte, es lässt sich nicht aus der Etymologie des Wortes συναλιζόμενος erschließen. Die Etymologie spielt semantisch keine Rolle (abgesehen davon, dass der Text ohnehin syntaktisch eine gewisse Beiläufigkeit signalisiert; wörtlich: 'der [mit ihnen] Essende ermahnte sie ...'). Das ist ein Fall analog der Deutung von *radikal*, das plötzlich nicht mehr das bedeuten soll, was es heute bedeutet, sondern – verharmlosend – nur (wie das Wort seiner Herkunft nach sagt) 'von der Wurzel (lat. *radix*) her'.

Ich schließe mit der Frage: Wofür eigentlich das Ganze? Welchen Sinn hat es überhaupt, allen Ernstes zu fragen, ob es Jesus überhaupt gegeben hat oder vielleicht auch nicht oder was für eine tatsächliche Auferstehung spreche. Es ist herzlich gleichgültig! Wozu für eine so simple Sache Papier verschwenden? Hier eine kurze Bemerkung aus dem *Spectator,* zu einem Fall, in dem ein bedeutender Historiker fast versehentlich die Wahrheit sagte:

> ▸ Die Geschichten der Evangelien sind so leicht zu lesen, ranken um eine Geschichte, die heute tief in der westlichen Kultur eingebettet ist, dass die Andeutung, sie seien konfus, gekünstelt und tendenziös feurige Kohlen auf dem Haupt eines solchen Sprechers entzündet. Das passierte dem

Historiker Hugh Trevor-Roper in den Spalten des *Spectator* in seiner Besprechung (23 January 1971) eines Buches von C.H. Dodd mit dem Titel *The Founder of Christianity* [*Der Gründer des Christentums*]. Noch Monate danach bestürmten empörte Verfasser von Leserbriefen den Herausgeber mit Anklagen, dass Trevor-Roper die Evangelien als 'eindeutigen Unsinn' beschrieben habe. [...] Da gab es nicht die geringste Möglichkeit, dass die so Schockierten hätten verstehen können, wie jemand [aber Trever-Roper war nicht irgendjemand] unterscheiden wollte zwischen der christlichen 'Wahrheit' für die, die daran glaubten, und der Verlässlichkeit der Evangelien als historisches Quellenmaterial. Für die meisten Menschen ist es in der Tat selbstverständlich, dass man als Christ an die Evangelien 'glaubt'. Der Jesus, der da erscheint, ist der Jesus des Glaubens [nicht der der Geschichte] ◀ (64).

ANMERKUNG 2012

Im April 2012 konnte man der Presse entnehmen, dass der Papst in einem Schreiben an die deutschen Bischöfe angeordnet habe, dass die Wandlungsworte über den Kelch mit Wein in der katholischen Messe künftig wieder lauten sollten: "Das ist mein Blut, das für euch und für viele vergossen wird zur Vergebung der Sünden" (seit 1970 hatte es geheißen "für alle", was man als 'Heilsuniversalismus' bezeichnete. Da muss somit der griechische Text wieder wörtlich genommen werden (wörtlich: 'mein Blut des Bundes, das für viele vergossene', auch wenn sich das 'viele' im Sinne von 'alle' deuten lässt). Es ist erstaunlich, was da dem Papst im Jahre 2012 noch wichtig ist und dann in der Presse diskutiert werden muss. Hier bewegt man sich innerhalb einer selbstverständlichen Christlichkeit, ohne auch nur im Geringsten zu bedenken, dass das alles Fantasien sind, zu denen möglicherweise auch die Fantasie einer Person wie Jesus gehört, wenn er denn etwa so gelebt haben sollte, wie die Evangelien schildern.

23. Küngs *Jesus*-Buch

(1) Nachdem das Vorausgehende zu Papier gebracht war, erschien das Jesus-Buch von Hans Küng, das einige seiner früheren Schriften aufarbeitet. Küngs Buch möge an diese Stelle eingebracht werden, weil es sich ausdrücklich von Ratzinger absetzt. Es wirkt schon äußerlich ganz unwissenschaftlich – eher wie ein Roman: keine Bibliografie, kein Index, keine Anmerkungen, keine Kolumnentitel. Seine Absicht formuliert der Verfasser so: "Wer im Neuen Testament den dogmatisierten Christus sucht, lese Ratzinger, wer den Jesus der Geschichte und der urchristlichen Verkündigung sucht, lese Küng" (S. 13). Man beachte, dass hier zwei sehr verschiedene Thesen in einem Atemzug genannt werden. Tatsächlich ist über den Jesus der Geschichte – über den jüdischen Wanderprediger, der irgendwie und irgendwann mit den Gesetzen in Konflikt geriet – bei Küng wenig zu finden. "Jesus von Nazareth ist kein Mythos, seine Geschichte lässt sich lozieren [= lokalisieren]," sagt Küng (S. 31). Das klingt gewichtig, aber was wir im Neuen Testament finden, ist nicht Geschichte, sondern allenfalls mythologisch angereicherte Geschichte – und das noch in so unterschiedlicher Weise, dass man sogar vermutet hat, es müsse sich um zwei historische Jesusfiguren (zwei Prediger) gehandelt haben: um das Urbild eines Jesus der Synoptiker (Matthäus, Markus, Lukas) und um das Urbild eines Paulinischen Jesus (mit dem Jesus des Johannes-Evangeliums irgendwo dazwischen). Einen historischen Jesus gibt es auch bei Küng nicht. Im Vordergrund steht deutlich der Jesus der urchristlichen Verkündigung, wie sie sich im Neuen Testament niedergeschlagen hat. – Sehen wir zu, wie es Küng mit der Auferstehungsgeschichte hält (Kapitel VI). Da haben wir zunächst ein lapidares Eingeständnis:

"Wer nun diese sogenannten Auferstehungs- oder Ostergeschichten, statt sie psychologisch zu erklären, in schlichtem Glauben wörtlich annehmen möchte, wird, wenn er nachdenkt und nicht alle Vernunft verliert [*hört, hört!*], auf schwer übersteigbare Hindernisse stoßen. Die Verlegenheit ist durch die historisch-kritische Exegese eher noch vergrößert worden." [Nach Erwähnung von Lessing und Reimarus:] "Will man als Mensch des 21. Jahrhunderts […] redlich und überzeugt an so etwas wie eine Auferweckung glauben, so müssen die Schwierigkeiten scharf und ohne Vorurteile des Glaubens oder Unglaubens in den Blick gefasst werden. Gerade dann zeigt sie freilich auch ihre *Kehrseite*. Es sind übersteigbare Schwierigkeiten" (S. 239f).

"Übersteigbare Schwierigkeiten" –? Wie kann das sein? Es zeigt sich schon hier, dass es sich um törichtes Gerede handelt. Warum wird nicht schlicht gesagt, dass kein Mensch je wieder lebendig geworden sein kann und niemand auf dieser Erde je wieder lebendig werden wird; Punkt. Stattdessen wird hin- und herüberlegt – jeweils unter den Stichworten 'Schwierigkeit' und 'Kehrseite' [= Glaubensseite] mit zum Teil merkwürdigen Ergebnissen – zum Beispiel unter Nr. 3 (es gibt insgesamt vier Gegensätze dieser Art): "Die neutestamentlichen Osterzeugnisse wollen nicht Zeugnisse für die Auferweckung sein, sondern Zeugnisse für den Auferweckten und Auferstandenen (S. 242). Die Absurditäten, die uns Theologen wie Küng bieten, sind oft (wie auch hier) von einer beklemmenden Primitivität. Es ist doch klar, dass die Auferstehung selbst (die natürlich nicht stattgefunden haben kann) schon deswegen nicht geschildert wird, weil man ja eine relativ komplexe Begebenheit hätte erfinden müssen (mit Zuschauern?), während die Erscheinungsgeschichten von einfacherer Struktur und daher bei der Entstehung des Mythos auch eher glaubhaft sind. So kann sogar der gute Paulus unbekümmert behaupten, auch ihm sei Jesus in Person begegnet. Selbstverständlich soll das Auftreten des Auferstandenen ein Zeichen für seine Auferstehung (oder, was Küng lieber ist, für seine Auferweckung) sein. Küngs Unterscheidung zwischen Auferstehung und Auferweckung (für gr. ἀνάστασις) ist, obwohl auch von anderen wichtig genommen, übrigens gänzlich irrelevant!

Wie geht es weiter? Professor Küng ist stets für Überraschungen gut. Es habe sich – bei der *Auferweckung* – eben nicht um ein "Naturgesetze durchbrechendes, innerweltlich konstatierbares Mirakel" gehandelt ("zu photographieren und registrieren gab es nichts" – S. 246):

"Aber gerade weil es nun nach neutestamentlichem Glauben in der Auferweckung um das Handeln Gottes geht, geht es um ein nicht nur fiktives oder eingebildetes, sondern um ein im tiefsten Sinne *wirkliches* Geschehen. [...] Es geht um ein transzendentes Geschehen aus dem menschlichen Tod in die umgreifende Dimension Gottes hinein. Auferweckung bezieht sich auf eine völlig neue Daseinsweise in der ganz anderen Daseinsweise Gottes, umschrieben in einer Bilderschrift, die interpretiert werden muss. [usw.]" (S. 246f) "Die Wirklichkeit der Auferweckung selbst ist also völlig *unanschaulich* und *unvorstellbar*" (S. 247).

Wie man leicht erkennt, bleibt Hans Küng gläubiger Theologe – auch wenn er damit entgegen seiner kurz zuvor geäußerten Bemerkung "alle Vernunft verliert". Er tut zunächst so, als ob er den Berichten von der Auferstehung Jesu sachlich auf den Grund gehen wolle, endet dann aber in abstrusem Gerede von höheren Wirklichkeiten und in dem, was ihm alles so zur Sache einfällt – zB folgendes:

"Will man nicht bildhaft reden, so müssen Auferweckung (Auferstehung) und Erhöhung (Entrückung, Himmelfahrt, Verherrlichung) als ein identisches, einziges Geschehen gesehen werden. Und zwar als ein Geschehen in Zusammenhang mit dem Tod in der unanschaulichen Verborgenheit Gottes [??]. Die Osterbotschaft besagt in allen so verschiedenen Varianten schlicht das eine: Jesus ist nicht ins Nichts hinein gestorben [*aha*]. Er ist im Tod und aus dem Tod in jene *unfassbare und umfassende* letzte Wirklichkeit [*schön!*] hineingestorben [!!], von ihr aufgenommen worden, die wir mit dem Namen *Gott* bezeichnen" (S. 254)

Das wird die Leser Küngs wohl zur Genüge erleuchten. Küng tut so, als sei er nüchterner Realist, schwelgt dann aber in metaphorischen Höhen – reiner Poesie in wissenschaftlich klingender Prosa: Jesus nicht einfach auferstanden, sondern in "jene *unfassbare und umfassende* letzte Wirklichkeit *hineingestorben*"! Von Betrug am Leser/ Hörer möchte man zwar nicht sprechen (oder doch?), aber solches Reden erhellt gar nichts. Küngs Botschaft lässt sich auch einfach ausdrücken: Natürlich gibt es keine tatsächliche Auferstehung, aber ich glaube trotzdem daran! Beweis: Ich verstehe es, seitenlang darüber zu reden.

Wie man sieht, ist es letztlich wieder der Tod, der alles bewegt, weil ihn der Mensch nicht wahrhaben will – auch nicht Hans Küng: "Von der Welt her, gleichsam von außen, bedeutet der Tod völlige Beziehungslosigkeit [*was heißt das?*]. Von Gott her aber, gleichsam von innen [*allerdings* 'gleichsam'!], bedeutet der Tod eine völlig neue Beziehung zu ihm als der letzten Wirklichkeit. Im Tod wird dem Menschen, und zwar dem ganzen und ungeteilten Menschen [*sehr wichtig?*], eine neue ewige Zukunft angeboten [*angeboten? kann man das Angebot auch ausschlagen?*]" (S. 255). Was Küng nicht bedacht hat: Was wird mit den Nicht-Christen und anderen Ungläubigen? Was wird mit mir, der ich Küng kritisiere und das Gerede von einer tatsächlichen Auferstehung schlicht für absurd erkläre? Was wird schließlich mit anderem Lebendigen, das diese Erde je hervorgebracht hat? Es ist wohl charakteristisch für Gläubige wie Küng, dass sie solche Fragen gar nicht bedenken.

(**2**) Wenn man meint, das oben Geschilderte sei Küngs ganze Botschaft, so irrt man sich: es gibt in Kapitel VI noch einen zweiten Abschnitt mit dem merkwürdigen Titel 'Der Maßgebende', in dem sich weitere theologische Überlegungen finden. Auch dieser zweite Abschnitt enthält viel kluges theologisches Gerede in Reinkultur. Es beginnt mit dem Eingeständnis (auch das sehr üblich; der Leser staune über so viel Ehrlichkeit), dass natürlich Auferstehungen auch in den heidnischen Religionen vorkämen. Genannt werden Heroen wie Herakles und "wiederbelebte Götter und Heilande wie Dionysos, deren Schicksale für das ihrer Gläubigen Vorbild und Urbild war und die in mystischer Partizipation immer wieder neu gefeiert wurden in jenen hellenistischen Mysterienreligionen, die umgebildete Naturkulte sind: abgelesen am natürlichen Rhythmus von Saat und Wachstum, Sonnenaufgang und Sonnenniedergang" (S. 259). Anstatt jedoch nun zu schließen, dass eine religiöse Auferstehung vor 2000 Jahren nicht so ungewöhnlich war, wie es zunächst erscheinen muss, müssen die Besonderheiten der Jesus-Auferstehung herhalten, deren Wahrheit zu 'beweisen'. Da liest man zum Beispiel. "Ostern entschärft nicht das Kreuz, sondern bestätigt es. Die Auferweckungsbotschaft ['Auferweckung': *ach ja – wichtig!*] ruft also nicht zur Anbetung eines himmlischen Kultgottes, der das Kreuz hinter sich gelassen hat, sie ruft zur Nachfolge: sich in glaubendem Vertrauen auf diesen Jesus, [> und auf] seine Botschaft einzulassen und das eigene Leben nach dem Maßstab des Gekreuzigten zu gestalten" (S. 260).

Im Stil des letzten Zitats geht es noch ein paar Seiten weiter. Was aber tatsächlich vorliegt und mitteilenswert gewesen wäre, ist etwas ganz anderes: das Außergewöhnliche der überlieferten Jesus-Geschichte, auf das letztlich die erstaunliche Verbreitung des Christentums zurückzuführen ist. Zunächst erleidet dieser Mensch-Gott einen furchtbaren Tod *für den Menschen*, darf dann aber dafür auferstehen und natürlich zum Himmel (in den christlichen Olymp) auffahren darf – die christliche Apotheose des Gekreuzigten und sein Triumph! Wenn das keine verlockende Religion ist, die den Glaubenden unmittelbar berührt! Nicht mit Hilfe tiefsinnigen theologischen Geredes ist auf die Wahrheit der Auferstehung zu schließen, sondern angesichts der überlieferten Jesus-Geschichte à la Paulus und gemäß den Evangelisten ist auf die scheinbare Plausibilität des Ganzen *für eine Zeit vor 2000 Jahren* hinzuweisen. So ist denn letztlich auch Küngs Darstellung der Jesus-Geschichte nur die Bestätigung für die Neuartigkeit und Anziehungskraft des im Neuen Testament Gebotenen, über dessen Wirkung – man denke an Kathedralen, Papst und das immer noch beachtliche Heer von Gläubigen – man sich nur immer von Neuem wundern kann.

Ausdrücklich sei gesagt, dass es auch in Kapitel VI einiges an sachlichen Informationen gibt, So soll der Untertitel 'Der Maßgebende' offenbar auf die unterschiedlichen Titel hinweisen, die das Neue Testament für Jesus parat hat. Über 50 solcher Titel, so hört man mit Staunen, finden sich im Neuen Testament (S. 263). Wir werden daran erinnert, dass Christus eigentlich der 'Gesalbte' ist und mit Jesus zusammen einen neuen Jesus-Namen abgibt ('Jesus Christus'). "Während es *für Davidssohn* etwa 20, für *Gottessohn* 75, für *Menschensohn* 80 neutestamentliche Belege gibt, wird *Herr* (*Kyrios*) etwa 350mal und *Christus* gar rund 500mal für *Jesus* gebraucht" (S. 264; Kursivsatz hinzugefügt).

Das Ergebnis unserer Küng-Lektüre ist, dass Küng (trotz gegenteiliger Behauptung) gar nicht so viel anders argumentiert als der Papst. Bei beiden findet sich die im letzten Grunde unehrliche Behauptung, die simplen Fakten nicht ignorieren zu wollen (Wissenschaft ist Wissenschaft), um dann mit großer Selbstverständlichkeit und mit viel Tiefsinn eine wie auch immer geartete oder beschriebene Auferstehung (bei Küng Auferweckung) als glaubhaft darzustellen. Da ist bei beiden von der historisch-kritischen Exegese (oder Methode) die Rede, die man keinesfalls ignorieren dürfe, doch am Ende gibt es für beide eine Auferstehung. In einem haben natürlich beide Recht: Für den Inhalt der christlichen Religion ist das Leben und Wirken eines tatsächlichen Jesus, auf den die Entdeckungen von Qumran nur wenig neues Licht geworfen haben, im Grunde uninteressant. Beide bestätigen uns: Der Inhalt der christlichen Lehre ist bezüglich der vermeintlichen Auferstehung eines Gott-Menschen absurd und nur verstehbar als Folge der Evolution, die einen Menschen hervorbrachte, dessen Einblick in die Trivialität seiner eigenen Existenz kompensiert wird durch Fantasien von einem ewigen Leben.

24.   Die Enzyklika *Lumen fidei* (29.6.2013)

Die Enzyklika *Lumen fidei* wurde am 29.6.2013 durch Papst Franziskus veröffentlicht, ist aber, was an Stil und Formulierungen leicht zu erkennen ist, so gut wie ganz von Benedikt XVI. Franziskus erläutert dies in Abschnitt 7, erwähnt aber, dass er einige Beiträge hinzugefügt habe. Es überrascht nicht, dass das Ganze wieder einmal eine theologische Schönrederei ist und kaum über – so gut wie unverständliche – Phrasen hinausgeht. Ein erstes Beispiel:

"Das Licht des Glaubens besitzt [lies: hat] nämlich eine ganz besondere Eigenart, da es fähig ist, das *gesamte* Sein des Menschen zu erleuchten" (§4). – Oder:

"Wir begreifen also, dass der Glaube nicht im Dunkeln wohnt [*sic!!*], dass er ein Licht für unsere Finsternis ist" (§4). – Nicht viel anders schwafelt Franziskus in §7:

"Im Glauben – der ein Geschenk Gottes ist, eine übernatürliche Tugend, die er uns einflößt, erkennen wir, dass uns eine große Liebe angeboten und ein gutes Wort zugesprochen wurde und dass wir, wenn wir dieses Wort – Jesus Christus, das Mensch gewordene Wort – aufnehmen, durch den Heiligen Geist verwandelt werden; er erhellt den Weg in die Zukunft und lässt uns die Flügel der Hoffnung [*hört, hört!*] wachsen, diesen Weg freudig zurückzulegen" (§7).

Wo immer man aufschlägt, der Text klingt hervorragend, hat aber wenig Inhalt oder Sinn. Ich greife wahllos § 29 heraus über "Glaube als Hören und Verstehen."

"Gerade weil die Glaubenserkenntnis [was mag das sein?] in Zusammenhang mit dem Bund eines treuen Gottes steht, der eine Beziehung der Liebe mit dem Menschen knüpft [mit dem Menschen? Mit Israel!] und an ihn sein Wort richtet, wird sie von der Bibel als ein Hören dargestellt [notwendigerweise] und mit dem Gehörsinn assoziiert [das ist päpstliche Zutat]. Der heilige Paulus verwendet eine Formulierung, die klassisch geworden ist: *fides ex auditu* 'der Glaube kommt vom Hören' (*Röm* 10,17). [...] [Kann das 'Hören' vielleicht auch ein Lesen sein? Wo 'hören' wir denn die Geschichten um Moses, Gott und Israel? Wir lesen darüber im Alten Testament – und wären damit wieder beim Auge.]

"Was die Erkenntnis der Wahrheit betrifft, ist das Hören manchmal dem Sehen entgegengesetzt worden, das der griechischen Kultur eigen sei. Wenn das Licht einerseits die Betrachtung des Ganzen ermöglicht, die der Mensch immer erstrebt hat [was ist denn dieses Ganze?], scheint es andererseits der Freiheit keinen Raum zu lassen, weil es vom Himmel herabkommt und direkt ins Auge fällt, ohne dessen Reaktion zu verlangen." [Hier ist offenbar von Sonnenlicht die Rede. Man wüsste auch gern, von wem dies bezüglich der griechischen Kultur vertreten worden ist.]

"Das Hören bestätigt die persönliche Berufung [wessen Berufung?] und den Gehorsam wie auch die Tatsache, dass die Wahrheit sich in der Zeit offenbart [das heißt ...?], das Sehen bietet die volle Sicht des gesamten Weges [was mag da gemeint sein?] und erlaubt, sich in den großen Plan Gottes einzureihen; ohne diese Sicht würden wir nur über vereinzelte Fragmente eines unbekannte Ganzen verfügen" (Ende §29).

Die Zitate zeigen, dass es sich um wertloses Gerede handelt, dem sich nur mit Mühe ein Sinn, allenfalls ein religiöser, zuordnen lässt.

Natürlich könnte nicht jeder so schreiben. Es ist in der Tat eine Kunst – und das ist wörtlich gemeint! Sehen und Hören sind die beiden hauptsächlichen Sinnesorgane, mit denen wir die Welt wahrnehmen. Mit dem Problem des Glaubens hat dies nur sehr indirekt zu tun. Was den christlichen Glauben angeht, so hören wir davon im Gottesdienst und sehen davon gar nichts, es sein denn im Lesen von Texten. Aber der Papst philosophiert um das Sehen und Hören an und für sich herum. Details wie das Lesen interessieren ihn gar nicht.

Nehmen wir ein weiteres Beispiel: §36 (ich habe in der Tat in meinem Exemplar einfach ein paar Seiten weitergeblättert). Der Abschnitt beginnt folgendermaßen:

> "Da der Glaube ein Licht ist, lädt er uns ein, in ihn einzudringen [?], den Horizont, den er erleuchtet, immer mehr zu erforschen, um das, was wir lieben [?], besser kennen zu lernen. Aus diesem Wunsch geht die christliche Theologie hervor. Es ist also klar, dass Theologie ohne Glauben unmöglich ist und dass sie zur Bewegung [Bewegung?] des Glaubens selbst gehört, der die Selbst-Offenbarung Gottes, die im Geheimnis Christi gipfelte, tiefer zu verstehen sucht."

So poetisch spricht der christliche Theologe Ratzinger, um auszudrücken, dass er der Meinung sei, dass christliche Theologen gläubige Christen sein müssten. Man beachte besonders die Personifizierung des Glaubens, der uns – nach Ratzinger – einlädt [!], etwas zu tun. Es geht weiter mit einer Metapher: der Glaube erleuchtet einen Horizont … Tatsächlich erleuchtet der Glaube gar nichts. Er besteht in dem Für-wahr-Halten gewisser überlieferter Erzählungen und Berichte, die das Dasein des Menschen in dieser Welt erklären sollen. Natürlich ist eine religionsunabhängige Theologie denkbar, wenn auch unüblich. Einem Hans Küng, nach wie vor braver Katholik, wurde 1979 wegen ein paar Differenzen gegenüber offiziellen Auffassungen von der deutschen Bischofskonferenz die theologische Lehrbefugnis entzogen.

Schließlich noch der Schluss der Enzyklika:

> Wir können sagen, dass an der seligen Jungfrau Maria sich erfüllt, was ich vorhin nachdrücklich betont habe, nämlich dass der Glaubende in sein Bekenntnis des Glaubens ganz und gar mit hinein genommen ist [das heißt?]. Maria ist durch ihre Beziehung [Beziehung?] zu Jesus eng mit dem verbunden, was wir glauben. In der jungfräulichen Empfängnis Jesu in Maria haben wir ein klares Zeichen der Gottessohnschaft Christi. Der ewige Ursprung Christi ist im Vater [was ist ein ewiger Ursprung?]; er ist der Sohn in gänzlichem und einzigartigem Sinn; und deshalb wird er in der Zeit geboren ohne Zutun eines Mannes." Usw. (§59).

Was die Jungfrauengeburt angeht, so ist dazu nur zu sagen, dass es sie, wissenschaftlich gesehen, nicht gibt. Punkt. Dass der Glaubende in sein Glaubensbekenntnis mit hineingenommen sei, klingt tiefsinnig, heißt aber nichts.

Immerhin gibt es zwischendurch auch einmal ein Stück echter Wissenschaftlichkeit, zB in Abschnitt 23. Dort wird die Septuaginta-Übersetzung eines hebräischen Wortspiels diskutiert. Von dort kommt der Papst auf Augustinus, der die Bibel-Stelle wohl ebenfalls heranzieht, um dann zu einer Schlussfolgerung zu gelangen, die sein theologisches Gebäude ins Wanken bringen könnte:

> "Der Mensch braucht Erkenntnis, er braucht Wahrheit, denn ohne sie hat er keinen Halt, kommt er nicht voran. Glaube ohne Wahrheit rettet nicht, gibt unseren Schritten keine Sicherheit. Er bleibt ein schönes Märchen, die Projektion unserer Sehnsucht nach Glück [...]. Oder er reduziert sich auf ein schönes Gefühl, das tröstet und wärmt [...], doch dem Wechsel unserer Stimmung unterworfen ist [...] und einem beständigen Weg im Leben keinen Halt zu bieten vermag " (§24). (Die Auslassungen deuten darauf hin, dass der Papst sich noch weit komplexer ausdrückt.)

Für den Papst trifft seine Beschreibung genau auf den religiösen Glauben zu, der für ihn natürlich die reine Wahrheit ist. Dass mit der Wahrheit auch genau das Gegenteil des religiösen Glaubens gemeint sein könnte, ahnt der Papst anscheinend nicht.

Wir können ein Gesamtfazit ziehen; es lautet: Aus Rom nichts Neues – außer einem weiteren Stück schöner päpstlich-christlicher (oder, wenn man will, theologischer) Poesie in Prosa. Aber man muss schließlich anerkennend gestehen; Wer ist schon fähig und in der Lage, so zu schreiben?

Teil 5:

Was bleibt?

Ein Gesamt-Fazit

Was bleibt nach dem, was in diesem Buch vorgetragen wurde, an Fakten? Wie soll man sich der Religion und speziell dem christlichen Glauben gegenüber verhalten? Es gilt zunächst einmal, die Neigung des Menschen, an Transzendentes zu glauben, als gegebenes Faktum anzuerkennen, und Annahmen wie NOMA als Konstrukte zu erkennen, die dies selbst für gebildete Menschen möglich machen sollen, und als solche zu entlarven. Wenn man will, kann man sich gemäß Kahneman 2011:77 den Glauben als eine spontane Welterklärung vorstellen, seinem 'System 1' (spontane Reaktionen) zuzuordnen.[86]

Daniel Kahnemans System 1 umfasst das spontane Reagieren auf Fragen und Probleme, sein System 2 das systematische Denken und Nachdenken. Hier eins seiner Beispiele (2011: 44): Ein Tennisschläger + Ball kosten $1.10. Der Schläger kostet $1.00 mehr als der Ball. Was kostet der Ball? Spontane und intuitive Antwort: 10¢. Richtige Antwort nach einigem Nachdenken: 5¢. Dagegen gibt es zB keine spontane Antwort auf die Frage 'Wie viel ist 43 × 18?' (S. 21).

Im Sinne solch spontaner Reaktionen, so meint Kahneman, habe die Evolution auch die Reaktion des Menschen auf sein Wissen um Leben und Tod in die Struktur eines Systems 1 eingebaut: der Mensch müsse unwillkürlich an eine vom Körper trennbare Seele glauben (S. 77). Dies klingt interessant, ist aber doch wohl nur die halbe Wahrheit. Nach dieser Theorie müsste das Unsinnige mancher Glaubensinhalte bei gründlichem Nachdenken allen offenbar werden, was aber nicht der Fall ist. Wie in diesem Buch gezeigt, gibt es genug intelligente Gläubige, die auch trotz vielen Nachdenkens dabei bleiben, dass der Tennisball 10 Cent koste (und gläubige Philosophen erfinden dazu alle möglichen Rechtfertigungen im Rahmen eines Systems 2, die immer noch zweifelhaft sind)!

Es ist vielleicht von Interesse, in diesem Zusammenhang an die Verschwörungstheorien zu erinnern, die nach historischen Ereignissen immer wieder als Erklärungen auftauchen und die dann möglicherweise sogar die Filmindustrie beschäftigen, weil sie mit Sicherheit spannender sind als die traurigen Fakten. Stichworte: Untergang der *Titanic* (1912), der Reichstagsbrand (1933), der Kennedy-Mord (1963), der tödliche Unfall der britischen Prinzessin Diana (1997), um nur einige der bekanntesten Fälle zu nennen. Hier kann man Mystifizierungsvorgänge beobachten, die wohl auch – psychologisch gesehen – bei der Entstehung von Mythen und Religionen eine Rolle spielen.

In vorwissenschaftlicher Zeit, also auch in der Zeit um Christi Geburt, und ohne das Wissen um die Evolution liegt naturgemäß die Entstehung religiöser Mythen nahe, und es war für die Kirche relativ leicht, den christlichen Glauben zu verbreiten und zu festigen, denn es gab praktisch keinen Widerspruch. Das Versprechen eines ewigen – und besonders schönen Lebens – nach dem Tode, Sündenvergebung (einschließlich Ablass), ja auch Strafandrohung bei Verfehlungen reichten aus, dass die Kirche an die 1800 Jahre lang in der westlichen Welt nahezu konkurrenzlos den biblischen Glauben verbreiten konnte und damit ihre eigene Stellung in der Gesellschaft, wie man heute sagen würde, zementierte. Erste Einwände gegenüber dem christlichen Weltbild (Giordano Bruno,

---

[86] Daniel Kahneman, geb. 1938, ist Nobelpreisträger für Wirtschaftswissenschaften (2002 zusammen mit Vernon L. Smith). Ich beziehe mich auf sein letztes Buch.

Galileo Galilei und wenige andere) konnten noch kraft kirchlicher Autorität erstickt werden. Erst mit der weiteren und immer erdrückenderen Zunahme wissenschaftlicher Erkenntnisse in der Zeit der Aufklärung und mit Darwins Evolutionstheorie im 19.Jh. wandte sich endgültig das Blatt, und berechtigte Zweifel am Glaubenskonstrukt kamen auf. Interessant und bemerkenswert aber ist – und das galt es auch in diesem Buch immer wieder hervorzuheben –, dass inzwischen die Anhänger der Kirchen und die Anzahl der Gläubigen zwar abgenommen hat, aber keineswegs auf null gesunken ist. Da jubeln nach wie vor tausende von Gläubigen dem Papst zu, und selbst ein protestantischer Zweifler dürfte nach wie vor den Kirchenaustritt scheuen.

So lässt sich die *message* des vorliegenden Buches auf einen einfachen Nenner bringen. Die Evolution hat uns die Einsicht in den Tod des Individuums gegeben, die schwer zu ertragen ist. Wir reagieren darauf mit allen möglichen religiösen Hirngespinsten, bauen unseren erfundenen Göttern Tempel, Gotteshäuser und Kathedralen, um uns in der Hoffnung wiegen zu können, irgendwie – und sei es auf mysteriöse Weise – doch am Ende zu überleben. Die Intelligenz des Menschen ist zwar inzwischen so weit, das Faktum der Evolution anzuerkennen und seine Zweifel an den Mythen von Auferstehung und Himmelfahrt zu entwickeln, aber sie ist nicht so weit, dass daraus auch jeder einzelne in Bezug auf Religion und Glaube die nüchterne Schlussfolgerung ihrer inhärenten Absurdität zu ziehen in der Lage wäre.

Dieses Buch würde gern eine zweite religiöse Aufklärung einleiten, nach der die Freiheit des Glaubens (und sei's des wahnwitzigen Glaubens an eine 'Himmelfahrt' Christi) jedem unbenommen bleibt, wenn er so etwas für seine 'Erbauung' braucht, aber kein Gläubiger sollte sich hinter NOMA-artigen Argumentationen verstecken dürfen: Geschichten oder 'Berichte' von Auferstehung und Himmelfahrt sind vor dem Forum der Vernunft schlicht Humbug. Niemand sollte mehr argumentieren können, dass Glaube und Vernunft *nebeneinander* existieren könnten. Glaube in diesem Sinne ist nur außerhalb der Vernunft und gegen jede Vernunft möglich. Erst recht kann es keine Reinigung der Vernunft *durch* den Glauben geben, wie es der Papst gern sähe (§19.5). Allein schon eine solche Idee zeugt von einer totalen Verblendung und Verirrung des Geistes.

Wie immer wieder angedeutet wurde, möchte man somit in der Tat den Menschen ihre Mythen, Feste und Glaubensbekundungen nicht nehmen, man sollte sie nur lehren, auf zwei Geleisen zu fahren (ohne NOMA-Christen zu werden). Einerseits sollen sie ruhig aus vollem Herzen Weihnachten *feiern* (und sogar 'Vom Himmel hoch' und anderen Kitsch *singen*), aber andererseits – in stiller Stunde und im Ernst – zugleich wissen und eingestehen können, dass wir für die Evolution nichts anderes als Genträger sind mit der Aufgabe, unsere Gene weiterzugeben und nicht uns, sondern die Gene zu verewigen – wenn es denn ginge. Leider geht es nicht: Die Erde wird eines Tages aus dem All verschwunden sein, und wir wissen nicht (können niemals wissen), ob das Universum ewig ist (es müsste sich auf ewig erweitern!) oder ob es vielleicht sogar mehrere Universen gibt, die untergehen und neu entstehen. Vielleicht aber schnurrt unser Universum eines Tages wieder zusammen auf die Größe eines Stecknadelkopfes, und es gibt einen zweiten

Urknall. Wir sollten uns der Tragik unseres Nichtwissens bewusst sein und uns als Menschen in dieser Tragik vereint sehen – sie vielleicht sogar im Zusammenhang mit den üblichen Festtagen oder an einem Extra-Trauertag – feiern. Ich stelle mir vor, dass eines Tages alle bereit sind, zwischen der traurigen Wahrheit und dem religiösen Bedürfnis zu unterscheiden, aber – es kann nicht oft genug wiederholt werden – keineswegs als ein Nebeneinander im Sinne von NOMA, sondern mit einem eindeutigen Vorrang der Vernunft, wobei Religiöses dann allenfalls als Hilfskonstrukt angesehen wird, das uns *vielleicht* das Ertragen der Wahrheit erleichtert.

Das Ertragen der Wahrheit ist schwer. Wie ist es ansonsten zu erklären, dass der Atheismus, wie er auch in Erscheinung treten mag, in unserer Gesellschaft nicht salonfähig ist. Man gesteht gern, katholischen, evangelischen, jüdischen, muslimischen Glaubens zu sein (oder welchen Glaubens auch immer), aber zu sagen 'Ich bin Atheist' – davor schrecken die Atheisten zurück. Wir können nicht annehmen, dass sich das so bald ändert, aber wir sollten uns wenigstens der Tatsache bewusst sein.

Der Mensch als Überlebensmaschinerie für die Gene – das sollten eines Tages alle zur Kenntnis genommen haben, und das sollte in allen Schulen gelehrt werden und die offizielle Auffassung der Staaten sein. Man bedenke, dass auch die lange noch angezweifelte Evolution inzwischen generelle Überzeugung ist. An die Stelle von NOMA sollte DOMA treten, das ich als '(reason-)dominated magisterium' gedeutet habe ('vernunft-dominiertes Magisterium') und das sich dann als Akronym folgendermaßen darstellen lässt:

(REASON-)**DOM** | (INATED)
MA (GISTERIUM)

Das bedeutet, dass die Vernunft des Menschen den absoluten Vorrang vor allem Übrigen hat und Basis unseres Bewusstseins ist, woraus sich die Erkenntnis ergibt, dass wir als Körper aus Fleisch, Blut und Knochen dereinst nur Abfall sind, der irgendwo in der Erde verscharrt liegt, wenn er nicht stattdessen verbrannt worden ist. Das 'Magisterium' muss in Anführungszeichen stehen, weil es im Grunde nur das religiöse Magisterium bezeichnen kann, hier also in einem uneigentlichen Sinne gebraucht wird und in erster Linie an NOMA erinnern soll. Es umspannt alle denkbaren religiösen und religionsartigen Anwandlungen des Menschen und reicht vom braven christlichen Kirchgänger über den Deisten à la Goethe bis hin zum strikten Atheisten, der gewissermaßen die 'Nullform' religiöser Emotionen repräsentiert und den wir somit am besten von DOMA ausnähmen – alle jedoch vereinigt in dem Wissen, dass ihre religiösen Emotionen (wenn sie denn ausgeprägt sind, was eben von Mensch zu Mensch verschieden ist) nur die Verdrängung der einzigen traurigen Wahrheit sind, dass wir nur zufällig und für kurze Zeit leben und dass es nur ein einziges Gebet gibt, das auch der Atheist unterschreiben kann: '[Herr,] lehre uns bedenken, dass wir sterben müssen, aufdass wir klug werden' (*Psalm* 90:12).

So lässt sich der Sinn dieses Buches auch so deuten, dass es bemüht ist, die NOMA-Idee als eine absurde Hypothese und als List zur Rettung des religiösen Bedürfnisses zu entlarven und deutlich zu machen; dass NOMA eine Mogelpackung ist, auch wenn die Theorie von klugen Professoren und anderen sich klug vorkommenden Personen als glorreiche Entdeckung vertreten wird.

Was die christlichen Religionen angeht, so sei an das Ergebnis erinnert, zu dem uns insbesondere die Lektüre der päpstlichen Jesusdarstellung und der von Hans Küng geführt hat, die beide auf ihre Weise die Saga von der Auferstehung Jesu zu retten suchen. Sie sind besonders deutliche Beispiele für das menschliche Bemühen, den Tod hinwegzudiskutieren. Der *homo intelligens* auf Planet x im Sonnensystem y der Galaxie z, der den *homo sapiens* auf dem Planeten Erde geortet hat, findet seinen entfernten Verwandten wahrscheinlich besonders gut im Erfinden von Illusionen, welche die Einsicht in den Tod erträglich machen.

In einer – wahrscheinlich immer noch sehr fernen Zukunft – gibt es möglicherweise hinsichtlich ihrer Religiosität drei Gruppen von Menschen: eine Großgruppe (vielleicht) von DOMA-Bekennern, eine kleine Restgruppe von unbelehrbaren NOMA-Gläubigen und eine wahrscheinlich auf ewig klein bleibende Gruppe von strikten Atheisten, den geborenen Pessimisten, denen die Aufgabe zukäme, darüber nachzudenken, welche Art von Feiern und anderen Befriedigungen menschlicher Emotionen auf atheistischer Grundlage denkbar wäre und erfunden werden könnte, oder ob es hier um prinzipielle Unvereinbarkeiten geht. Realistisch und wünschenswert wäre es wahrscheinlich, zunächst daraufhin zu wirken, dass eine Beeinflussung von ganzen Staaten durch religiöse Gruppierungen nicht mehr denkbar wäre (für den Vatikan kann man aus Gründen der Tradition eine Ausnahme zulassen): Staaten wären selbst offen atheistisch, schützten jedoch DOMA-Anhänger, während sie NOMA-Anhänger eher duldeten, auf keinen Fall aber förderten. Ob nach dem offensichtlichen Scheitern der Aufklärung eine solche Zukunftsvision überhaupt sinnvoll ist und wenigstens eine geringe Chance hat, muss dahingestellt bleiben. Bevor der Mensch ein noch etwas größeres Gehirn entwickelt hat, das ihn generell und ohne Ausnahme zu solchem Denken befähigt, ja zu solchem Denken zwingt, wird es ihn wahrscheinlich gar nicht mehr geben. Doch hoffen wir wenigstens, dass das schöne Wort des Johannes eines Tages wirklich zum Tragen kommt, wenn auch nicht in seinem Sinne: "Und [ihr] werdet die Wahrheit erkennen, und die Wahrheit wird euch frei machen" (*Joh* 8:31f).

Anhang 1: Nick Page: *"Tricky Nick"*

Nick Page ist *the tricky believer*, der den Freigeist spielt, aber letztlich gläubig ist. (Wir erinnern uns: auch der Papst spielt gern den unabhängigen Gelehrten.) Beginnen wir mit der Jungfrauengeburt. Dazu heißt es bei Nick Page:

> ▸ Sicher ist die Historizität [der Jungfrauengeburt] problematisch [nur *problematisch?*]. Es gibt keine Möglichkeit, sie zu beweisen. Keine medizinischen Berichte existieren und nichts Ähnliches ist je vorgekommen. Aber auch die Idee einer gänzlichen Erfindung hat ihre Probleme [*ach?*]. Sie nimmt eine einseitige Prozedur an, wonach die frühe Kirche auf der Suche nach Prophezeiungen die Schriften durchging und dann Geschichten erfand, um die Einzelheiten passend zu machen, aber sie hätten genau so leicht die Geschichten vor sich gehabt haben können, um dann Echos davon in den Schriften zu finden ◂ (67) (2011:11)

Die Irreführung des Lesers besteht darin, dass zunächst so formuliert wird, als stünde die *Möglichkeit* einer Jungfrauengeburt zur Debatte: "Es gibt keine Möglichkeit, die Jungfrauengeburt zu beweisen" – was natürlich impliziert, das sie aber dennoch stattgefunden haben könnte und zum mindesten denkbar sei. Es ist doch selbstverständlich, dass die Idee der Jungfrauengeburt reine Erfindung ist und somit kein Problem darstellen kann: es gibt sie nicht – *basta*. Doch fast unmerklich und übergangslos biegt dann Pages Überlegung ab in eine ganz andere Frage: Ob zuerst die Geschichte der Jungfrauengeburt erfunden wurde und danach im AT nach einer Ankündigung gesucht wurde oder umgekehrt, was natürlich mit der Frage, ob eine Jungfrauengeburt medizinisch bewiesen werden könne und überhaupt möglich sei, gar nichts zu tun hat. – Schließlich heißt es weiter:

> ▸ Ferner kann die Idee, dass die Geschichten Erfindungen seien, um die Schrift zu 'erfüllen' vielleicht bei Matthäus funktionieren, aber sie gerät in Schwierigkeiten bei Lukas, der Marias Jungfrauengeburt und die Reise nach Bethlehem erwähnt, sie aber nicht mit alten Prophezeiungen verbindet ◂ (S. 11) (68).

> ▸ Ein weiterer Grund, die Theorie der 'Erfindung' in Frage zustellen, besteht darin, dass die Erfindung sehr oft etwas gezwungen wirkt. ◂ (S. 11) (69).

Hier fehlt wieder jede Einschränkung bei *invention* (also etwa 'invention first' oder 'invention after a prophecy'), und erst eine Seite später wird Tacheles geboten:

> ▸ Aber ob wir es nun mit der Erfindung eines Autors zu tun haben oder mit einer frühen Kirchentradition, wir stehen auf jeden Fall vor einem Wunder. Jungfrauengeburten sind biologisch nicht möglich, es sei denn, Maria wäre eine Amöbe gewesen ◂ (S. 12) (70).

Warum nicht gleich so statt des vielen Geredes? Doch das ist der Habitus des Autors – zB auch im Zusammenhang mit den Wundern, die Jesus getan haben soll. Wir lesen – ebenfalls auf Seite 12:

> ▸ Jesus – der historische Jesus – vollbrachte Wunder [*ach?*] oder man glaubte, dass er Wunder vollbrachte [*aha*]. […] Ich werde sie in diesem Buch nicht ignorieren. Aber ich werde sie andererseits auch nicht zu beweisen oder zu widerlegen suchen. Was für Mittel könnte ich benutzen? Es gibt keine medizinischen Bericht aus dem ersten Jahrhundert, keine psychiatrischen Tests, die zeigen, dass ein dämonenbesessener Jüngling tatsächlich schizophren war, keine DNA-Tests, die zeigen, wer tatsächlich der Vater Jesu war. Es gibt nur die Berichte der Evangelien. ◂ (S. 12) (71).

Das klingt wieder einmal objektiv und neutral, ist es jedoch in keiner Weise: es setzt voraus, dass Wunder möglich seien (wenn vielleicht auch nur ausnahmsweise)!! Man muss ja wohl nicht beweisen (wie der Autor vorgibt), dass es keine Wunder gibt! Es kommt nicht darauf an zu entdecken, wer Jesus' Vater war, sondern nur darauf, die Absurdität der Jungfrauengeburt festzustellen (und das im NT implizierte Einvernehmen des gehörnten Ehemannes). Der historische Jesus kann keine Wunder bewirkt haben, welcher Art auch immer; Beweise sind da gänzlich überflüssig. So einfach ist das! Was soll folglich das sich wichtig gebende Gerede von den wissenschaftlichen Methoden, die nicht verfügbar seien, es sei denn, der Autor nimmt eine gewisse Täuschung des Lesers in Kauf oder bewirkt sie instinktiv?

Wir betrachten die Schilderung zum leeren Grab. Dabei entspricht – mit zT wörtlich übernommenen Passagen – die Darstellung in dem Kapitel "Aftermath: the Wrong Messiah" in *The Wrong Messiah* der in dem Kapitel "Day Eight: the Return" in *The Longest Week*. Die Frauen finden das Grab leer. In *The Longest Week* heißt es dann:

> ▸ Es wäre daher verlockend, an dieser Stelle die Idee des Historischen beiseitezulegen, die Überlieferung der Evangelien als Mythen oder Literatur oder Metaphern zu nehmen. Das Problem ist, dass die Evangelien das nicht zulassen [*man höre und staune!*]. Sie ändern nicht plötzlich ihren Stil wie ein Dokumentarfilm, der plötzlich in *science fiction* umschlägt. Im Gegenteil, für die Evangelien ist es 'normales (oder anormales) Geschäft'. Dies, so behaupten sie, hat sich tatsächlich so ereignet. ◂ (72) (2009:255).

Eine absurdere Argumentation ist mir noch nie begegnet, obwohl mich eine Ahnung beschleicht, dass sie von vielen oder gar von den meisten Lesern vielleicht gar nicht bemerkt wird. Es ist doch selbstverständlich, dass die Evangelisten eben das glaubten, was sie zu Papier brachten. Wie kann Page auf die Idee kommen, dass sie sich selbst durch einen Stilwechsel irgendwie hätten desavouieren sollen oder überhaupt hätten desavouieren *können?* Ihre Darstellung als vermeintliche Wiedergabe der Wirklichkeit und der Wahrheit ändert doch nichts an der objektiven Absurdität der geschilderten Ereignisse! "The Gospels won't let us do that" ist ein ganz und gar absurdes Statement; es besagt, dass, wenn die Autoren den Bericht von der Auferstehung ernst meinten, auch wir ihn ernst nehmen müssen.

Das Geschilderte ist ein Fall von *Shaggy-dog thinking*. Es erinnert an die Geschichte vom sprechenden Pferd. Ein Hengst, der dem Wanderer von seiner Weide aus 'Guten Tag' über den Zaun wünscht, erzählt, der Wanderer werde es kaum glauben, aber er sei der vorjährige Derby-Gewinner. Das könnte man – würde *tricky Nick* sagen – vergessen, 'but the story won't let us do that' – soll hier heißen, wäre da nicht der Eigentümer des Pferdes, ein benachbarter Bauer, der der Erkundigung des Wanderers zuvorkommt mit der Bemerkung: 'Ich weiß, Sie kommen wegen meines Hengstes. Er erzählt allen Leuten, er habe das letzte Derby-Rennen gewonnen. Aber er ist ein Lügner; er war nur zweiter!"

Auf die Auferstehungsberichte übertragen, heißt das: Die einen erzählen dieses Detail (Derby gewonnen), die anderen vielleicht jenes (vielleicht, dass das Pferd behaupte, jeden Reiter abschütteln zu können), aber alle sind sich darin einig: er ist auferstanden (das Pferd konnte sprechen). Somit muss etwas daran sein an der Auferstehung (an dem

Sprechen des Pferdes). Page diskutiert lang und breit die unterschiedlichen Darstellungen der Evangelien, wie es dort wohl ursprünglich geheißen haben möge und warum, als ob das von größter Wichtigkeit sei. Schließlich kommt er zu dem erstaunlichen Ergebnis, dass die Zweifler Mücken seihten, aber Kamele schlucken müssten (nach *Matth* 23:24), ▸ weil alle Berichte sich über die grundlegende Tatsache einig sind: Jesus war tot und dann, ja, und dann war er es nicht ◂ (2009:259) (73). Das soll besagen, alle Evangelisten und Epistelschreiber sind sich darin einig, dass Jesus starb und ihnen dennoch begegnete (dass er also auferstanden sei), was natürlich die einzige Pointe aller Darstellungen ist. Der Mücken-Seiher ist offensichtlich Page selbst, indem er irrelevante Pseudodiskussionen bietet! Man muss nichts dagegen haben, aber er sollte sich nicht in der Pose eines objektiven Darstellers gerieren. Auferstehung – das ist *von vornherein* Mythologie: es gibt sie nicht. Punkt.

Typisch ist etwa auch Pages Bemühen um die Identifikation der Emmaus-Jünger. Einer von ihnen werde von Lukas 'Cleopas' genannt. Der Nachfolger des Jakobus als Oberhaupt der Gemeinde von Jerusalem sei ein gewisser Symeon, der 'Sohn des Clopas', gewesen. Johannes berichte, eine der drei Frauen unter dem Kreuz sei 'Maria, [Frau] des Clopas', gewesen (*Joh* 19:25), und es sei sehr wahrscheinlich, dass Cleopas und Clopas identische Personen gewesen seien. ▸ Dies würde bedeuten, dass die Person, die Jesus auf dem Wege nach Emmaus trifft, sein eigener Onkel ist, was sich sehr gut deckt mit der Tradition, wonach Jesus seinen Verwandten wie etwa Jakobus begegnete ◂ (2011:271) (74).

So erstaunlich es klingen mag, Pages Argumentation ist der des Papstes ähnlich. Er vermeidet es zwar peinlichst und systematisch, irgendwie und irgendwo seine Gläubigkeit klar und offen zu bekennen, setzt sie aber überall voraus, wobei er den neutralen Gelehrten spielt oder wenigstens den um Klarheit bemühten Forscher.

Gelegentlich lässt er aber dann doch die Katze aus dem Sack (oder besser: ein wenig aus dem Sack hervorschauen): Zwar wird nicht gesagt, die Auferstehung sei unter modernen Aspekten reiner Unsinn, aber immerhin: ▸ Da ist die schiere Unheimlichkeit des Ereignisses. Der christliche Glaube, dass sich Auferstehung vor dem Ende der Zeit ereignet habe und dass sie eine allgemeine Auferstehung suggeriere, war sehr seltsam ◂ (2011:268) (75) Das klingt nach einer *gewissen* Distanzierung (man beachte den merkwürdigen Tempuswechsel zum Schluss des Satzes). Doch 'tricky Nick' täuscht uns, denn er fährt unmittelbar nach dem Zitierten folgendermaßen fort:

> ▸ Aber das ist kein 100-prozentiger Beweis. [Worauf bezieht sich das *das* = englisch *this?*] Für mich liegt ein viel stärkerer Beweis der Auferstehung [!!] in der Reaktion seiner Nachfolger [als ob deren Reaktion nicht auch von den Autoren des NT berichtet würde]. Am Freitag versteckten sie sich, um ihr Leben fürchtend und abgelenkt angesichts ihrer zerronnenen Träume; irgendetwas veränderte sie, irgendetwas veranlasste sie, den Raum zu verlassen und zu behaupten, Jesus sei auferstanden. Sie behaupteten, ihn fleischlich gesehen zu haben, nicht nur in Jerusalem, sondern auch anderswo ◂ (S. 269) (76).

Das klingt so, als ob wir dies alles aus irgendeiner anderen Quelle als aus dem NT mit größerer oder gar absoluter Sicherheit wüssten, während das dort Berichtete nicht "100 per cent proof" sei.

Hier Pages Quintessenz: ▸ Was immer wir über die Auferstehung selbst glauben möchten [haben wir eine Wahl?], historische Tatsache ist, dass die frühe Kirche tatsächlich glaubte, dass sie sich ereignete [*wer hätte das gedacht!*]. Und darin war sie sehr viel anders als andere messianische Überlieferungen ▸ (2011:273) (77).

Man höre genau zu, was hier gesagt wird: nicht etwa, dass folglich Jesus auferstanden sei, sondern dass die frühe Kirche das *glaubte*, was natürlich niemand bestreiten oder bezweifeln kann, wozu es aber auch keiner umständlichen Diskussion bezüglich (zB) der Identität der Emmaus-Wanderer bedurft hätte. Offensichtlich vermeidet Page ein offenes, direktes und persönliches Bekenntnis zum Glauben und spricht stattdessen lieber vom Glauben der Jesus-Anhänger – der natürlich bekannt und nicht erst zu beweisen ist.

Offen wird Page erst ganz zum Schluss. Da wird erzählt, dass wir aus Josephus über zwei weitere Messias-Aspiranten wissen und dass Jesus durchaus als der Messias galt: ▸ Die Nachfolger Jesu gaben bezüglich der Auferstehung nicht auf; sie verkündeten sie von den Hausdächern. Sie machten klar, dass Jesus in der Tat der tatsächliche Messias gewesen sei ◂ (2011:275) (78), was, so Page, natürlich nur in gewissem Sinne stimmte. Er tat alles, was man von einem Messias erwartete, aber in ganz anderer Weise, zB so:

> ▸ Er vertrieb den Feind, aber der Feind war nicht Rom, sondern der Tod. Er erneuerte den Tempel, aber der Tempel erwies sich als sein Körper, wieder aufgebaut nach drei Tagen. Er gründete ein neues Königreich, aber es war kein weltlicher Natur, sondern ein Königreich des Dienens [??], der Liebe, des Friedens. Und es sollte niemals enden ▸ (2009:276) (79).

Deutlicher kann man nun allerdings seinen persönlichen Standpunkt nicht machen. Seite 276 enthält dann weitere Metaphorik. Der Schluss über die Kirche Jesu wirkt entwaffnend offen. Da sei über die Jahre manches falsch gelaufen, doch so sei das nun mal mit alten Gebäuden: ▸ Ich weiß, es sieht falsch aus. Aber es hat sich als triumphal, überraschend, dauerhaft, ewig richtig erwiesen ◂ (80).

Ich frage: Wie kann sich etwas in der Gegenwart als "eternally right" erweisen? So etwas ist wohlklingendes, aber törichtes Geschwätz! Es hat allerdings in diesem Falle eine echte Funktion: es macht den christlichen Standpunkt des Autors, der sonst nur verschwommen zum Ausdruck kommt, überdeutlich! Da sollte man nicht undankbar sein; denn da könnte selbst der Papst noch etwas lernen. 'Tricky Nick' bringt es fertig, selbst einen Buchtitel zu erfinden, *The Wrong Messiah*, der die Frage eines gläubigen oder ungläubigen Autors in auffälliger Weise in der Schwebe lässt.

ANHANG 2: A.N. Wilson über Jesus

A.N. Wilson ist studierter Theologe und freier Schriftsteller. Von ihm stammt eine weitere Jesus-Darstellung, die ich in diesem Buch betrachte. Sein Standort ist schwer zu fassen. Im Vorwort bekennt er, dass er den einstigen Glauben verloren habe; auch gibt er sich neutral, indem er die Jahre nach Christus unter der Abkürzung CE = *common era* angibt, zB als 100 CE, nicht als *post Christum natum* oder *Anno Domini* (S. xv). Für Wilson ist es charakteristisch, dass mehr oder weniger objektive Berichte plötzlich mit merkwürdigen Äußerungen wechseln, die nur von einem Gläubigen oder von einem noch halbwegs Gläubigen kommen können. Da heißt es im Vorwort etwa von der Geburt Christi:

> ▶ Die Geschichte von dem Kind, das im Stall in Bethlehem geboren wurde, weil kein Raum in der Herberge war, ist eine der mächtigsten Mythen [!], die je dem Menschengeschlecht geschenkt wurde. Es ist jedoch eben ein Mythos. Sogar wenn wir jedes Wort der Bibel für wahr halten, werden wir nicht in der Lage sein, dort den Mythos von einem im Stall geborenen Jesus zu finden. Keins der Evangelien sagt, dass er in einem Stall geboren sei ◀ (S. ix) (81).

Das klingt überzeugend, ist es aber der Sache nach nicht. Erstens hängt der Charakter der Geschichte als Mythos nicht davon ab, ob sie im NT so oder etwas anders geschildert wird – als ob es in der Bibel keine Mythen gäbe oder deren Mythen dadurch verschwänden, dass wir sie für verbal inspiriert hielten. Zweitens ist wenigstens ein Ansatz der Geschichte sehr wohl in *Lukas* 2 gegeben, der berichtet, man habe das neugeborene Kind in Windeln gewickelt und aus Raummangel in eine Krippe gelegt. Da liegt es ja wohl nahe anzunehmen, dass auch die Geburt im Stalle stattgefunden habe, ob dies nun gesagt wird oder nicht. Die Frage ist im Übrigen gänzlich irrelevant.

Bezüglich seines Buches wird Wilson zum Glück deutlicher:

> ▶ Der mythologische Christus, der als zweite Person der Heiligen Trinität präexistent war, in einem Stall geboren wurde, die christliche Eucharistie einsetzte und die katholische Kirche gründete, ist nicht der Gegenstand dieses Buches. Dieses Buch wurde in der Hoffnung geschrieben, dass es möglich sein müsste, etwas über den anderen Jesus zu sagen, den Jesus der Geschichte ◀ (S. xiii). [Aber natürlich müsse er sich dabei auf das NT stützen.] ▶ Ich hoffe, dass ich keine Erzählung geschrieben habe, aber ich bin mir darüber klar, dass wir streng genommen nicht so viel über Jesus sagen können, wie ich in den letzten Kapiteln dieses Buches gesagt habe, ohne eine lange Reihe von vielleicht, vielleicht, vielleicht ◀ (*ib.*) (82).

Über Wilsons eigene Entwicklung erfahren wir dies:

> ▶ Es war ein langsamer und in meinem Fall auch ein schmerzhafter Vorgang, den Glauben an das Christentum abzulegen, und nachdem ich es getan hatte, schien es mir unehrenhaft zu sein, mich weiter Christ zu nennen und Gottesdienste zu besuchen, die von Jesus sprachen, als ob er lebte [usw.]." Er wisse, dass manche in der Lage seien, das Praktizieren des christlichen Glaubens mit dem Wissen zu verbinden, dass dies auf einer fundamentalen Unwahrheit beruhe; "aber das konnte ich nicht. Aber ich konnte auch nicht die Auffassung der Skeptiker teilen, dass wir gar nichts über Jesus wissen könnten ◀ (S. xvi) (83)

Das ist eine merkwürdige Logik. Für das Jesus-Buch ist es gänzlich unerheblich, ob Wilson noch formal oder nur praktisch in der Kirche geblieben ist oder nicht. Aber er sagt, er habe weder in der Kirche bleiben können noch habe er annehmen können, wir wüssten gar nichts über den wirklichen Jesus. Was er offenbar sagen *wollte:* Sein Unglaube beruhe nicht auf der Annahme, wir wüssten gar nichts über den wirklichen Jesus, auch wenn es sehr wenig sei. Man sieht, für den Leser liegen die Schwierigkeiten des Verstehens in der Hauptsache im Stil des Verfassers, wie zB auch in folgendem relativ einfachen Fall (S. 6): Jesus, so hören wir, überlebte seinen Tod als Kultfigur, und zwar in drei unterschiedlichen Traditionssträngen:

> ▸ Erstens in der jüdischen 'Kirche' von Jerusalem
> Zweitens in dem Kult, der vom Apostel Paulus verbreitet wurde
> Drittens, und dies vielleicht am mysteriösesten:
> der Kult Jesu überlebte im vierten Evangelium [Johannes] ◄ (S. 6) (84).

Dies ist zwar einigermaßen verständlich, aber stilistisch schief. Warum ist im dritten Falle plötzlich von "dem Kult Jesu" die Rede? Ist das "cult of Jesus" von besonderer Relevanz? Man beachte, dass die Aufzählung so beginnt, als ob es drei Kultstränge gebe, aber am Ende gibt es plötzlich nur einen! Die weiteren Erläuterungen zu den drei Strängen sind immerhin klar und verständlich.

In Kapitel VII wird die Geschichte von der Samariterin aus *Johannes* Kap.4 erörtert, die natürlich u.a. an die Begegnung von Rebekka mit Abrahams Gesandten (*Genesis* 24) und an andere Stellen des AT erinnert. Wilsons Ergebnis:

> ▸ Nachdem ich so viel über das Gekünstelte der erzählerischen Technik [des Johannes] gesagt habe, wird es paradox von mir erscheinen, dies als realistische Geschichte gewertet zu wissen, aber so liest es sich. Das ist das große Paradoxon des Johannes. Je mehr er Künstliches auf Künstliches türmt, Tropus auf Tropus,[87] desto realistischer wird das Bild; bis zu dem Punkt, an dem es fast unmöglich wird, nicht zu glauben, dass irgendeine solche Unterhaltung – mit einer samaritischen Frau – stattgefunden haben muss ◄ (S. 155) (85).

Man sieht, da hat der Autor eine Idee ('Je paradoxer, desto wahrscheinlicher') und bringt sie gleich zu Papier. So etwas macht Eindruck, und kaum jemand merkt die Absurdität der Argumentation. Wie kann etwas umso realistischer werden, je gekünstelter es ist? Man nehme zB Johannes' erstes Paradoxon, mit dem er seinen Text beginnt: "Im Anfang war das Wort, und das Wort war bei Gott; und Gott war das Wort." Das heißt nichts, sondern ist geheimnisvolles und tiefsinniges Geraune. Was Wilson nicht sieht: man kann sagen, es sei Poesie! Jesus ist das 'Wort'. (Wieso ist Gott ein Wort? Vielleicht weil er mit seinem Machtwort als Schöpfer identifiziert werden soll?) Das Wort ist *bei* Gott, wenn *das Wort* = 'Sohn Gottes' ist, und 'Gott war das Wort', dh Gott und Sohn sind dennoch nur *ein* Gott, was zwar absurd ist, aber es darf natürlich nicht zwei Götter (wie etwa Zeus und Tochter Athene) geben! Man kann sich also sehr vieles bei der Eröffnung des Johannes-Evangeliums denken, nur eine 'realistic story' ist es nicht!

Doch all dies ist wiederum nebensächlich in Wilsons Kontext. Johannes hat auch realistische Berichte. Dazu gehört gerade sein Bericht über die Samariterin. Wilson hat somit seine Bemerkungen über das Paradoxe bei Johannes (wenn es das denn gibt) gänzlich falsch angebunden, weil er offenbar seiner plötzlichen Eingebung folgte: da war ihm gerade etwas Interessantes eingefallen! Mit der Samariterin hat es leider nichts zu tun!

---

[87] Die Tropen sind in der Rhetorik Stilfiguren wie zB Metapher und Ironie.

Wilson zur 'Verklärung' ('Transfiguration')

Wilson hält die Verklärung für einen von zwei großen Augenblicken im Leben Jesu, wie von den Synoptikern geschildert (der zweite sei die Verwandlung der Brote). Bei Johannes, so Wilson, käme sie nicht vor – aus dem einfachen Grunde, weil er sie nicht brauche: ▸ Dem vierten Evangelisten wird wiederholt die Glorie Jesu und die Glorie Gottes offenbart ◂ (S.156) (86). Das ist jedoch nur bedingt richtig. Im Zusammenhang mit dem Hohepriesterlichen Gebet bittet Jesus Gott gleich zu Beginn: Δόξασον σου τὸν υἱόν ('Verkläre deinen Sohn'; *Joh* 17:1–2), auch wenn der Terminus ein anderer ist als bei den Synoptikern (vgl. *Matth* 17: 2, *Markus* 9:2, Lukas 9:29, wo stets von einer Metamorphose – μετεμορφή – die Rede ist). Das δοξάζειν bedeutet so etwas wie 'verherrlichen,' was aber offenbar bei einer bestimmten Gelegenheit geschieht, einem Augenblick (nicht über eine längere Zeit hin); es muss folglich der 'Metamorphose' irgendwie entsprechen. Man kann *Joh* 17:1-2 übersetzen durch 'Ich habe dich verklärt, nun verkläre du mich.' – Von Wilson hören wir dies:

> ▸ Ich habe kein Problem zu glauben, dass die Geschichte von der Verklärung sich auf etwas bezieht, was sich tatsächlich im frühen Leben Jesu ereignete. Es wäre grob zu versuchen, es zu erklären ◂ (S. 157) (87).

In solch einer Formulierung bleibt bei Wilson stets ein merkwürdiger Glaubensrest, hier in Gestalt des Respekts vor dem Bericht. Was sollte an einer solchen Erklärung, wenn es sie gäbe, 'crass' sein? Tatsächlich ist eine Erklärung gar nicht so schwer. Schon im AT haben wir immer wieder Erscheinungen des Leuchtens. Es ist ein natürliches Attribut einer Gottheit oder auch einer Person, wenn ihr eine Gottheit erscheint. Paulus wird bekehrt durch das Erscheinen eines Lichts. Folglich muss auch bei Jesus irgendwann und irgendwo ein Licht her; das ist alles. Man könnte auch sagen, die 'Verklärung' gewinnt sakrale Bedeutung. "Etwas, was sich wirklich während der frühen Lebenszeit Jesu ereignete" kann viel bedeuten. Damit bleibt Wilson wissenschaftlich auf der sicheren Seite (denn das ist so vage, dass es wenig besagt; es könnte auch heißen, dass es sich um ein von den Anhängern lokalisiertes Ereignis handelte) und kann andererseits seinem Glauben in einem gewissen Grade treu bleiben.

Zum leeren Grab (Wilson, Kap. XI)

Hinter den Geschichten vom Auferstandenen, so hören wir, gab es eine Schicht von älteren Erlebnissen:

> ▸ Hinter den Geschichten und den Begegnungen mit dem auferstandenen Jesus, so wie sie heute von Gläubigen goutiert werden könnten, verbargen sich einige ältere Erfahrungen. Angesichts der Art der überlieferten Geschichten finde ich es unmöglich zu glauben, dass die weiblichen Freunde Jesu, die während seiner letzten Stunde so deutlich auf Distanz gehalten worden waren, nicht früh am Morgen des dritten Tages zum Grabe kamen. Ich finde es ähnlich schwer zu glauben, dass sie nicht das Grab leer fanden in Bezug auf den Leichnam, den sie suchten ◂ (S. 241) (88).

Wozu zunächst einmal die doppelte Verneinung, die das Verstehen des Wortlauts erschwert (*nicht* möglich zu glauben, dass die Frauen *nicht* zum Grabe kamen)? Soll man nicht gleich verstehen, dass hier ein Gläubiger spricht? Wilson erklärt seinen Glauben so: Weil kein Jude, der eine hieb- und stichfeste Geschichte hätte erfinden wollen, sich ausgerechnet Frauen als falsche Zeugen hätte einfallen lassen, weil Frauen nicht einmal vor Gericht als Zeugen zugelassen waren. Aber Moment mal! Dann muss dieser plötzlich gläubig gewordene Ungläubige (der Verfasser) uns aber bitte auch sagen, ob er die Geschichte dann auch als Beweis für die Auferstehung ansieht (dann ist er nicht ungläubig), oder welche Erklärung er andernfalls für die Geschichte vom leeren Grab hat.

Etwas ausführlicher wird Wilson zu der Geschichte bei Markus (*Markus* 16). Da sagt ein junger Mann, der im Grab sitzt, ein νεανίσκος, Jesus sei nicht mehr da, sie möchten es den Jüngern erzählen, dass er ihnen vorausgegangen sei nach Galiläa. Diesen Worten sei nicht zu entnehmen, so Wilson, dass Jesus auferstanden sei (es folgen Überlegungen, was sie bedeuten könnten). Das ist natürlich ganz abwegig. Denn im Kontext sollen die Worte sich natürlich sehr wohl auf die Auferstehung beziehen und sie damit indirekt auch beweisen.

Matthäus' Jüngling in der Grabkammer ist ein Engel in Weiß, und die davonlaufenden Frauen treffen auf Jesus selbst, der ihnen sagt, dass er auferstanden und auf dem Weg nach Galiläa sei (*Matth* 28). In dieser Version sei aus Jesus, dem Auferstandenen, der Gründer der katholischen Kirche geworden, der die Jünger in die Welt schicke, alle Menschen zu bekehren.

Ich halte diese Darstellung für absolut irreführend. Natürlich bedeutet der kurze Markus-Bericht exakt das Gleiche wie der Matthäusbericht. Was sollte der νεανίσκος ('Jüngling') anderes sein als ein Engel? Und was sollte ein Markus-Bericht von einer aus der Grabstätte entfernten Leiche, die (so Wilsons Überlegungen) vielleicht in der Nähe von Nazareth beigesetzt worden sei. Solche Überlegungen, die Wissenschaftlichkeit demonstrieren sollen, sind wieder einmal schlicht absurd, wenn man etwas genauer hinhört und den gesunden Menschenverstand walten lässt..

Besonders töricht wird der Johannes-Bericht dargestellt. Wilson rätselt, wie es sein könne, dass jemand, der Jesus im Leben so gut gekannt habe (Maria von Magdala), ihn nun plötzlich nicht erkenne und ihn für den Gärtner halte:

▶ Wie im Falle der Emmaus-Geschichte bei Lukas ist es schwer zu sehen, wie jemand, der Jesus sehr gut kannte, so langsam im Erkennen Jesu gewesen sein soll. Wenn jedoch der Fremde nicht der liebe Freund gewesen sein sollte, sondern dessen ihm ähnelnder Bruder, dann ist dies exakt die Doppelung, die man erwarten kann ◀ (S. 244) (89).

Wer spricht denn im Evangelium von 'the dear friend' und dessen Bruder? Sollte Wilson damit Jesus und dessen Bruder Jakobus, den Herrenbruder, meinen?

Rudolf Augstein zweifelt nicht am Herrenbruder Jakobus:

"Es wird also diesen Bruder Jakobus gegeben haben [Vorsteher der christlichen Gemeinde in Jerusalem], denn wenig glaubhaft erscheint, daß die ersten Christen in Jerusalem den Jakobus und den dem Jakobus zugehörigen Bruder Jesus erfunden hätten. [...] Nur der Papst in Rom bestreitet den vier in den Evangelien namentlich aufgeführten Jesus-Brüdern (Markus 6,3), dass sie Brüder Jesu waren [*lies*: gewesen seien]. [Die Mutter der sog. Jesus-Brüder seien vielmehr Kinder einer zweiten 'Maria' gewesen.]" (S. 25).

Abgesehen von solchen Problemen, entspricht Wilsons Überlegung der eines Märchenhörers, der sich fragt, wie es denn sein könne, dass Rotkäppchen nicht einen Wolf von ihrer Großmutter unterscheiden könne. Ein solcher Irrealismus, im Leben unwahrscheinlich oder unmöglich, ist natürlich im Interesse der *story* hinzunehmen! Wilson tötet mit seinen Überlegung die Pointe der Erzählung! Warum dennoch kein Leser und kein Rezensent bei der Lektüre Wilsons aufschreit, ist rätselhaft. Man liest offenbar Gedrucktes – wie sagt man so schön? – , als ob es ein Evangelium sei. Wilson erkennt gar nicht die im Entstehen begriffene Mythe (die schöne *story*), auf die ich bereits mehrfach hingewiesen habe. Seine Überlegungen sind völlig *beside the point*, weil er verkennt, dass die Realistik, die ihn bewegt, natürlich gar nicht das Anliegen des Erzählers ist und daher auch irrelevant und gänzlich uninteressant ist. Übrigens ist im Rahmen der Erzählung – von Wilson übersehen – auch das *Noli me tangere* spannend und interessant, wenn auch – *if we come to think of it* – im Grunde ganz sinnlos, aber eben Teil einer schönen Geschichte!

Mein Gesamteindruck von Wilsons Buch ist zwiespältig. Trotz seiner Bemerkung über den frühzeitig verlorenen Glauben finden sich reichlich Glaubensspuren in seinem Text, die sich in stilistischen Merkwürdigkeiten niederschlagen.

ANHANG 3: Der Papst und John Donne

1. Aus der päpstlichen Enzyklika *Spe Salvi*, §48

"Den Seelen der Verstorbenen kann durch Eucharistie, Gebet und Almosen 'Erholung und Erfrischung' geschenkt werden. [...] Wenn aber das 'Fegefeuer' einfach das Reingebranntwerden in der Begegnung mit dem richtenden und rettenden Herrn ist, wie kann dann ein Dritter einwirken, selbst wenn er dem anderen noch so nahesteht? Bei solchen Fragen sollten wir uns klarmachen, daß kein Mensch eine geschlossene Monade ist, unsere Existenzen greifen ineinander, sind durch vielfältige Interaktionen miteinander verbunden. Keiner lebt allein. Keiner sündigt allein. Keiner wird allein gerettet. In mein Leben reicht immerfort das Leben anderer hinein: in dem, was ich denke, rede, tue, wirke. Und umgekehrt reicht mein Leben in dasjenige anderer hinein, im Bösen wie im Guten.

2. Standop-Brief vom 9.1.2008 an den Papst

Heiliger Vater,

Sie schreiben in §48 Ihrer Enzyklika *Spe Salvi*, dass niemand sich als allein lebend fühlen dürfe:

> Unsere Existenzen greifen ineinander, sind durch vielfältige Interaktionen miteinander verbunden. Keiner lebt allein. Keiner sündigt allein. Keiner wird allein gerettet. In mein Leben reicht immerfort das Leben anderer hinein: in dem was ich denke, rede tue, wirke. Und umgekehrt reicht mein Leben in dasjenige anderer hinein im Bösen wie im Guten.

Es dürfte Sie interessieren, dass Sie mit diesem Gedanken einen berühmten Vorgänger haben, der vielleicht gar eine Fußnote verdient hätte: den englischen Dichter und christlichen Prediger John Donne (1572–1631). Donne schreibt (ich belasse die alte Schreibung):

> No man is an *Iland*, intire of it selfe; every man is a peece of the *Continent*, a part of the *maine;* if a *Clod* bee washed away by the *Sea, Europe* is the lesse, as well as if a *Promontorie* were, as well as if a *Mannor* of thy *friends* or of *thine owne* were; any mans *death* diminishes *me*, because I am involved in *Mankinde;* and therefore never send to know for whom the *bell* tolls; It tolls for thee. (*Devotions upon Emergent Occasions* [1624], XVII)

[*Meine Übersetzung:*] Kein Mensch ist eine Insel, sich selbst genügend. Jeder Mensch ist ein Stück des Kontinents, Teil des Festlandes. Wird ein Stück vom Meer hinweggespült, dann ist Europa umso kleiner, so als ob ein Vorgebirge hinweggespült worden wäre oder ein Landhaus eines deiner Freunde oder dein eigenes. Der Tod eines jeden Menschen verkleinert mich, weil ich in der Menschheit involviert bin. Und darum schicke niemanden, um zu erfahren, für wen die Sterbeglocke läutet: sie läutet für dich!

Die Stelle erhält eine zusätzliche Pointe dadurch, dass Ernest Hemingway daraus den Titel seines Romans *For Whom the Bell Tolls* (1940) gewann und die Stelle vor Beginn des Romans zitiert.

Ich hoffe sehr, Heiliger Vater, mit diesen Hinweisen auf Ihr Interesse zu stoßen.

Ihr sehr ergebener

E. Standop

3. Antwort

STAATSSEKRETARIAT
Erste Sektion
Allgemeine Angelegenheiten
N. 77.800

Aus dem Vatikan, am 9. Februar 2008

Sehr geehrter Herr Professor Dr. Standop!

Das Staatssekretariat des Heiligen Stuhls bestätigt Ihnen den Eingang Ihres werten Schreibens vom 9. Januar, mit dem Sie dem Heiligen Vater im Zusammenhang mit der Enzyklika *Spe Salvi* einen literarischen Text zu Kenntnis bringen.

In hohem Auftrag danke ich Ihnen für diesen aufmerksamen Hinweis und Ihre freundlichen Zeilen, die Ihre Verbundenheit mit dem Nachfolger Petri bezeugen.

Papst Benedikt XVI. schließt Sie und Ihre Anliegen in sein Beten ein und erbittet Ihnen von Herzen Gottes beständigen Schutz und seinen reichen Segen.

Mit besten Wünschen und freundlichen Grüßen

[gez. Unterschrift]
Msgr. Gabriel Caccia
Assessor

4. Aus dem Vatikan am 28. Januar 2009, 12:50 (Vatikan, kath.net/RV)

Papst: Piusbruderschaft muss Autorität des Papstes anerkennen

Benedikt XVI. hat die Bischöfe der traditionalistischen Priesterbruderschaft des Heiligen Pius X. dazu ermahnt, die Lehren des II. Vatikanischen Konzils anzuerkennen. Er tat dies in einem ungewöhnlichen Schritt, nämlich mit der Verlesung einer kurzen öffentlichen Erklärung gegen Ende der Generalaudienz.

"Ich habe vor einigen Tagen den Nachlass der Exkommunikation für die vier Bischöfe entschieden, die 1988 von Erzbischof Lefebre ohne päpstlichen Auftrag geweiht worden waren. Ich habe diesen Akt der väterlichen Barmherzigkeit gesetzt, weil diese Prälaten mir wiederholt ihr tiefes Leiden an der Situation bekundeten, in der sie sich befanden.

Ich wünsche, dass auf diese meine Geste das umgehende Bemühen von ihrer Seite folgt, die weiteren notwendigen Schritte zu setzen, um die volle Einheit mit der Kirche zu realisieren. Auf diese Art sollen sie echte Treue und echtes Anerkennen des Lehramtes und der Autorität des Papstes und des II. Vatikanischen Konzils bezeugen."

Gegen das Vergessen und die Leugnung der Shoah hat Papst Benedikt XVI. ebenfalls eine Erklärung am Ende der Generalaudienz verlesen:

"In diesen Tagen, in denen wir der Shoah gedenken, kommen mir Bilder meiner wiederholten Besuche in Auschwitz wieder in Erinnerung, einem der Lager, in dem der höhnische Mord an

Millionen von Juden, den unschuldigen Opfern eines blinden Rassen- und Religionshasses, verübt wurde. Während ich erneut aus ganzem Herzen meine volle und unbestreitbare Solidarität mit unseren Brüdern, den Trägern des ersten Bundes, zum Ausdruck bringe, wünsche ich, dass die Shoah die Menschheit dazu anstiftet, nachzudenken über die unvorhersehbare Macht des Bösen, wenn es das Herz des Menschen ergreift. Die Shoah sei für alle eine Mahnung gegen das Vergessen, gegen die Leugnung oder die Reduzierung. Denn Gewalt, die gegen einen einzigen Menschen ausgeübt wird, wird gegen alle verübt. **'Kein Mensch ist eine Insel', schrieb ein bekannter Poet.** Die Shoah möge sowohl die alten als auch die jungen Generationen lehren, dass nur der mühsame Weg des Aufeinander-Hörens, des Dialogs, der Liebe und der Vergebung die Völker, Kulturen und Religionen der Welt zu dem gewünschten Ziel der Brüderlichkeit und des Friedens in Wahrheit führt. Gewalt soll die Würde des Menschen nie wieder demütigen."

Anhang 4: Der Brief eines Theologen

(1) *Simplex sigillum veri.*

(2) *Was sich überhaupt sagen lässt, lässt sich klar sagen; und
wovon man nicht reden kann, darüber muss man schweigen.*

(Ludwig Wittgenstein)

Ein Theologe, im Folgenden 'Herr Walter' genannt, sucht den christlichen Glauben zu retten in einem Brief vom 22.9.2006. Er reagiert damit auf Teilstücke dieses Buches, die ihm zur Kenntnis gebracht worden waren.

Das Bemühen, den christlichen Glauben vor der modernen Wissenschaft – besser: vor dem wissenschaftlichen Denken – zu rechtfertigen (*um nicht zu sagen* zu retten), hat viele Fassetten. Eine ist das, was man stilistischen Intellektualismus[88] nennen könnte. Im Anschluss an Descartes kann man zB sagen, das Ich sei das "unerschütterliche Fundament, der Ausgangspunkt allen Denkens." (Descartes schloss vom Denken auf eine Seele, von der Seele auf Gott.) Herr Walter bemerkt dazu:

"Aber noch ein Zweites wird an Descartes Erkenntnis ansichtig: Ich komme nicht umhin, mit dem Ich zusammen zugleich ein Du zu denken, selbst wenn es eines ist, das mich in allem täuscht. Damit die menschliche Vernunft 'Ich' sagen kann, ist immer schon ein 'Nicht-Ich', ein Anderes im Spiel."

Das klingt plausibel, ist aber logisch anfechtbar. Descartes schloss natürlich *alles*, was außerhalb des Ich wahrgenommen wird, in die Möglichkeit eines getäuschten Ich ein; das ist seine Pointe. Nur das Denken selbst bleibt! Um aber vom Ich auf das Du zu kommen, braucht man Descartes gar nicht. Es genügt die Einsicht, dass wir – Descartes hin, Descartes her – auf dieser Welt nicht allein sind. Die philosophische Frage lautet dann: Wenn Descartes über das Denken zu Gott kam, kann man auch über das Ich zu Gott gelangen? Dazu Herr Walter:

"Im Verhältnis von Ich und Nicht-Ich bzw. Du tut sich nun allerdings eine unüberwindliche Differenz auf. Das Ich weiß sich nämlich zu einer Einheit mit dem Du aufgefordert, die es niemals real einholen kann. […] Der Philosoph Hermann Krings spricht in diesem Zusammenhang in seiner Analyse der menschlichen Freiheit von einer "Antinomie zwischen formaler Unbedingtheit und materialer Bedingtheit der Freiheit." Er meint damit genau diese Differenz zwischen (einerseits) theoretischem Wissen um die Möglichkeit unbedingter Anerkennung des Du durch das Ich und umgekehrt (= formale Unbedingtheit der Freiheit) und (andererseits) dem realen Scheitern dieser Möglichkeit aufgrund der "materialen Bedingtheit". Kein Mensch ist in der Lage, den anderen tatsächlich unbedingt anzuerkennen. Jeder Mensch hat jedoch diese Idee des Unbedingten."

Ich gebe zu, dass ich das kaum verstehe, obwohl es natürlich für seinen Verfasser nicht ohne Sinn sein mag. "Das *Ich* weiß sich zu einer Einheit mit dem *Du* aufgefordert? Wieso *aufgefordert*, und vom wem aufgefordert (es sei denn, 'Ich' und 'Du' sind miteinander verheiratet)? Und was heißt es, dass die Einheit mit dem Du niemals "real eingeholt"

---

[88] Das Stilproblem bedürfte weiterer Untersuchung. Im Englischen wurde der Terminus *abstractitis* geprägt, ohne dass er geläufig geworden wäre. Auch der Begriff des Prätentiösen ist von Belang.

werden könne? Ist da ein metaphorischer Wettlauf im Spiel? Auch das Krings-Zitat klingt *knowlegeable* und eindrucksvoll; verständlich ist es – trotz der versuchten Erläuterung im gleichen Stil – nicht (siehe Motto 1 und 2). – Ich komme zu der entscheidenden Passage des Ganzen:

> "Würde man nun die verschiedenen Ostergeschichten der Evangelien exegetisch genau betrachten, käme man zu der Feststellung; dass diese keineswegs den Glauben an die Gottheit Christi wecken oder [diese] beweisen wollen. Sondern dass ihre Intention darin liegt, Sendungsgeschichten zu sein (sie enden alle: 'Geht nun und sagt den anderen …'). Der Glaube an Jesus Christus liegt nicht – wie man oft meint – in seinen Wundern, und auch nicht im größten seiner Wunder, in seiner Auferstehung begründet, sondern die Wunder setzen den Glauben an ihn schon voraus. […] Sie sind Zeichen (vgl. Johannesevangelium), nicht Beweise.

So oder so ähnlich hat man das auch schon anderswo gehört (meint man). Dass die Intention der Ostergeschichten und der Wunder "Sendungsgeschichten" seien, ihre Bedeutung also gar nicht im faktischen Inhalt liege, ist eine der Möglichkeiten, über biblische Unglaubwürdigkeiten hinauszugelangen. Leider ist die Verlegung des Akzents vom Inhalt der Botschaft weg auf die Verbreitung der Botschaft (auf das *Kerygma*, wie die Theologen eindrucksvoll sagen) im Kern unehrlich, obwohl in der Tat schon bei Bultmann auftauchend. Was soll die Verbreitung einer Botschaft, wenn es auf ihren Inhalt weniger ankommt als auf die Verbreitung selbst? Im Übrigen ist die These aus dem NT selbst widerlegbar. Der Evangelist Johannes sagt: "Diese [Zeichen] aber sind aufgeschrieben, damit ihr glaubt, Jesus sei Christus, der Sohn Gottes, und damit ihr durch den Glauben das Leben habt" (*Joh* 20:31). Auch der gute Paulus hätte über solche Gedankengänge wie oben zitiert nicht schlecht gestaunt und wohl gar den Kopf darüber geschüttelt! Er hätte sein jedem Leser verständliches "Ist aber Christus nicht auferstanden …" (1*Kor* 15:14) eiligst streichen müssen. Schließlich nahm er wie nach ihm das ganze Mittelalter, in der Tat auch die Neuzeit (wohl auch einschließlich gegenwärtiger Kirchenlehren, wie sie zB der Papst vertritt) die Auferstehung wörtlich.[89] Da müssen die modernen Theologen doch allen Ernstes annehmen, dass sich Paulus bezüglich der Bedeutung der Auferstehung irrte (wie ohnehin bezüglich der Naherwartung)! Der *sensus litteralis* der Bibel wird kurzerhand gestrichen, zumindest dort, wo er schlecht in ein modernes Weltbild passt.[90] Dass die Theologen es in einer modernen Welt mit den Wundern schwer haben, ist verständlich. Setzen die Wunder den Glauben bereits voraus, was für die meisten Fälle sicher richtig ist, so bleiben sie als Wunder dennoch erhalten, auch wenn man sie 'Zeichen' nennt (man wagt

---

[89] Ich behaupte: Die Stelle 1*Kor*15:14 (zusammen mit Paulus' 'Beweisen' für die Auferstehung) ist für alle modernen Exegeten die unangenehmste des ganzen Neuen Testaments.

[90] Ich spiele an auf den vierfachen Bibelsinn, der in folgenden Hexametern seinen Ausdruck fand (ich weiß nicht, von wem sie stammen; bei Origenes fehlt der anagogische Sinn):

> Littera gesta docet, quid credas allegoria,
> Moralis quid agas, quo tendas anagogia.

Übersetzt etwa: Geschriebenes belehrt über Taten, die Allegorie über das, was du glaubst, das Moralische betrifft dein Handeln, und wohin du strebst (um zu Gott zu gelangen!) heißt Anagogie.

kaum, an die Schweineherde *Matth* 8:30–32 zu denken oder gar an Stellen wie *Genesis* 1:21f). Dass man dann trotzdem nicht an die auf dem Glauben beruhenden Wunder (oder 'Zeichen') als faktische Ereignisse glauben muss, ist merkwürdig[91] und führt im Falle der Auferstehung in die totale Aporie; dh in die totale argumentative Ratlosigkeit. – Nunmehr aber zur Quintessenz des Ganzen:

"Die unumstößliche Kernaussage der Evangelien besteht darin, dass Menschen in Jesus Christus die todverschlingende Macht (Liebe) Gottes erkannt haben. Das einhellige Zeugnis lautet: Dieser Mensch war wirklich stärker als der Tod. Und er war es aufgrund seiner Einheit mit dem Vater im Himmel."

Dies scheint, wie es heißt, gut vereinbar zu sein "mit dem vor der Vernunft verantworteten Begriff des Absoluten und seiner Selbstmitteilung im Endlichen." Ich hätte mir gewünscht, dass dies einfach mit der Vernunft vereinbar sei, aber es ist mit dem "vor der Vernunft verantworteten [= zu verantwortenden oder verantwortbaren?] Begriff des Absoluten vereinbar, das sich selbst im Endlichen mitteilt". Sei's drum, auf jeden Fall sind die vier Komplexe, die Zweifel erregen könnten (nämlich Jungfrauengeburt, Auferstehung, Himmelfahrt, Wunder), damit zunächst einmal beiseitegeschafft. Doch dafür haben wir uns zwei neue Problemkomplexe eingehandelt, nämlich die "todverschlingende Macht (Liebe) Gottes" und "die Einheit Jesu mit dem Vater" (*sprich* mit Gott). Keiner von beiden ist natürlich in Wirklichkeit vereinbar mit den Erkenntnissen der Wissenschaft (wenn man diese als Ausfluss der menschlichen Vernunft ansehen darf, woran im Grunde kein Zweifel besteht).

Es bleibt dabei: Der Glaube entsteht aufgrund eines existenziellen menschlichen Bedürfnisses, das vor allem in einem gemeinschaftlichen Handeln (besser: Feiern), kurz: im Ritus seine Befriedigung findet. Mythos und Ritus sind die wesentlichen Elemente des Glaubens. (Der Mythos kann historische Elemente enthalten und muss keineswegs *nur* auf Erdachtem oder Sagenhaftem beruhen.) Wesentlich zur Entstehung des Glaubensbedürfnisses scheint – neben einem allgemeinen Bedürfnis der Welterklärung – die Einsicht in die Unabänderlichkeit des Todes zu sein. Ich registriere mit Interesse, dass auch Herr Walter von der "todverschlingenden Macht (Liebe) Gottes" als offenbar wesentlichem Element christlicher Überzeugungen spricht. Der Glaube existiert neben und außerhalb der Vernunft (NOMA allenthalben). Manche meinen, das sei gut so, manche nicht. Versuchen wir, den Glauben in die Vernunft einzubeziehen, ihn der Vernunft unterzuordnen,[92] also seine Inhalte vernünftig zu finden, so erleiden wir Schiffbruch und gelangen zu dem *Credo quia absurdum*, einem Satz, der natürlich vor dem Forum der Vernunft selbst absurd ist. Natürlich kann man die Befriedigung des

---

[91] "Daß Mythen *auch* eine höhere Bedeutung haben, das ginge noch hin; aber wenn man der niederen, der wörtlichen Bedeutungsebene im Grunde alle Substanz abspricht, das geht zu weit" (Ken Wilbur 1996:481; *Eros, Kosmos, Logos,* Frankfurt: Wolfgang Krüger. Englisches Original: *Sex, Ecology, Spirituality,* Boston, 1995).

[92] Dies scheint auch das Anliegen der Papstrede in Regensburg am 12.09.2006 gewesen zu sein.

existenziellen religiösen *Bedürfnisses* des Menschen (das wohl nicht zu bezweifeln ist[93]) – aus welchen Gründen auch immer – vernünftig finden, doch das steht auf einem anderen Blatt (es könnte herablassend oder sogar zynisch gemeint sein) und würde wohl kaum den Beifall von Agnostikern und Atheisten finden. Doch dies ist ein Problem, für das ich im Augenblick keine *endgültige* Lösung sehe.

"Natürlich müsste man alles viel ausführlicher und genauer ausführen", sagt Herr Walter zum Schluss. Was könnte uns da vielleicht noch bevorstehen? Vorsicht ist geboten! Umständlichkeit und große Ausführlichkeit sind vor dem Forum der Vernunft schnell verdächtig, der Verschleierung zu dienen. So sollte man sich hier stilistisch eher ein Beispiel an dem Evangelisten Johannes und an dessen brillant formulierten Prolog nehmen.[94] Dessen Prolog ist zwar eine einzige Paradoxie, aber wenigstens von erhabener Kürze!

---

[93] Es ist interessant zu sehen, dass weder Aufklärung noch moderne Wissenschaft den existierenden Religionen wesentlich Abbruch getan haben. "Nach 40 Jahren", schreibt der Biograf des Nobelpreisträgers Francis Crick, der ein militanter Atheist war, "gilt es, eine Erklärung dafür zu finden, warum die Entdeckung des genetischen Code so gut wie keine Wirkung auf religiösen Glauben oder in der Tat auf andere Formen von *superstition* hatte" (*Spectator* 2006-10-26, S. 23; meine Übersetzung).

[94] Wie erklärt sich zB die Paradoxie des Johannes-Prologs, wonach der Logos 'bei Gott' war, aber zugleich Gott *ist*? Vielleicht folgendermaßen: Als Schöpfer (vgl. Vers 3) brauchen wir nur einen Schöpfer-Gott, aber als Erlöser brauchen wir einen anderen Gott, etwa einen Logos-Gott (oder anthropomorph ausgedrückt, einen Gottessohn). Im Vergleich mit Johannes' lapidarem Stil ist Rudolf Bultmanns seitenlanger Kommentar zu *Joh* 1:1–2, obwohl ohne Zweifel im Wesentlichen Richtiges enthaltend, stilistisch umständlich, wenn auch sachlich verständlich.

ANHANG 5: Das Problem der Theodizee

Das Problem des Übels[95]

von Shadia B. Drury [aus dem Englischen übersetzt von E. Standop]

Teil 1: Die Verteidigung eines hässlichen Gottes

Das sogenannte *Problem des Übels in der Welt* bringt eher das Christentum als den Islam und das Judentum in Argumentationsnöte. Im Islam und im Judentum ist Gottes Macht fundamental, seine Güte jedoch fraglich. Wenn der Gott des AT sich böse verhält, halten die Israeliten gewöhnlich dagegen. Jedes Mal wenn Gott sie in der Wüste bestrafen will, weil sie anderen Göttern anhängen, gelingt es Moses, ihm das auszureden, indem er ihn gewissermaßen bei seiner Ehre packt und zB sagt "Was sollen die Ägypter von uns denken? Sie werden sagen, er führte sie nur deswegen aus Ägypten, um sie später in der Wüste zu schlagen" (*Exodus* 32:10–14, *Deut.* 19 und 28). Es gelingt Moses, Gott so zu beschämen, dass er sich danach besser benimmt: "Und der Herr bereute das Böse, das er seinem Volke anzutun gedacht hatte". Leider gelingt es den Israeliten nicht immer, die rücksichtslose Brutalität ihres monotheistischen Gottes in die Schranken zu weisen. An einer anderen Stelle des AT befiehlt Gott den Israeliten, alle Bewohner des Gelobten Landes niederzuschlagen und zu vernichten – Männer, Frauen und Kinder, Hethiter, Hiviter, Jebusiter, Girgaschiter, Amoriter und Kanaanäer. Er verbietet ihnen, weder Gnade walten zu lassen noch Verträge mit den Landbewohnern abzuschließen oder ihre Töchter zu heiraten. Und wenn sie etwas gegen diesen befohlenen Genozid einwenden, droht er, sie von der Erde zu vertilgen (*Deut.* 6:15).

Ähnlich wie die Juden machen die Muslime kein Hehl daraus, dass sie unter einem allmächtigen, aber ziemlich brutalen Gott leben. Sie stellen sich ihren Gott als einen *gabar* vor – ein arabisches Wort für jemanden, der tut, was er will, ohne sich um andere zu kümmern. Anders als die Juden neigen die Moslems nicht dazu, mit ihm zu diskutieren oder ihn herauszufordern. Sie sehen keine andere Möglichkeit, als sich seiner nicht zu bezweifelnden Macht zu unterwerfen. Wörtlich heißt *Islam* 'Unterwerfung' oder 'Kapitulation.' Das ist in der Tat das einzig Vernünftige angesichts solch rücksichtsloser Macht. Der muslimische Akt des Sich-Hinwerfens vor Gott ist ein Zeichen der Hilflosigkeit der Gläubigen: es könnte ihren Gott vielleicht besänftigen.

Wenn es einen Schöpfer gibt, warum muss er dann so streng sein? Um hierauf eine Antwort zu finden, versucht der Christ, den jüdischen Gott zu rehabilitieren und ihn zu

---

[95] Ich übersetze *evil* durch 'Übel'. Gemeint ist damit nicht so sehr das moralisch Böse, sondern das Ungemach, das mit dem Leben auf dieser Welt verbunden ist, insbesondere auch die Naturkatastrophen, von denen unschuldige Menschen getroffen werden. Natürlich wird das moralisch Böse wie Krieg, Mord und Totschlag nicht ausgeschlossen zu

einem Muster an Tugendhaftigkeit zu machen, ohne ihn seiner Allmacht zu berauben. Die Christen bestehen darauf, dass Gott allmächtig und zugleich vollkommen gut sei. Aber wenn das so ist, dann ist es nur natürlich, sich darüber zu wundern, warum es so viel Übles in der Welt gibt. Die christliche Antwort ist, dass Gott uns die Freiheit gab, wir sie aber missbraucht haben. Die Menschen sind somit selber für das Übel in der Welt verantwortlich.

Es ist unbestreitbar, dass die Menschen die Ursache für viel Übles in der Welt sind, aber sicher sind sie nicht verantwortlich für *alles* an Misslichem und an sinnlosem Leid. Warum bringen Vulkane, Hurrikane, Tornados, Hungersnöte und Krankheiten so schreckliches Leid mit sich? Warum müssen unschuldige Kinder als Folge von Erdbeben lebendig unter dem Schutt begraben werden? Warum werden unschuldige Menschen von Tsunamis hinweggerafft? Wie kann ein guter Gott so viel Elend erlauben, wenn er die Macht hätte, es zu unterbinden? Diese Frage wurde Benedikt XVI von einem kleinen japanischen Mädchen nach dem Erdbeben und Tsunami am 11. März 2011 gestellt. Die Antwort dieser Quelle an Weisheit: "Ich weiß es nicht."

Das Problem des Übels in der Welt kann leicht umgangen werden, indem man sagt, entweder ist Gott nicht allmächtig oder er ist nicht immer gut. Aber die Christen akzeptieren keine dieser beiden Lösungen. Sie möchten weder auf Gottes Allmacht noch auf Gottes Güte verzichten. Sie bestehen auf der Quadratur des Kreises. Sie bestehen darauf, dass Gott gleichzeitig allmächtig und absolut gut sei. Aber wie kann das sein? Einige klassische christliche Antworten sind von C.S. Lewis gegeben worden; aber weit davon entfernt, das Problem zu lösen, machen sie es noch schlimmer.

In *The Great Divorce* [*Der große Zwiespalt*] nimmt Lewis an, dass wir zu sehr der Erde verbunden seien und damit auch den Menschen, die darauf wohnen. Er erzählt uns, dass diese ganze Liebe zur Welt etwas Ungesundes sei. Indem er die Welt zerstört und dazu die Menschen, die wir lieben, macht es Gott möglich, dass etwas Größeres und Besseres heranwächst inmitten der Einsamkeit und Verlassenheit seines 'Experimentierfeldes'. Vielleicht, dass uns klar würde, dass die Welt nur chimärisch und insubstanziell sei, dass unsere Liebe zur Welt ein Irrtum sei und dass wahre Liebe nur durch Gott möglich sei. Indem folglich Gott das fortnimmt, was wir lieben, öffnet er die Tür zu einer reicheren Art von Liebe – natürlich zur Liebe Gottes.

In *The Reason for God* präsentiert Timothy Keller, evangelischer Pfarrer an einer Großkirche in New York, eine beruhigende Version des Lewis'schen Gedankens. Er erzählt die Geschichte eines Mannes, der durch einen Schuss ins Gesicht sein Augenlicht verlor. Nach dem persönlichen Zeugnis dieses Mannes brachte ihn seine Blindheit dazu, ein besserer Mensch zu werden. Keller schließt daraus, dass seine Blindheit zu einem 'geistigen Wachstum' führte. Die Moral der Geschichte: Gott hat immer einen Grund für das, was er tut, auch wenn dies für uns nicht einsichtig ist.

Lewis und Keller scheinen nicht zu merken, dass ihr Bemühen um die Lösung des Problems des Übels in der Welt ihren Gott nur noch abscheulicher macht. Man stelle sich ein junges Mädchen vor, das in einen Mann verliebt ist, dass dieser Mann aber von ihrer

Existenz nichts weiß. Sie ist überzeugt, dass, wenn er nur sie liebte, er für immer glücklich wäre. Also tötet sie seine Freundin. Nach dem Mord hat sie keinerlei Gewissensbisse; sie sagt sich, dass das ein notwendiger 'chirurgischer Eingriff' gewesen sei, um das Glück des Mannes zu sichern. Sie nimmt an, dass in seiner Einsamkeit und Verlassenheit etwas Wunderbares erblühen könnte – er könnte sich in *sie* verlieben. Wie könnte seine Liebe zu einem bedauernswerten Geschöpf wie seiner Freundin der Liebe zu ihrem wunderbaren Selbst vergleichbar sein? Seine neue Liebe werde magisch sein: sie werde seinen Horizont erweitern und seine Seele bereichern! Inwieweit ist der von Lewis und Keller verteidigte Gott anders als diese mordende und megalomanische Verrückte?

Denen, die unter der sinnlosen Zerstörungswut Gottes leiden, sagt Lewis (was zur typisch islamischen Haltung wurde) – ergebt euch, glaubt, *lasst seinen Willen geschehen*, und alles wird 'am Ende' erlöst. Sollten sie bezweifeln, dass zukünftige Glückseligkeit ein leidvolles Leben kompensieren könnte, so Lewis, dann verdienten sie es, in der Hölle zu schmoren. Gott bietet euch Erlösung an; lehnt ihr den Himmel ab, so ist das eure Sache, denn 'Hölle ist ein Geisteszustand.' Mit anderen Worten, Lewis beschuldigt die Opfer bezüglich der Grausamkeit Gottes und des ihnen zugefügten Leids. Er beschuldigt sie, dieser elenden Welt anzuhängen, anstatt sie zugunsten von Gottes Erlösungsangebot zu verurteilen.

Man stelle sich vor, was geschähe, wenn die Dinge sich nicht so entwickelten, wie die psychotische junge Frau es erwartete. Nehmen wir an, der junge Mann würde sich nicht erneut verlieben, er würde nicht so leicht die ihm so grausam entrissene Geliebte vergessen können, dass er in der Tat bis ans Lebensende um sie trauern würde. Was würde die mordende Psychotin sagen? Ihr Stichwort von Lewis' Gott aufnehmend könnte sie sagen: 'Die Hölle ist ein Geisteszustand. Es ist halt seine eigene Schuld, wenn er mich nicht an ihrer Stelle liebt. Alle Not wäre zur Glückseligkeit geworden, wenn er nicht so stur an seiner Liebe festgehalten hätte und wenn *mein Wille geschehen* wäre.'

Meine imaginäre Psychopathin ist eine Mischung aus Lewis' Gott und der von der Sängerin Avril Lavigne gespielten Teenie in ihrem Musikvideo *The Girlfriend* [die Freundin]. In ihrem Video verfolgt Lavigne gnadenlos einen jungen Mann, den sie attraktiv findet, während sie gleichzeitig versucht, dessen Freundin zu erniedrigen und zu töten. Die Freundin wird schließlich von einem Golfball getroffen, verliert das Bewusstsein, ertrinkt beinahe in einem See und endet schließlich im Auffangbecken einer tragbaren Toilette. Die Botschaft ist: Sei selbstbewusst, umarme deine rasenden Hormone, lass dich durch nichts aufhalten, zerstöre alles, was sich deinen Wünschen entgegenstellt. Angesichts der Tatsache, dass Lavigne von präpubertierenden Mädchen auf der ganzen Welt angehimmelt wird, ist das Video eine schockierende Aufforderung zum Verbrechen. Wie der von Lewis verteidigte Gott ist Lavigne ein monströses Rollenmodell.

Es ist nur natürlich, dass Menschen, die einen Gott verehren, von dem sie glauben, er sei gut, ihm auch nacheifern möchten. Interessanterweise ist Lewis aber dagegen, auch Jesus zu einem Rollenmodell zu machen. Er lehnt den Gedanken ab, dass Jesus ein großer moralischer Lehrer gewesen sei. In *Mere Christianity* meint er, wenn Jesus nicht

Gott gewesen wäre, wäre er 'unmöglich' gewesen. Er ist klar der Ansicht, dass das, was angemessen für Gott sei, nicht auch angemessen für den Menschen sei. Meiner Meinung nach widerspricht dies zwei seiner bedeutsamsten Auffassungen: der Objektivität des Guten und der Gutheit Gottes. Wenn man behauptet, wie es Lewis tut, das Gute sei objektiv und unabhängig vom willkürlichen Willen des Einzelnen, dann ist das Gute generell gut – unabhängig davon, wer es tut. Aber obwohl Lewis annimmt, das Gute sei objektiv gegeben, behauptet er, dass alles, was Gott tue, gut sei, selbst wenn es furchtbar erscheine. Obwohl er somit behauptet, Gott sei gut, sollen wir Gott nicht als moralischen Kompass benutzen. Aber welchen Wert hat es dann, auf Gottes Gutheit zu bestehen, wenn wir ihm nicht folgen dürfen? Seit Augustinus haben die Christen sich gegen die heidnischen Götter verschworen, weil sie ein schlechtes Beispiel abgäben. Das Christentum hätte eigentlich einem Gott huldigen sollen, der es wert ist, Nachahmung zu finden.

Was folgt hieraus? Um das 'Problem des Übels' zu lösen, macht Lewis Annahmen in Bezug auf Gott, die ohne Weiteres von meiner jungen Psychopathin benutzt werden könnten, um ihre sadistische Gewalttaten zu rechtfertigen. Somit ist Lewis weit davon entfernt, Gott zu rechtfertigen: er macht ihn zu einem größenwahnsinnigen Mörder. Der Charakter Gottes, wie ihn Lewis versteht, regt zum Verbrechen an. Er erklärt, warum diejenigen, die schlimme Dinge im Namen Gottes tun, keine bösen Menschen sind, die die Religion pervertieren, sondern treue Gläubige, die nichts Böses darin sehen, einen gehässigen Gott nachzuahmen, den sie fälschlicherweise für die Inkarnation des Guten halten.

Teil 2: Angriff ist die beste Verteidigung[96]

Ist Gott mächtig genug, Erdbeben, Hurrikane, Hochwasser und Tsunamis aufzuhalten, warum tut er es dann nicht? Mir scheint, Lewis' Schwierigkeit ist ein Mikrokosmos der historischen Schwierigkeit des Christentums: die einzige Möglichkeit, die Menschen dazu zu bringen, die schwachen Apologien für den christlichen Gott anzunehmen, besteht darin, die menschliche Intelligenz zu verkrüppeln. Somit war es erforderlich, Klarheit der Gedanken zu verbannen. Lange vor dem furchtbaren 'Albingensischen Kreuzzug' gegen häretische Christen (1209–1229) und lange vor der Institutionalisierung der Inquisition im Jahre 1232 fand es das Christentum erforderlich, in die Offensive zu gehen. Arius, der libysche Theologe (256–336), wurde dämonisiert, seine Schriften wurden zerstört, weil er argumentiert hatte, Gott könne nicht Vater und Sohn gleichzeitig sein. Arius starb unter verdächtigen Umständen – seine Nachfolger glaubten, er wurde vergiftet. Jovinian, ein Mönch aus dem 14.Jh., wurde getadelt, weil er darauf hingewiesen hatte, dass die 'Gesegnete Jungfrau' ihre Jungfräulichkeit verloren habe müsse, als sie Christus gebar, und dass mönchische Jungfräulichkeit nicht notwendigerweise höher als die Ehe zu bewerten sei. Sein Werk wurde zerstört, er wurde mit einer Bleipeitsche gegeißelt und auf die Insel Boa verbannt.

---

[96] Das englische Wortspiel lässt sich im Deutschen nicht nachahmen: 'His only defense is a fierce offence.'

Von seinen ersten Anfängen an war das Christentum nicht in der Lage, auch nur der geringsten rationalen Prüfung zu widerstehen. Schon die einfachste Anwendung von Logik erwies sich als Bedrohung des Glaubens. Und da der Glaube integrale Voraussetzung für die Erlösung ist, müssen die Christen das Unglaublichste glauben, um errettet zu werden. Daraus folgt, dass diejenigen, die irrationale Glaubenssätze bedrohen, die Erlösung bedrohen. Daher verteidigte Thomas von Aquin die Inquisition mit der Begründung, dass es erforderlich sei, die Häretiker zu töten, um die Rettung der Gläubigen sicherzustellen. Heute, nachdem die Kirche nicht mehr mächtig genug ist, diejenigen, die den Glauben mit Hilfe von Logik bedrohen, zu töten, auszupeitschen oder zu terrorisieren, muss sie andere Mittel finden, Kritiker zum Schweigen zu bringen. Dazu hat C.S. Lewis zwei ingeniöse Taktiken parat. Apologeten wie Lewis haben eine neue Strategie entwickelt, die menschliche Ratio auszuschalten und Kritiker bloßzustellen, um sie damit zum Schweigen zu bringen. Die erste Taktik besteht darin, Vernunft als Arroganz und menschliche Überheblichkeit auszugeben. Lewis glaubt an die 'Sünden des Intellekts', zu denen es gehöre, rationale Einwände bezüglich der christlichen Theologie zu machen. Nach Lewis ist diese 'Sünde des Intellekts' eine Manifestation intellektuellen Hochmuts – Evas Sünde – und Wurzel allen Übels. Sie beweise, dass der menschliche Stolz und seine Überheblichkeit grenzenlos seien.

Lewis' Buch *The Great Divorce* ist eine ununterbrochene Schelte, die etwa so funktioniert: Was immer Gott tut, er hat Gründe, das zu tun, was er tut – Gründe, die der Mensch mit seinem Minigehirn niemals hoffen kann zu verstehen. Jegliche Gründe, die ihr inkonsequenten Wesen vielleicht in Bezug auf Gottes Weltregiment vorbringen mögt, beweisen nur, dass ihr eitle, unvollkommene, unwerte Geschöpfe seid, die sich dagegen sperren, dass 'sein Wille geschehe.' Ihr besteht darauf, dass *euer* Wille geschehe! Euer pompöser Stolz lässt euch denken, ihr könntet die Tiefe ergründen und die Weisheit Gottes ermessen. Wenn seine Weltregierung einer Nichtigkeit wie dir schrecklich erscheint – bedauerlich! Dein Hochmut hat jegliche Hoffnung auf Erlösung zunichte gemacht. Ab geht's mit dir in die Verließe der Hölle! Und wage bloß nicht, Gott dafür zu verantwortlich zu machen! Ihr seid selbst die Architekten eures elenden Schicksals. Ihr habt euch entschieden, nach eurem elenden, miesen kleinen Gehirn zu leben, anstatt auf Gottes vorausschauende Weisheit zu vertrauen.

Mit anderen Worten: Diejenigen, die Tod und Verwüstung durch Erdbeben, Überflutungen und Tsunamis erleiden, müssen Gottes Willen ohne zu fragen hinnehmen. Es hat keinen Sinn zu sagen, dass das Leben besser sei als der Tod und Glück besser als Elend. Lewis hat kein Verständnis für diejenigen, die nach Leben und Glück in dieser Welt verlangen. In Lewis' christlichem Lexikon ist diese Welt bedeutungslos, die Zerstörungen, die uns widerfahren, und das Leid, das wir erleben, sind nebensächlich. Wenn wir auf Gott vertrauen, werden wir alle erlöst werden – am Ende.

Indem Lewis das Leben auf dieser Erde im Vergleich zum Leben nach dem Tode herabwürdigt, huldigt er einer nihilistischen Lebensauffassung. Danach wird das Leben auf der Erde wertlos, und was immer sich hier ereignet, ist irrelevant: es wird ohnehin sehr bald alles von Gott zerstört werden. Dieses 'Zum Teufel mit der Welt' ist die psychologische Voraussetzung, um mit reinem Gewissen furchtbare Verbrechen zu verüben. Sie hat zu der reichen Liste von Schrecklichkeiten beigetragen, die im Namen des Christentums im Laufe der Jahrhunderte verübt wurden. Die gleiche psychologische Neigung inspiriert die muslimischen Terroristen in der Gegenwart. Niemand verstand das besser als Osama bin Laden. In seinem Bemühen, Selbstmordtäter für seine 'Jihad gegen Juden und Kreuzfahrer' zu finden, wies Bin Laden 1998 Muslime zurecht, die zu sehr 'an dieser Erde' hingen, wenn Gott sie um ein solch unscheinbares Opfer bat.

Die zweite Taktik, die Lewis zur Verteidigung seiner schwachen Position verwendet, besteht darin, in die Offensive gegen den Atheismus zu gehen. In *Mere Christianity* behauptet er, Atheisten hätten ein noch größeres 'Problem des Übels' als die Gläubigen. Wenn die natürliche Welt alles sei, was es gebe, aus welchen Gründen könne der Atheist dann die Ungerechtigkeit der Welt tadeln? Wenn der Atheist an die Idee der Gerechtigkeit appelliert, dann appelliert er oder sie an etwas, was gänzlich über diese Welt hinausgeht. Lewis glaubt, dass Gerechtigkeit nicht verständlich sei ohne Gott. Indem der Atheist somit die Ungerechtigkeit dieser Welt beklage, setzte er Gott voraus und verfange sich damit in einen Widerspruch. Daraus schießt Lewis, dass der Atheist derjenige sei, der wirklich unter dem 'Problem des Übels' leide.

Lewis' Offensive gegen den Atheismus setzt einen christlichen Dualismus voraus, der ebenso pervers wie unerträglich ist. Er nimmt an, dass alles Übel ein natürlicher Teil unseres Daseins sei und dass alles Gute zu Gott gehöre, nicht aber zu unserem Menschentum. Vermutlich seien unsere Fähigkeiten für Vernunft, Liebe und Gerechtigkeit nur durch Gott möglich. Aber Lewis liefert uns keine Gründe dafür anzunehmen, dass Vernunft, Liebe und Gerechtigkeit etwas Übernatürliches an sich hätten. Diejenigen, die nichts von Gott wissen, sind der Vernunft, Liebe und Gerechtigkeit durchaus fähig. Es folgt, dass Vernunft, Liebe und Gerechtigkeit natürliche Attribute unseres Menschseins sind.

In typisch christlicher Manier bestreitet Lewis, dass Vernunft, Liebe und Gerechtigkeit von Ungläubigen real seien; nur christliche Vernunft, Liebe und Gerechtigkeit seien real. Wie es John Bunyan ausdrückte: die Gerechtigkeit von Ungläubigen stinkt in der Nase Gottes. Ich höre im Geiste, wie Lavignes Teenager-Psychopathin sich sagt, dass die Liebe des jungen Mannes zu seiner ermordeten Freundin nicht real gewesen sein könne: nur indem er *mich* geliebt hätte, hätte er wahre Liebe erfahren können. Es ist eine Ironie, dass die intoleranteste, selbstgefälligste und arroganteste Religion, die je erfunden wurde, den Stolz als das schlimmste Böse ansieht.[97]

In letzter Instanz leidet das Christentum unter dem 'Problem des Übels', weil es auf der Voraussetzung einer kosmischen Gerechtigkeit gegründet ist. Im Gegensatz dazu bezieht sich der Atheismus auf den Gesichtspunkt des Tragischen, der so bewegend von

---

[97] Dies spielt an auf die sieben Todsünden, von denen *Superbia* 'Stolz, Hochmut' gewöhnlich an erster Stelle genannt wird: *Superbia, Ira, Vanitas, Acedia, Avariti , Gula, Luxuria* (Merkwort: SIVAAGL).

den alten Griechen ausgedrückt worden ist. Es ist die Anerkennung der Tatsache, dass die Welt mit ihren Vulkanen, Fluten, Hurrikanen und Tsunamis nicht dazu geplant wurde, zu uns zu passen (wenn sie überhaupt geplant wurde). Die Erde ist gleichgültig gegenüber den Dingen, die den Menschen am Herzen liegen: Liebe, Generosität, Freundlichkeit und Gerechtigkeit. Die Naturgewalten sind allerdings nicht boshaft oder absichtsvoll; Wasser, Erde und Wind beabsichtigen nicht das Leid, das sie verursachen. Das Missliche, das sie verursachen, ist nicht der absichtliche Akt eines höchsten Wesens, das das Chaos in der Absicht erlaubt, Leiden zu verursachen. Da die Christen glauben, dass alles, was geschieht, von einem guten Gott beabsichtigt ist, sind sie endlos verblüfft und im 'Problem des Übels' verstrickt. In dem verzweifelten Bestreben, dem Problem zu entkommen, machen sie es nur noch schlimmer: sie verteidigen einen psychotischen Gott (er tut das alles, um unsere Liebe zu gewinnen), bestreiten die beobachtbare Realität (alles ist zum Guten), beschwören die Magie (Gott wird uns am Ende retten) und beschwichtigen die Vernunft (wie könnt ihr es wagen, die göttliche Weisheit in Frage zu stellen).

Schließlich am allerschlimmsten: Das Christentum trägt zu der tragischen Qualität unserer Existenz bei, indem es eine verantwortungslose Missachtung unserer Lebensgrundlagen in dieser Welt begünstigt. Lewis findet die Liebe zu dieser Welt ebenso obszön wie Bin Laden. Die Herabwürdigung dieser Welt ist nicht nur Voraussetzung für religiös inspirierten Terror, sie ist auch der Katalysator für die herabwürdigende Haltung gegenüber unserer Umwelt, die zu einer tragischen Lebensqualität beiträgt. Die Tatsache, dass der Papst die Umweltzerstörung seiner ohnehin aufgeblähten Sündenliste hinzugefügt hat, ist schamlos – als ob seine Religion nicht schon zweitausend Jahre lang der Mittelpunkt des Problems gewesen sei. Wer glaubt, dass die Welt sowieso bald von Gott zerstört werde, hat keinen Grund, sich um sie zu bemühen. Wenn der Papst es ernst meinte, könnte er als Erstes schon einmal die rücksichtslose Fortpflanzungsstrategie der Kirche aufgeben, die nicht nur zu menschlichem Elend, sondern auch zur Umweltdegradierung beigetragen hat: Geht hin und vermehret euch und lasst Gott sich um die Folgen kümmern! Wir wissen, wie sich Gott um die Folgen kümmert: Krieg, Armut und Seuchen. Unglücklicherweise blüht die Kirche auf der Grundlage menschlichen Elends. Je tragischer das Leben ist, desto wahrscheinlicher ist es, dass die Menschen zu Gott um Erlösung flehen.

(Shadia B. Drury ist Inhaberin eines Forschungslehrstuhls an der Universität von Regina in Kanada. Ihr neuestes Buch ist *Aquinas and Modernity: the Lost Promise of Natural Law;* Rowman & Littlefield 2008. Der Abdruck einer deutschen Übersetzung des englischen Originals erfolgt mit freundlicher Genhmigung des *Council fot Secular Humanism.*)

Die englischen Zitate

Muster für Zitat im Text

▶ *Ein* Grund [für den Glauben] mag darin liegen, dass wir als die einzige Spezies, die ihren eigenen Tod bedenken kann, etwas Größeres als uns selbst benötigen, um diese Kenntnis erträglich zu machen. ◀ (S. 56c) (9).

Muster für Original im Anhang

(9) "One of the reasons [for belief] might be that, as the sole species […] capable of contemplating its own death, we needed something larger than ourselves to make that knowledge tolerable" (S. 56c; in der Regel jedoch hier ohne Seitenzahlen).

----

(1) "Religion as a pantheistic reverence."

(2) "If something is in me which can be called religious, then it is the unbounded admiration for the structure of the world so far as our science can reveal it."

(3) "Pantheism is sexed-up atheism, deism is watered-down theism" (Dawkins, 2006:18).

(4) "Man is a credulous animal, and must believe something; in the absence of good grounds for belief, he will be satisfied with bad ones."

(5) "Every powerful emotion has its own myth-making tendency."

(6) "That is the way the world ends, not with a bang but a whimper."

(7) "Why do some people hear the devine word easily while others remain spiritually tone-deaf?"

(8) [Fehlt]

(9) "One of the reasons [for belief] might be that, as the sole species […] capable of contemplating its own death, we needed something larger than ourselves to make that knowledge tolerable."

(10) "Science without religion is lame, religion without science is blind" (zitiert in *Time* 2004, Nov. 29, S. 52).

(12) "Other life experiences, either growing up in a very religious family environment or some later personal experience" (S. 31).

(13) "The metaphysical or pantheistic God of the physicists is light years away from the interventionalist, miracle-working, thought-reading, sin-punishing prayer-answering God of the Bible" (S. 19).

(14) "I don't try to imagine a personal God; it suffices to stand in awe [*awe-ism!*] at the structure of the world, insofar as it allows our inadequate senses to appreciate it" (9). "I do not believe in a personal God, and I have never denied this, but expressed it clearly. If something is in me which can be called religious, then it is the unbounded admiration for the structure of the world so far as our senses can reveal it" (15). "I am a deeply religious non-believer. This is a somewhat new kind of religion" (15). "I have never imputed to Nature a purpose or a goal, or anything that could be understood as anthropomorphic. What I see in Nature is a magnificent structure that we can comprehend only very imperfectly, and that must fill a thinking person with a feeling of humility. This is a genuinely religious feeling and has nothing to do with mysticism" – Dawkins: " 'God doesn't play dice' should be translated as 'Randomness does not lie at the heart of all things' [...]. Einstein was using the word 'God' in a purely metaphorical sense" (18).

(15) "Well, I don't think we're *for* anything, we are just products of evolution." Er habe ihm entgegengehalten, dass dann jemand sagen könne, "Gee, your life must be pretty bleak, if you don't think there is a purpose."

(16) " 'You attacked reason', said Father Brown. 'It's bad theology'.'"'Alone on earth, the Church makes reason really supreme. Alone on earth, the Church affirms that God himself is bound by reason."

(17) "The text of *Humani Generis* focuses on the magisterium (or teaching authority) of the Church—a word derived not from any concept of majesty or awe but from the different notion of teaching, for *magister* is Latin for "teacher." We may, I think, adopt this word and concept to express the central point of this essay and the principled resolution of supposed "conflict" or "warfare" between science and religion. No such conflict should exist because each subject has a legitimate magisterium, or domain of teaching authority— and these magisteria do not overlap (the principle that I would like to designate as NOMA, or 'nonoverlapping magisteria')."

(18) "The net of science covers the empirical universe: what is it made of (fact) and why does it work this way (theory)? The net of religion extends over questions of moral meaning and value. These two magisteria do not overlap, nor do they encompass all inquiry (consider, for starters, the magisterium of art and the meaning of beauty). To cite the arch clichés, science gets the age of rocks, and religion retains the rock of ages; we study how the heavens go, and they determine how to go to heaven" (Gould, 1997).

(19) "Science gets the age of rocks, and religion the rock of ages; science studies how heavens go, religion how to go to heaven."

(20) "The whole point of NOMA is that it is a two-way bargain. The moment religion steps on science turf and starts to meddle in the real world with miracles, it ceases to be religion in the sense Gould is defending, and the *amicabilis concordia* is broken" (Dawkins 2006:60).

(21) " [The book is] for those who, like me, find themselves unchurched but still praying, still trusting in God, still hoping for another life" (352).

(21a) *"Credo quia consolans"* (208). – Faith is an expression of feeling, of emotion, not of reason" (213).

(22) "Not only are there no compelling proofs of God or an afterlife, but our experience strongly tells us that Nature does not care a fig about the fate of the entire human race, that death plunges each of us back into the nothingness that preceded our birth. Is there need to elaborate the obvious? [...] Faith is indeed quixotic" (214).

(23) "When the stress on God's transcendence goes to such extremes that nothing at all can be said about God, even metaphorically, then God becomes, as Schopenhauer liked to say, free of content and therefore almost indistinguishable from nothing. Not that God is nothing – God may be everything – but that there is nothing to say about so distant a deity" (S. 183, in dem Kapitel über Pantheismus).

(24) "What prompts some men and women and not others to make that quixotic somersault of the soul, what Kierkegaard called the 'leap of faith'? (214).

(25) "Perhaps there is built into human nature a natural tendency toward faith, something comparable to a natural thirst for water. [...] In modern terms, is there a genetic basis for faith? [...] Maybe it's balanced by a genetic predisposition for atheism, like conflicting genetic impulses toward egoism and altruism. Maybe the relative strengths vary with individuals, and vary statistically with culture. I do not know the answers to these questions" (212).

(25a) "I don't think that the earth was created in six days and on the seventh day God rested, I don't think that my ancestors were Adam and Eve [...]. But I do think that these stories tell us profound things. I would maintain that faith also gives you reliable information about the world, but in a different way. The book of Genesis tells you real stuff, not about the origin of the universe, but about what it is to be human" (S. 30b).

(25b) "I was certain that the transcendent claims of religion were completely nonsensical. I couldn't understand how anyone could fall for that for a second" (30a).

(25c) "I maintained a critical relationship with religion. I wouldn't argue that Hitchens and Dawkins are crypto-believers [*hear, hear!*], far from it, but it interests me that religion continues to hold a fascination for them, even if it is an appalled fascination. That tells you something about religion's persistence, endurance. [...] But there is something so angry and disappointed in that literature, and you think 'Why do you care so much?', and then I think it must be because of the way followers of Jesus Christ fail so lamentably to follow what Jesus preached" (S. 30b–31).

(26) "Now, unless the speaker is God, this is really so preposterous as to be comic. We can all understand how a man forgives offences against himself. You tread on my toes and I forgive you. You steal my money and I forgive you. But what should we make of a man, himself unrobbed and untrodden-on, who announced that he forgave you for treading on other men's toes and stealing other men's money? A sin in fatuity is the kindest description we should give of his conduct. Yet this is what Jesus did. [...] This makes sense only if

he really was God whose laws are broken and whose love is wounded in every sin. In the mouth of any speaker who is not God, these words would simply be what I can only regard as a silliness and conceit unrivalled by any other character in history" (S. 141).

(27) "Now it seems to me obvious that He was neither a lunatic nor a fiend and consequently, however strange or terrifying or unlikely it may seem, I have to accept the view that He was and is God" (S. 142).

(28) "This is the one thing we must not say. A man who was merely a man and said the sort of things Jesus said would not be a great moral teacher. He would either be a lunatic—on a level with the man who says he is a poached egg—or else he would be the devil of Hell. [...] But let us not come with any patronizing nonsense about His being a great human teacher. He has not left that open to us. He did not intend to" (S. 141f).

(29) "Nevertheless it is a common error [...] to leap from the premise that the question of God's existence is unanswerable to the conclusion that his existence and his non-existence are equiprobable."

(30) Indeed, the truth of a religion lies less in what is revealed in its doctrines than in what is concealed in its mysteries. Religions do not reveal their meaning directly, because they cannot do so; their meaning has to be earned [*earned?*] by worship and prayer, and by a life of quiet obedience. Nevertheless truths that are hidden are still truths; and maybe we can be guided by them only if they are hidden, just as we are guided by the sun only if we do not look at it. The direct encounter with religious truths would be like Semele's encounter with Zeus, a sudden conflagration" (S. 25a).

(31) "Religions [...] provide customs, beliefs and rituals that unite the generations in a shared way of life, and implant the seed of mutual respect. [...] To blame religion for the wars conducted in its name [...] is like blaming love for the Trojan war" (S. 25b).

(32) "A second more insidious argument for theism has gained popularity: that religion, even if it is essentially false, is necessary for human wellbeing. The twin spectres of Nazism and communism are usually summoned [...] as evidence for the indispensable nature of faith [...]. We must embrace the blinkers of religion to save us from ourselves. I cannot think of a more depressing prospect for civilisation than this: that our humanity can be secured only by utilitarian deception" (S. 32a).

(33) "The existential function of relgion cannot be ignored; if that is a utilitarian conception, it must be either accepted or somehow overcome. The latter seems difficult, if not impossible."

(34) "Dawkins should acknowledge the internal logic of what he does not believe. If the tree guaranteed all life, then the intrusion of death by man's wilfulness was indeed the ultimate wrong" (S. 39a).

(35) "This is the Dawkins version of the 'felix culpa' of Adam and Eve, 'felix' because it led to Christ's incarnation as a man and to his saving death and resurrection" (*ib.*).

(36) "If God proved he existed, I still wouldn't believe in him."

(37) "Saying atheism is a religion is like saying that bald is a hair colour."

(38) "I square my belief in atheism with any contradictions the use of the Word *belief* might suggest by believing religion is merely an ideology too, although one that has a dimension mine doesn't."

(39) And that's why even if God now came down, in fiery splendour and proved beyond question [!] his, her, its or their existence, I still wouldn't believe in him, her, it or them , because I'm unconvinced by the *spiel* and I don't like the way his, her, its or their brand takes a previous contingency from thousands of years ago and concretes it into certainty, [and because] I don't like the threats, the taunts, the patronising assumption to unchanging and unyielding rectitude and infallibility. In short [*thank God!*] I don't buy the ideology" [22b f]).

(40) "And other people will say I've failed to take account of the levels [?] of doubt many serious and thoughtful religionists wrestle with throughout their earthly lives, though I still don't get why the existence of God should be the focus of their doubts, rather than his, her, its or their non-existence. And yet other people will say [...] that my arrogance and my 'fundamentalism' are not only as bad as the religionists', but will also cut me off from the possibility of life after death and everlasting bliss" (22c).

(41) I respect Christianity too much to believe in it."

(42) "A stable in Bethlehem becomes a still point in the turning world."

(43) "You do not have to believe in order to regard Christianity as the greatest story ever told."

(44) "Although science cannot prove that God does not exist [does *not*??], it does make the search [*what search?*] vastly more complicated" (42b).

(45) "The Pauline lore about a preexistent Christ, who lived in heaven before his incarnation and redemptive death and that the two streams of tradition were first brought together (and then only to some extent) in the Gospel of Mark, the earliest of the canonical four. 'The author's purpose,' said Bultmann, was the union of the Hellenistic *kerygma* about Christ whose essential content consists of the Christ-myth, as we learn it from Paul, (...) with the tradition of the story of Jesus" (S. 23b).

(49) "Religion as a pantheistic reverence"

(49a)   [7] Here at the fountain's sliding foot,
            Or at some fruit-tree's mossy root,
            Casting the body's vest aside,
            My soul into the boughs does glide.
            There, like a bird, it sits and sings,
            Then whets and combs its silver wings,
            And, till prepared for longer flight,
            Waves in its plumes the various light.

(50) (Anmerkung 21) "through the dear might of Him that walked the waves [Christus]."

(51) "Is this a toasting fork I see before me?"

(52) "I expect Richard Dawkins will end up the same way or, more likely, will turn to Holy Mother Church, who will receive him, of course, with open arms […]."

(53) "Is he [God] willing to prevent evil, but not able? Then he is impotent. Is he able, but not willing? Then he is malevolent [or a cynic]. Is he both able and willing? Where then is evil?"

(53a)   As flies to wanton boys are we to th' gods:
           They kill us for their sport   *(King Lear* 4.1.37)

(53b)   Our revels now are ended. These our actors,
           As I foretold you, were all spirits, and
           Are melted into air, into thin air:
           And, like the baseless fabric of this vision,
           The cloud-capped towers, the gorgeous palaces,
           The solemn temples, the great globe itself,
           Yea, all which it inherit, shall dissolve
           And, like this insubstantial pageant faded,
           Leave not a wrack behind. We are such stuff
           As dreams are made on and our little life
           Is rounded with a sleep.   *(Tempest* 4.1.148–158)

(53c)   To-morrow and to-morrow and to-morrow
           Creeps in this petty pace from day to day,
           To the last syllable of recorded time,
           And all our yesterdays have lighted fools
           The way to dusty death. Out, out, brief candle!
           Life's but a walking shadow, a poor player,
           That struts and frets his hour upon the stage,
           And then is heard no more. It is a tale
           Told by an idiot, full of sound and fury,
           Signifying nothing.   *(Macb* 5.5.19–28)

(54) "Verbal prestidigitation" nennt er "all the forms of pseudo-immortality set forth by philosophers, usually in pompous pious tones" (S. 281).

(55) "As for the opinion of the Byzantine emperor Manuel II Palaeologus which he quoted during his Regensburg talk, the Holy Father did not mean, nor does he mean, to make that opinion his own in any way. He simply used it as a means to undertake – in an academic context, and as is evident from a complete and attentive reading of the text – certain reflections on the theme of the relationship between religion and violence in general, and to conclude with a clear and radical rejection of the religious motivation for violence, from whatever side it may come."

(56) "As for the opinion of the Byzantine emperor Manuel II Palaeologus which he quoted during his Regensburg lecture, the Holy Father did not mean (nor does he mean) to make that opinion his own in any way, although he admits that his wording was infelicitous, since he failed to distance himself from the words quoted."

(57) "He intended to use it as an introduction to certain reflections on the theme of the rejection of violence on grounds of reason. (It might have been cancelled without impairing the sense of the argument in any way.)"

(58) "The concept of time has no meaning before the beginning of the universe."

(59) "As far as we are concerned [as human beings], events before the big bang can have no consequences and so should not form part of the scientific model of the universe. [...] This means that questions such as who set up the conditions for the big bang are not questions that science addresses."

(60) "The simple fables of the religions of the world have come to seem like tales told to children."

(61) "I should perhaps emphasise this point, since it is good manners to pretend the opposite: I do not respect Christian beliefs. I think they are ridiculous."

(62) "Yet from the perspective of 40 years later, it is plain that the discovery of the genetic code had virtually no effect on religious belief or indeed on any other form of superstition."

(63) "It is entirely possible to be an atheist and believe in belief in God. Such a person doesn't believe in God but nevertheless thinks that believing in God would be a wonderful state of mind to be in, if only that could be arranged" (Dennett 221).

(63a) "I have uncovered no evidence to support the claim, that people, religious or not, who *don't* believe in reward in heaven and/or punishment in hell are more likely to kill, rape, rob, or break their promises than people who do" (S. 279).

(63b) "Perhaps a survey would show that as a group atheists and agnostics are more respectful of the law, more sensitive to the needs of others, more ethical than religious people" (S. 55).

(64) "The Gospel Stories are so easy to read, projecting a broad story which is now deeply embedded in Western culture, that to suggest they are confused, artificial, and tendentious is to invite coals of fire. This indeed is what happened a couple of years ago to Professor Hugh Trevor-Roper in the columns of the *Spectator* over a review he wrote there (23 January 1971) of a book by C.H. Dodd called *The Founder of Christianity*. For months, outraged letter-writers stormed the Editor with accusations that Trevor-Roper had dismissed the Gospels as 'palpable rubbish.' [...] There was never the slightest chance that those who had been shocked would understand how anyone could draw a line between the 'truth' of Christianity for those who believe in it, and the reliability of the Gospels as historical source-material. To most people it does, indeed, seem self-evident that if one is

a Christian one 'believes' in the Gospels. The Jesus who appears there is the Jesus of faith [not of history]." (Chaim Raphael im *Spectator* 42/3 (1974), S. 65).

(64a) "(Paul's 'We preach Christ crucified') [lKor 1:23] seems to have been just such a sectarian shibboleth" (S. 22b).

(65a) "Yes: he overcame death, body and soul. However, this is a statement of belief, not of science. If archeologists could prove (which they won't) that they had found the bones of Jesus in Jerusalem, Christiananity would still be true [!!]. This sounds like a contradictory statement, but I do not think it is" (Charles Moore).

(65b) It's what makes a Christian: Belief in a stone rolled away, body vanished, death conquered and mankind emancipated. If the verifiable bones of Christ were discovered, you'd have to admit that the Muslims were right, Jesus was [only] a prophet and Christianity was a 2,006-year hoax" (Fraser Nelson).

(66) [Fehlt]

(67) "Certainly the historicity is problematic [*problematic?*]. There is no way to prove the virgin birth. No medical records exist and no similar event has ever been recorded. But the idea of complete invention has some difficulties as well. It assumes a one-way process: that the early church scoured the Scriptures for prophesies and then invented stories to make the details fit, but they could just as easily have had the stories in front of them, and then found echoes or prophecies in the Scriptures" (2011:11).

(68) "Also the idea of the stories being inventions to 'fulfil' Scripture might work with Matthew, but runs into a buffer with Luke, who mentions Mary's virgin birth and the visit to Bethlehem, but makes no attempt to link them with ancient prophecies. [...]" (S. 11).

(69) Another reason to question the 'invention' theory is that quite often the invention seem a little strained" (*ib.*).

(70) "But whether we're dealing with authorial invention or early church tradition, we are still left staring down the barrel of the miraculous. Virgin births are not biologically possible, unless Mary was an amoeba" (2011:12) (70).

(71) "Jesus – the historical Jesus – performed [??], or was believed to have performed, miracles. [...] I am not going to ignore them in this book. But nor am I going to try to prove them or disprove them. What tools would I use? There are no first century medical reports; no psychiatric tests to show that a demon-possessed boy was really schizrenic; no DNA test to show who Jesus' father really was. There are only the accounts of the Gospels" (2011:12).

(72) "It would be tempting, therefore, at this juncture, to quietly put the idea of history to one side, to start to examine the Gospel accounts as myth or literature or metaphor. The problem is the Gospels won't let us do that. They don't suddenly change their style, like a documentary film that suddenly turns into a science fiction epic. On the contrary, for the Gospels it's business as usual (or unusual). This, they claim, is what actually happened" (2009:255).

(73) "because all the accounts agree on one basic fact: Jesus was dead and then, well, then he wasn't" (2009:259).

(74) "This would mean that the person whom Jesus meets on the Emmaus road is his own uncle, which fits perfectly with the tradition of Jesus appearing to his relatives, such as James" (2011:271).

(75) "There is the sheer weirdness of the event. The Christian belief that resurrection had happened ahead of the end, and that it signalled a general resurrection [...] was [*was?*] very strange" (2011:268).

(76) "But this is not 100 per cent proof. For me, a much stronger proof of the resurrection [*hear, hear!*] lies in the response of his followers. On the Friday they were in hiding, fearful for their lives and distraught by the shattering of their dreams; something changed them, something made them leave that room and begin to claim that Jesus had risen from the dead. They claimed to have seen him, in the flesh, not only in Jerusalem, but elsewhere" (2011:269).

(77) "Whatever we choose to believe [beachte: *we!*] about the resurrection itself [*do we have a choice?*], the historical facts are that the early church genuinely believed it happened. And in this, they were very different from other messianic movements" (2011:273).

(78) "The followers of Jesus did not give up on the idea. Instead they shouted it from the rooftops. They made it clear that he had been the right Messiah all along" (2011:275)

(79) "He drove out the enemy, but the enemy proved to be not the Romans, but death. He renewed the temple, but the temple proved to be his body [!!], rebuilt after just three days. He brought in a new kingdom, but it was not a worldly kingdom, it was a kingdom of servanthood [??], of love, of peace. And it was never to end" (2011:276).

(80) "It looks wrong, I know. But it has proved triumphantly, surprisingly, enduringly, eternally right."

(81) "The story of the baby being born in a stable at Bethlehem because there was no room for him at the inn is one of the most powerful myths ever given to the human race. A myth, however, is what it is. Even if we insist on taking every word of the Bible as literary true, we shall not be able to find there the myth of Jesus being born in a stable. None of the Gospels state that he was born in a stable" (S. ix).

(82) "The mythological Christ, who was pre-existent as the second person of the Holy Trinity, was born in a stable, instituted the Christian Eucharist, and founded the Catholic Church, is not the subject of this book. [...] This book is written with the hope that it might be possible to say something about that other Jesus, the Jesus of history". [...] "I hope that I have not written fiction, but I am aware that strictly speaking we cannot say as much about Jesus as I have said in the final chapters of this book without an infinity of perhaps, perhaps, perhaps" (S. xiii).

(83) "It was a slow, and in my case, as it happens, painful process to discard a belief in Christianity, and when I did so, I did not feel it was honest to continue to call myself

a Christian, to attend churches which addressed Jesus as if he was alive [*etc.*]. I [...] have continued somehow or another to reconcile the practice of the Christian faith with a knowledge that it is founded on a fundamental untruth; but I could not do this. But nor could I entirely share the sceptics' view that we could know nothing about Jesus" (S. xvi).

(84) "in three distinct strands of tradition: first, in the Jewish 'Church' of Jerusalem [...] Secondly, in the cult which was propagated by the Apostle Paul [...]. Third, and perhaps most mysterious of all, the cult of Jesus survives in the Fourth Gospel" (S. 6).

(85) "Obviously, having said so much about the artifice of its narrative technique it will seem paradoxical of me, to claim this as a realistic story; but that is how it reads. That is John's great paradox. The more he piles artifice about artifice, trope upon trope, the more real his pictures become, to the point where it becomes almost impossible not to believe that some such conversation, with a Samaritan woman, must have taken place" (S. 155).

(86) "To the fourth evangelist, the Glory of Jesus, and the Glory of God in the signs of Jesus, are revealed repeatedly" (S. 156).

(87) "I have no difficulty in believing that the story of the Transfiguration refers to something which actually happened within the earthly lifetime of Jesus. It would be crass to try to explain it" (S. 157).

(88) "Behind the stories, and the encounters of the risen Jesus such as might be enjoyed today by believers, there lurked [lurked or rather lurk?] some older experiences. I find it impossible, given the nature of the stories which survive, to believe that the female friends of Jesus who had been kept at such a distance during his last hours, did not come to the tomb early in the morning of the third day. I find it equally hard to believe that they did not find the tomb empty of the body which they sought" (241).

(89) "As with Luke's Emmaus story, it is hard to see why someone who had known Jesus quite well should have been so slow to recognize him. If, however, the stranger were not the dear friend, but the dear friend's brother, who bore a strong resemblance, this is just the sort of 'double take' which we should expect" (S. 244).

Bibliografie

Anderson, Bruce. 2010. "Confession of an atheist." *Spectator* 18/25 Dez. 2010, S. 40–41.

Appleman, Philip. 2011. "The labyrinth: God, Darwin, and the meaning of life." *Free Inquiry*, 31/2: 16–26. [Informativ.]

Augstein, Rudolf. ³1999 (überarbeitete Fassung; ¹1972). *Jesus Menschensohn.* Hamburg: Hoffmann & Campe.

Bahr, Petra (Rez.). 2007. "Blendende Luftnummern." *Rheinischer Merkur (Christ und Welt)* 45 (8.11.2007), 23. [Rezension von Dawkins 2006, deutsche Ausgabe.]

Becker, Markus. 2009. "150 Jahre Evolutionstheorie: Ist Darwin gescheitert?" *Spiegel online* ⟨http://forum.spiegel.de/showthread⟩ (19.1.2009).

Benedikt XVI: siehe Ratzinger, Joseph.

Blackford, Russell. 2013. "The fascination of faitheism." *Free Inquiry* 33/2:13;45–46.

Bolz, Norbert. 2008. *Das Wissen der Religion: Betrachtungen eines religiös Unmusikalischen.* München: Wilhelm Fink.

Bultmann, Rudolf. ¹1928 [¹⁰1995] *Die synoptische Tradition.* Göttingen: Vandenkoeck & Ruprecht.

Bultmann, Rudolf. ¹⁰1941 u. öfter [= erste Aufl. von R. Bultmann; ¹1834 von H.A.W. Meyer]. *Das Evangelium des Johannes.* Göttingen: Vandenkoeck & Ruprecht. (Mit *Ergänzungsheft* ab ¹⁵1957). [Über *Joh* 1:1–2 S. 8–19.]

Dawkins, Richard. ¹1976 (³2006). *The selfish gene.* Oxford: OUP

Dawkins, Richard. 2006. *The God delusion.* London: Bantam Press.

Dawkins, Richard. 2007. [Spiegel-Gespräch] *Der Spiegel* 37/2007:160–164. [Mit Leserbriefen in Nr. 39/2007:34.]

Dawkins, Richard. 2009 "The power of Darwin." *Free Inquiry* 29/2:28–29.

Dawkins, Richard; Daniel C. Dennett; Sam Harris; Christopher Hitchins. 2007. *The four horsemen.* DVD. London: The Richard Dawkins Foundation for Reason and Science.

Dennett, Daniel C. 2006. *Breaking the spell: religion as a natural phenomenon.* New York. Viking Penguin.

Dieckmann, Bernhard. 1978. "Die theologischen Gründe für Bultmanns Bildfeindschaft." *Catholica* 32:270–298. [Nicht benutzt; zitiert nach Dorhs.]

Di Fabio, Udo. ²2009. *Gewissen, Glaube, Religion: Wandelt sich die Religionsfreiheit?* Freiburg: Herder. [Jahr der ersten Auflage nicht genannt.]

Dorhs, Michael. 1999. *Über den Tod hinaus: Grundzüge einer Individualeschatologie in der Theologie Rudolf Bultmanns.* Frankfurt am Main: Peter Lang. [Zugleich theol. Diss. Universität Marburg 1998.]

Drury, Shadia B. 2011. "The problem of evil I." *Free Inquiry* 31/6:13;50–51.

Dworschak, Manfred. 2012. "Die Erfinder Gottes" ("Warum glaubt der Mensch?") *Der Spiegel* 52 (22.12.2012), 112–123.

Einiger, Christoph (Hg.). ¹²1990. *Die schönsten Gebete der Welt. Der Glaube großer Persönlichkeiten.* .München: Südwest Verlag.

Eliot, T.S. *Selected Essays.* ³1951 (¹1932). London: Faber & Faber.

Flynn, Tom. 2009. "Taken in the wrong spirit." *Free Inquiry* 29/3:14–15. [Über *spiritualism*.]

Frank, Joachim. 2012. "Erlöst Jesus nur viele oder doch alle?" Kölner Stadtanzeiger 27.4.2012.

Gardner, Martin. 1983. *The Whys of a philosophical scrivener*. (USA:) William Morrow; (GB:) Brighton (Sussex): The Harvester Press.

Gauck, Joachim. 2010. *Winter im Sommer, Frühling im Herbst: Erinnerungen*. München: Siedler.

Giere, Ronald N. 2010. "Scientists and religious faith." *Free Inqiry* 31/1:27–31

Goleman, Daniel. 1996. *Emotional intelligence*. London: Bloomsbury.

Goodspeed , Edgar J. 1948 [u.ö.]. *The student's* New *Testament*. Chicago: Chicago U. of Chicago Press; Cambridge: CUP.

Gould, Stephen Jay. 1997. „Nonoverlapping Magisteria," *Natural History* 106 (March 1997), 16-22. ["Reprinted here with permission from *Leonardo's Mountain of Clams and the Diet of Worms*, New York: Harmony Books, 1998, pp. 269-283.]

Gould, Stephen Jay. 1999. *Rocks of ages: science and religion in the fullness of life*. NY: Ballantine.

Grafen, Alan; Mark Ridley (Hgg). 2006. *Richard Dawkins: how a scientist changed the way we think. Reflections by scientists, writers, and philosophers*. Oxford: OUP.

Grolle, „Johann. 2012. "Die Gegenwelt." *Der Spiegel* 28/2012 (9.7.2012), S. 112–123.

Großbongardt, Annette; Dietmar Pieper (Hgg.). 2012. *Jesus von Nazareth und dieAnfänge des Chrsistentums*- München: Deutsche Verlagsanstalt; Hamburg: Spiegel-Verlag.

Grünbaum, Adolf. 2008."Why is there a universe at all?" *Free Inquiry* 28/4:32–35; 28/5:37–41.

Hamer, Dean. 2004. *The God gene: how faith is hardwired into our genes*. New York: Doubleday.

Harris, Sam. 2004. *The end of faith: religion, terror and the future of reason*. New York: Norton.

Hawking, Stephen. [10]1998 ([1]1988). *A brief history of time*. New York: Bantam Dell.

Hawking, Stephen; Leonard Mlodinow. 2005. *A briefer history of time*. New York, London: Bantam Books.

Hawking, Stephen; Leonard Mlodinow. 2010. *The grand design*. New York, London: Bantam Books.

Herrigel, Eugen. [29]1989 ([1]1951). *Zen in der Kunst des Bogenschießens*. Bern: Scherz Verlag für den Otto Wilhelm Barth Verlag. [Eugen Herrigel 1884–1955 – gemäß S. 95.]

Hitchens, Christopher. 2007a. *The portable atheist: essential readings for the non-believer.* Cambridge, Mass.: Da Capo Press.

Hitchens, Christopher. 2007b [u.ö]. *God is not great*. NY: Twelve.

[*Himmelsjahr*] Keller, Hans-Ulrich; Erich Karkoschka. 2008. *Kosmos Himmelsjahr 2009*. Stuttgart: Franckh-Kosmos.

Hockett, Charles F. 1968. *The state of the art*. The Hague: Mouton.

Hofmann, Frank. 2011. *Marathon zu Gott: ein spiritueller Trainingsplan*. Gütersloh: Gütersloher Verlag.

Jäger, Willigis. 2000. *Die Welle ist das Meer: Mystische Spiritualität.* Freiburg: Herder. (Herder Spektrum, 5046.)

Jäger, Willigis. 2001. "Weihnachten heute". *Mainpost* (Würzburg), 24.12.2001.

Jäger, Willigis. 2003. *Aufbruch in ein neues Land. Erfahrungen eines spirituellen Lebens.* Freiburg: Herder. Herder Spektrum Bd. 5381). [Mit Biographie und Dokumentation des Konflikts mit Rom.]

Johnson, Paul. 2005. "No need for scientists to be dogmatic about the existence of God". *Spectator* 2005-05-28:32

Johnson, Paul. 2005. "Where the Darwinian fundamentalists are leading us" *Spectator* 2005-04-23:32

Johnson, Paul. 2006. "No wise man, and no great artist, leaves God out" *Spectator* 2006-10-14:30.

Johnson, Paul. 2006. "Is this a toasting fork I see before me?" *Spectator* 2007-02-10:24. [Über Geister und Aberglauben.]

Johnson, Paul. 2007. "Why the events at Cana went down in history." *Spectator* 2007-01-27: 27.

Johnson, Paul. 2009. "The case for simplicity is essentially a moral one." *Spectator* 2009-01-31:29.

Johnson, Paul. 2009. "Would Darwin have put atheist slogans on buses?" *Spectator* 2009-02-07:26.

Kahneman, Daniel. 2011. *Thinking, fast and slow.* New York: Ferrar, Straus and Giroux.

Kasper, Walter. [12]1998. *Jesus der Christus.* Mainz: [?].

Kauffmann, Stuart. 2009[?]. *Reinventing the sacred: a new view of science, reason and religion. Finding God in complexity.* New York: Basic Books.

Klein, Stefan. 1998. "Lotterie im Garten Eden." *Der Spiegel.* 2.3.1998, S. 184–89. [Mit nachfolgendem Interview mit Stephen Jay Gould (mit Stefan Klein und Johann Grolle).]

Küng, Hans. 2011. *Jesus.* München: Piper.

Kluger, Jeffrey [u.a.]. 2004. "Is God in our genes?" *Time*, 29 November 2004, 50–60. [Informativer Beitrag.]

Lewis, C.S. 1942 (u.ö.). *Broadcast talks [...] given in 1941 and 1942.* London: Geoffrey Bles [*sic*]: The Centenary Press. [64 S.]

Lüdemann, Gerd. 2007. *Das Jesusbild des Papstes.* Springe: [Verlag] zu Klampen.

Lüdemann, Gerd. 2011. *What Jesus didn't say.* Salem. Oregon: Polebridge Press. [*Der erfundene Jesus. Unechte Jesusworte im Neuen Testament.* Springe: [Verlag] zu Klampen, 2008.]

Matussek, Matthias. 2011. *Das katholische Abenteuer: eine Provokation.* München: DVA.

Melville, Caspar. 2011. ['Confessions of a celebrity country vicar' – Interviewbericht]. *New Humanist* [London] 126/6:28–31.

Moore, Charles. 2006. "Dawkins, Richard. 2006. *The God delusion.*" Rezension. *The Spectator* (London) 7.10.2006, S. 38–39.

Muckel, Stefan. 2012. http://aktuell.evangelisch.de/themen-des-monats/4771/die-schwierige-beschneidung-ein-ideologisches-urteil [Zum Gerichtsurteil betreffs Beschneidung.]

Page, Nick. 2009. *The longest week.* London: Hodder & Stoughton.

Page, Nick. 2011. *The wrong messiah*. London: Hodder & Stoughton.

Raphael, Chaim. 1974. "Jesus or Christ." *Encounter* 42/3:64–67

Ratzinger, Joseph (Benedikt XVI). 2006. http://www.vatican.va/holy_father/benedict_xvi/speeches/2006/september/documents/hf_ben-xvi_spe_20060912_university-regensburg_ge.html. [Regensburg-Rede.]

Ratzinger, Joseph (Benedikt XVI). 2007; 2011. *Jesus von Nazareth*. 2 Bände. Freiburg: Herder.

Ratzinger, Joseph (Benedikt XVI). 2010. *Licht der Welt: der Papst, die Kirche und die Zeichen der Zeit: ein Gespräch mit Peter Seewald*. Freiburg: Herder. [Interview.]

Ratzinger, Joseph (Benedikt XVI). 2012. *Jesus von Nazareth: Prolog, die Kindheitsgeschichten*. Freiburg: Herder.

Reemtsma, Jan Philipp. 2011."Kindchen, liebt euch." *ZeitGeschichte* 2/2011:57–59. [Über Lessing und Hermann Samuel Reimarus.]

Rifkin, Lawrence. 2010. "Keep your eyes on the stars." *Free Inquiry* 31/1:56–57.

Rowson, Martin. 2008. "If God proved he existed, I still wouln't believe in him." *Spectator* (London) 8 March 2008, S. 22. [Darstellung nach Martin Rowson 2008, *The Dog Allusion*, Vintage Originals.]

Schmundt, Hilmar. 2012. "Erleuchtung der Gottlosen." *Der Spiegel,* 28/2012:127.

Schnabel, Ulrich (u.a.). 2008. "Zum Glauben verdammt." *Zeit Wissen* 1/2008:12–24.

Singer, Peter. 2008. "God and suffering again." *Free Inquiry* (Amherst, NY) 28/6:19–20.

Smoltczyk, Alexander. 2007. "Der Kreuzzug der Gottlosen." *Der Spiegel* 22/2007: 56–69.

Sölle, Dorothee. ³1994. *Atheistisch an Gott glauben: Beiträge zur Theologie*. München. [Nach Augstein 1999:547.]

Sperlich, Peter W. 2012. "Easter explained: what the sacrificial death of the son tells us about the father." *Free Inquiry* 32/2:35–37.

Spörl, Gerhard. 2012. "Die seltsamen Heiligen." *Der Spiegel* 16/2012:96–98. [Über Mormonen.]

Urban, Hugh. 2011. *The church of scientology: history of a new religion*. Princeton: Princeton University Press. [Rez. Rachel Aviv, *London Review of Books* 34/2:12–16.]

Volk, Hermann. 1956. "Schöpfungsglaube und Entwicklung", in *Universitas* 11 (1956) 135–141.

Wells, George A. 2011. "Jesus: What's the evidence? Is there independent confirmation of what the Gospels say of Jesus?" *Free Inquiry* 31/5:19–25. [Informativ.]

Wells, George A. 2012. "The basis of Paul's ideas of Christ" *Free Inquiry* 32/3:19–25. [Forts. von Wells 2011. Informativ.]

Wilson. A.N. 1993 (reprint; ¹1992). *Jesus*. London: Flamingo (HarperCollins).

Wilson, A.N. 2003. [Rezension.] "Geza Vermes, The authentic gospel of Jesus (London: Allen Lane, 2003)", *Spectator* 13–20 December 2003, p. 63–64. [Geza Vermes, geboren 1924 in Ungarn, ordinierter katholischer Priester, Professor of Jewish studies in Oxford.]

Wolpert, Lewis. 2006. *Six impossible things before breakfast: the evolutionary origin of belief*. London: Faber & Faber.

Zuckerman, Phil. 2009. "Aweism." *Free Inquiry* 29/3:52–55.

Index

Abendmahl 77

Anselm von Canterbury xi

Augstein, Rudolf 114, 122, 154

Augustinus 89

awe-ism 2, 20, 171

Bacon, Francis 91, 93

Benn, Gottfried ix

Beschneidung 10

Beten 95

Big Bang 18

Bolz, Norbert 45

Bonhoeffer, Dietrich 97

Bonifatius 119

Brown, Dan 102

Browne, Sir Thomas 62

Buddhismus 30

Bultmann, Rudolf 62, 109, 128

Chesterton. G.K. 27

Crick, Francis 25, 112

Darwinismus 58

Dawkins, Richard 3, 13, 16, 18, 37, 54, 63

Dennett, Daniel 16, 62, 73, 90, 112, 113

Descartes, René 159

Diana, Prinzessin 143

Dieckmann, Bernhard 66

Dodd, C.H. 134

Donne, John 70

Duns Scotus 108

Eagleman, David 25

Eco, Umberto 75

Einstein, Albert 3

Eliot, George 73

Eliot, T.S. 17

Eucharistie 77

Evolution 49, 86, 144

Ewiges Leben 86, 88, 90

Faust (Goethe) 78

Flaig, Egon 114

Gardner, Martin 80, 90

Gauck, Joachim 40

Glaube 88, 92

Glossolalie 6

Gollwitzer, Helmuth 122

Gould, Stephen 48

Habermas, Jürgen 45

Harnack, Adolf von 109

Hawking, Stephen 111

Heidegger, Martin 66

Hesse, Hermann 9

Higgs, Peter 19

Hitler, Adolf 116, 117

Hobbes, Thomas 108

Hofmann, Frank x

Hölle 97

homo credulus 14

Hubble, Edwin 18

Hume, David 80

Integrationismus 92

Jäger, Willigis xi, 30

Jesus Christus 138

Johannes, Evangelist 33, 87

Johnson, Paul 73

Josephus, Flavius 121

Judas 5

Jungfrauengeburt 14, 147

Kahneman, Daniel 143

Kant, Immanuel 52, 54

Keats, John 18

Kennedy-Mord 143

Kerkeling, Hape 75

Kerygma 160

Kilian 119

Küng, Hans 45, 135

Lazarus 128

Lesch, Harald 25

Lewis, C.S. 164

Lichtjahr 19

Logos 108

Lüdemann, Gerd 124, 129

Luther, Martin 7, 117

Manuel II 104, 105

Maria Magdalena 5

Maria, Mutter Jesu 5

Marvell, Andrew 69

Marx. Karl 16

Mem x

Mem (Dawkins) 61

Messe 6, 78

Messias 4, 6

Mohammed 104

Moore, Charles 131

Muckel, Stefan 11

Naherwartung 6, 51, 67, 99, 125, 160

Nazismus 116

Nelson, Fraser 131

Nero 121

NOMA und DOMA 145

Ockham's Razor 111

Otto, Rudolf 2, 14

Paradoxie 16

Parusie Siehe Naherwartung

Paulus, Apostel x, 6, 7, 8, 28, 45, 67, 85, 120, 121, 129

Pfingsten 6

Pius IX 5

Platon 109

Popper, Karl 110

Popp, Margret 108

radikal 83

Reemtsma, J.P. xi, 29

Rifkin, Lawrence 18

Russell, Bertrand 44, 45, 80, 111

Russell, Betrand 14

Russell, Charles Taze 34

Schnackenburg, Rudolf 123

Schopenhauer, Arthur 65

Semele 56

Shaggy-dog 148

Shakespeare 101, 116

Silesius, Angelus 29

Skandalon 120

Smith, Joseph 34

Sola scriptura 109

Sperlich, Peter 45

Spinoza, Baruch 3, 24

Substanz - Hypostasis 88, 89

Sündenbock 5

Szientismus 39

Tacitus 121

Tertullian x

Theodizee 97, 99

Titanic 143

Transsubstantiation 78

Trevor-Roper, Hugh 134

Volk, Hermann 110

Watson, James Dewey 25

Weber, Max 50

Wilkins 25

Wilkins, Maurice 25

Wittgenstein, Ludwig 49, 50

Wunder 148

Zen xi

Zuckerman, Phil 2, 8, 24